WINFRIED BÖHM

MARIA MONTESSORI

Einführung und zentrale Texte

FERDINAND SCHÖNINGH

PADERBORN · MÜNCHEN · WIEN · ZÜRICH

Vorwort

Diese Einführung in die Pädagogik Maria Montessoris wurde als ein Lern- und Studienbuch geschrieben, das sowohl für den Gebrauch in Lehrveranstaltungen und Seminaren als auch für das Selbststudium und zur Vorbereitung auf Prüfungen gedacht ist. Aus diesem Grunde bietet es im ersten Teil eine informative und sich jeder dogmatischen Indoktrination enthaltende Einführung in die pädagogische Theorie der weltberühmten Italienerin und in die praktische Umsetzung dieser Theorie in die erzieherische und schulische Praxis, wie sie Maria Montessori selbst konzipiert hat. Im zweiten und umfangreicheren Teil stellt das Buch eine Auswahl zentraler Texte Maria Montessoris vor, die den Leser nicht nur zu einem quellengestützten Verständnis dieser Pädagogik führen, sondern ihm auch ermöglichen sollen, sich ein eigenes begründetes Urteil über Montessori zu bilden.

1. Pädagogik Montessoris
contra Montessori-Methode

Bei kaum einem anderen Autor in der gesamten Geschichte der abendländischen Pädagogik erscheint es so wichtig wie bei Maria Montessori, eine grundlegende Unterscheidung an den Anfang einer Einführung zu stellen[1]: Soll hier die Rede sein von dem pädagogischen Denken und der pädagogischen Theorie Maria Montessoris, oder soll es hier – in der Einführung und in den ausgewählten Texten – um die Darstellung und Erläuterung jener praktischen Erziehungslehre gehen, die sich in einer lehr- und lernbaren Erziehungsmethode – der sog. „Montessori-Methode" – verfestigt hat? Im ersten Falle handelte es sich um die *Pädagogik Maria Montessoris*, im anderen um die *Montessori-Pädagogik* bzw. die *Montessori-Methode*.

Die pädagogische Theorie Maria Montessoris ist Gegenstand der wissenschaftlichen Forschung und Kritik; die Weitergabe der „Montessori-Pädagogik" im Sinne einer praktischen Erziehungslehre erfolgt weltweit durch überzeugte Montessorianer und Montessorianerinnen und durch zahlreiche engagierte Montessori-Vereinigungen in weitgehend standardisierten Ausbildungskursen, deren Muster Montessori selbst vorgegeben hat.

Ähnlich wie in der Geschichte beispielsweise bei Thomas von Aquin, Friedrich Herbart oder Karl Marx hat man also bei Montessori ebenso deutlich zwischen dem *systematischen* Denken der Genannten und einem zum doktrinären *System* erstarrten Thomismus, Herbartianismus, Marxismus und Montessorianismus zu unterscheiden. Wer mit ihren Schriften ein wenig vertraut ist, der weiß aber, dass Maria Montessori sich niemals (nur) als die Schöpferin einer neuen Erziehungsmethode gerühmt hat[2], auch wenn sie es beispiellos verstanden hat, diese zu vermarkten und zu einem erfolgreichen „Markenartikel" zu machen. Zumindest von ihrem Ansatz her hat sie

---

1 Zum besseren Verständnis der hier zu treffenden Ausgangsunterscheidung kann die vorherige Lektüre des im Anhang gebotenen Aufsatzes von Giuseppe Flores d'Arcais über das Phänomen des Montessorianismus nützlich sein.

2 Man vergleiche dazu die einzelnen Texte im ersten Abschnitt der in diesem Buch enthaltenen Textauswahl.

Montessorianer und Montessorianerinnen aus der ganzen Welt dürften fürbass erstaunt gewesen sein, als ihre Meisterin diesen Vortrag mit dem überraschenden Eingeständnis begann, sie könne über dieses Thema eigentlich gar nicht sprechen, denn sie besitze keine Erziehungsmethode und habe auch niemals eine entwickelt.[4] Und – noch schockierender! – sie fügte hinzu, wer in ihrer Erziehungstheorie nur eine Methode erblicke, der habe von ihren Gedanken so gut wie gar nichts begriffen. Über diese negative Aussage hinaus gab sie positiv freilich eine sehr interessante Erklärung: Wenn es dennoch eine Montessori-Methode geben sollte, dann bestünde sie allein in *„meiner Theorie des normalen Kindes."*[5]

Wegen der Bedeutung dieser Aussage sollte man den genauen Wortlaut zitieren: „Bei dem Thema dieses Abends, »Meine Methode«, fühle ich mich gar nicht wohl, ja, ich möchte sogar sagen – auch wenn mir das meine Zuhörer nicht glauben mögen –, dass ich dieses Thema für das schwierigste halte, das ich in einem öffentlichen Vortrag behandeln kann, *denn ich habe keine Erziehungsmethode entwickelt.* Es ist vielmehr eine Tatsache, dass diejenigen, die diese Methode in der richtigen Weise erklären wollen, sich notwendigerweise auf das Gebiet der Kinderpsychologie begeben müssen, denn es war die Psychologie des Kindes, genauer das seelische Leben des Kindes, welches mir schrittweise das diktiert hat, was manche gerne eine Didaktik oder eine Erziehungsmethode nennen möchten. Wenn man wirklich sagen könnte, ich hätte eine Erziehungsmethode, dann ist sie gegründet auf die psychische Entwicklung des *normalen Kindes."*[6]

2. Maria Montessori – die große Unbekannte

Diese eindeutigen Aussagen Maria Montessoris – man könnte leicht eine ganze Reihe ähnlicher Äußerungen anfügen – dürften nicht im geringsten überraschen, denn sie stammen von einer Frau, von der sich leider bis heute viele Leute, auch viele ihrer Adepten, ein völlig falsches Bild machen Der Autor dieses Buches ist Renilde Montessori, der jüngsten Enkelin unserer Pädagogin, sehr dankbar, dass sie in einem Vortrag, den sie zuerst bei einem Festakt in Rom und dann an der Universität Würzburg gehalten hat, dieses Bild ihrer verehrungs-

---

4 Vgl. dazu den Beitrag „Das Wunder des Kindes" in unserer Textauswahl (S. 68-78).
5 Damals stand Maria Montessori immerhin schon in ihrem 67. Lebensjahr und konnte allmählich damit beginnen, auf ihr Leben reflexiv zurück zu blicken.
6 Maria Montessori: My method (1937), in: Education and Peace, Chicago 1972, S. 90.

würdigen Großmutter sehr behutsam korrigiert hat. Sie hat damals – auch das war für die circa 1000 Zuhörer schockierend – sehr anschaulich gezeigt, dass sich eigentlich kaum einer ihrer Anhänger und kaum eine ihrer Verehrerinnen wirklich darum gekümmert hat, wer und wie Maria Montessori wirklich war, sondern alle, auch ihre wissenschaftlichen Biographen, hätten sich jeweils ihr eigenes Bild von ihr gemalt – je nachdem, wie sie Maria Montessori gerne sehen wollten: So sei sie für die Lehrer die geniale Lehrerin geworden, obwohl sie selber niemals in einer Schule unterrichtet hat; für die nach Sinn Suchenden die große Visionärin, obwohl sie selbst ihr Leben lang nur gesucht hat; für ihre Jünger die große Meisterin, obwohl sie es angeblich hasste, wenn man sie (nur) für einen Guru hielt; für die Eltern und für die Kindergartenerzieherinnen die lieblich-niedliche „Kindergarten-Mutti"[7], obwohl sie ihr Leben am Schreibtisch und an Rednerpulten verbracht hat und nicht im praktischen Umgang mit Kindern.

Wer aber war sie wirklich? Eine durch das harte Studium der Naturwissenschaften und der Medizin disziplinierte wissenschaftliche Forscherin und eine gelehrte Universitätsprofessorin, die ihre spätere pädagogische Mission darin erblickt hat, ein *neues Verständnis des Kindes* zu verbreiten und eine *neue Idee von Erziehung* zu verkündigen – und das hat sie 50 Jahre lang getan, ohne zu ermüden oder zu erlahmen, aber man hat sie (vielleicht bis heute) nicht verstanden.

Vielleicht kann man dazu auch folgende Interpretation anbieten. Maria Montessori hat viel zu hoch von dem Lehrer- und Erzieherberuf gedacht, als dass sie die Mitglieder dieser Profession jemals dazu hätte herabwürdigen wollen, lediglich Anwender einer bestimmten Methode zu werden. Sie wünschte sich – wie alle großen Erziehungstheoretiker es seit jeher gewünscht haben – ErzieherInnen und LehrerInnen, die *selbst denken* und *selbst entscheiden* können und nicht des Gehstocks einer Methode bedürfen, um sich pädagogisch auf den Beinen halten zu können.

Friedrich Herbart, einer der Gründungsväter der wissenschaftlichen Pädagogik, hat in diesem Zusammenhang von der Befähigung zum pädagogischen Takt, Immanuel Kant von der pädagogischen Urteilskraft des Lehrers und Erziehers gesprochen, also von der Fähigkeit, einen theoretischen Gedanken bzw. eine pädagogische Idee mit dem immer konkret gegebenen erzieherischen Einzelfall zusammen zu denken und miteinander zu vermitteln.

---

7 Montessori hat diese Titulierung angeblich immer auf Deutsch zitiert, was annehmen lässt, dass sie diese Bezeichnung auf einen Ursprung in unserem Lande zurückführte.

noch interessanter erscheint, dass ihr letztes und pädagogisch sehr ge-
haltvolles Buch über *La formazione dell'uomo*, also über die Bildung
des Menschen handelt, mithin von diesem und von seinen Zielen,
nicht so sehr von einer Methode.

Bekanntlich geht Maria Montessoris Anthropologie von der Hypothese aus, in jedem Kind sei schon in seinem embryonalen Zustand
ein *immanenter Bauplan* vorhanden und daneben eine *innere Antriebskraft*, welche Montessori mit dem griechischen Wort „*hormé*", das sie
aus der sog. Hormischen Psychologie McDougalls übernahm und das
mit „innerer Antriebskraft" übersetzt werden könnte und sinngemäß
dem lateinischen Fremdwort „Motor" entspricht. Dieser Bauplan und
diese Kraft sind nicht zufällig in das Kind hineingeraten, sondern –
und das ist ihre zweite (und sehr stark glaubensbeladene) Basisprämisse –
wurden dem Kind im Augenblick seiner Empfängnis von Gott eingestiftet. Montessori spricht – ganz im Sinne der kosmischen Theorie ihres berühmten Großonkels Antonio Stoppani und genauso auch im Sinne der Theosophie – von diesem Gott häufig als von einem „himmlischen Geometer", und sie will damit ausdrücken, dass Gott als der
allmächtige kosmische Architekt alles Werden, d.h. die gesamte kosmische und menschliche Evolution, nach einem intelligenten Plan bis in
das Individuelle hinein entworfen hat.

So wie er z.B. jedem einzelnen Stern seinen Platz am Firmament
zugewiesen und seine unveränderliche Bahn im Universum vorgedacht
und zugemessen hat, so hat er in dem immanenten Bauplan und in der
Hormé auch jedem einzelnen menschlichen Individuum seinen Platz
auf der Erde und sein „Curriculum" – dieses lateinische Fremdwort
heißt ja: „Laufbahn" bzw. „Lebenslauf" – zugeteilt. Hier und nirgendwo sonst liegen der Ursprung sowohl des theosophischen wie des von
Montessori gefassten und ausgebauten Gedankens von einer kosmischen Erziehung, der im übrigen nur von Unkundigen mit einer
ökologischen Erziehung verwechselt oder vermischt werden kann.[8]

Schon an dieser Stelle wird deutlich, dass Montessori, wenn sie
von Freiheit spricht, diese nicht im Sinne einer moralischen Wahl-
und Entscheidungsfreiheit fassen, sondern nur im Sinne einer biolo-
gisch-kosmischen *Entwicklungsfreiheit* begreifen kann. Auf bezeichnende Weise war das entsprechende Kapitel in ihrem klassisch gewordenen pädagogischen Erstlingsbuch „*Il metodo della pedagogia
scientifica*" („Die Methode der wissenschaftlichen Pädagogik") von

---

8 Man vergleiche dazu den Text über „Die kosmische Dimension der Erziehung" in
unserer Textauswahl.

1909 mit dem Titel „Der biologische Begriff der Freiheit" richtig
überschrieben.

Selbstverständlich hat noch niemals ein Mensch einen immanenten
Bauplan gesehen, und noch niemals hat jemand den inneren An-
triebsmotor eines Kindes inspiziert oder gar „ge-serviced"; wir dürfen
davon ausgehen, dass auch noch nie ein Mensch zu beobachten vermocht hat, wie Gott diesen Bauplan und diesen Motor bei einem
Kinde installiert hat. Das alles lässt sich gar nicht beobachten, denn
es handelt sich dabei nicht um Tatsachen, sondern um Theorien oder
um *Ideen* – und Ideen können nicht beobachtet, sondern nur gedacht
und argumentativ geprüft werden. Deshalb sprechen wir hier von Montessoris *Erziehungstheorie* bzw. von Montessoris Pädagogik. Und selbstverständlich hat sie zu dieser Theorie nicht anders finden können als durch
Denken, und zwar *durch ein neues Denken über das Kind.*

Maria Montessori war fasziniert von dieser *neuen Idee des Kindes,*
und in einer sehr wichtigen Passage ihrer Schrift über „God and the
Child" beschreibt sie recht präzise, wie es zu der von ihr ausgelösten
pädagogischen Revolution kam: Die alten Erzieher glaubten, sie müssten das Kind wie einen Klumpen knetbaren Wachses formen oder wie
ein leeres Glas mit Wissen und Werten anfüllen, und die Erwachsenen meinten seit Menschengedenken, alle spektakulären Erfolge
der Erziehung seien *ihre* Leistung und *ihr* Verdienst. Montessoris andere
und von einem kosmisch-evolutionsbiologischen Denken her gewonne-
ne Perspektive auf das Kind lässt alles wie mit einem Schlage in einem
neuen Licht erscheinen: „Educationists ought rather to have investigated
the wonderful powers of divine creation in the child's soul. It was the
nature of the child himself that was worthy of their admiration,
rather than a method which was merely an adaptation to those inner,
divine „directives" which govern the *natural course of development.*"
Die Erzieher hätten also, so betont sie hier, besser die wunderbaren
Kräfte der göttlichen Schöpfung im Kinde erforschen sollen, denn es
war die Natur des Kindes und nicht irgendeine Methode, welche Bewunderung verdiente.

---

9 In deutscher Übersetzung heißt es leicht verändert in der Ausgabe des Buches
„Gott und das Kind" durch Günter Schulz-Benesch, Freiburg i.Br. 1995, S. 15:
„Man hätte eher die wunderbaren Kräfte der göttlichen Schöpfung in der kindli-
chen Seele erforschen sollen; mehr als die Methode, die sich nur den göttlichen
Weisungen des natürlichen Laufs der Entwicklung angepasst hatte, war die Natur
des Kindes selbst würdig der Bewunderung."

Dieser eine Satz bezeichnet in der Tat exakt Montessoris koperni-
kanische Wende in der Erziehung: Nicht mehr der Erzieher ist die
Sonne, um die das Kind zu kreisen hat, sondern das Kind enthält in
sich alle „solare" Energie, die es zu seiner eigenen Entwicklung braucht.
Entwicklung, genauer: *„der natürliche Lauf der Entwicklung"* ist deshalb für
Montessori der zentrale Schlüsselbegriff der Pädagogik.[10] Denn das
Geheimnis und das Ziel der Montessori-Erziehung kann aufgrund der
zwei genannten Hypothesen nicht mehr darin bestehen, das Kind nach
einem Entwurf der Erwachsenen zu figurieren und zu modellieren, sondern die Aufgabe der Erziehung kehrt sich radikal um: sie besteht darin, alle behindernden Barrieren zu beseitigen und alle notwendigen
Hilfen in einer vorbereiteten Umgebung bereitzustellen, die das Kind
braucht, um gemäß seinem inneren Bauplan und seiner Hormé den
„natürlichen Lauf der Entwicklung" vollenden und am Schluss zu einem
normal entwickelten Menschen werden zu können.

Ein flüchtiger Blick auf Montessoris Biographie kann diese Sicht
noch untermauern. Maria Montessori hat weder eine Ausbildung zur
Erzieherin noch zur Lehrerin genossen, und sie war kontinuierlich
weder im Kindergarten noch in einer Schule praktisch tätig. Sie hat
sich ihr ganzes Leben hindurch als Wissenschaftlerin gesehen und ihr
Selbstverständnis von ihren theoretischen Leistungen hergeleitet.
Wann immer sie von ihrer eigenen praktischen Arbeit redet, versteht
die gelernte Naturwissenschaftlerin diese Praxis *im Sinne von empiri-
scher Forschungsarbeit im Labor.* Demgemäß wollte sie ihr erstes Kinderhaus nicht „Casa dei Bambini" (dieser Name wurde ihr von einer
wohlwollenden Freundin angeraten und von den Initiatoren des Kin-
derhaus-Projekts aufgedrängt) nennen, sondern *Labor für die Erforschung der kindlichen Entwicklung*; im gleichen Sinne bezeichnete sie
die Schule als die pädagogische Klinik (*clinica pedagogica*) für die
Vervollkommnung der menschlichen Rasse; und 1909 nannte sie ihr
erstes Buch auf sehr bezeichnende Weise *„Il metodo della pedagogia
scientifica applicato all'educazione infantile nelle Case dei Bambini"*
(„Die Methode der wissenschaftlichen Pädagogik, angewandt auf die
frühkindliche Erziehung in den Kinderhäusern"), bis sie ihm, bereits
achtzigjährig, mit der vierten italienischen Auflage von 1950 den
werbewirksameren Titel *„La scoperta del bambino"* („Die Entdeckung
des Kindes") gab.

Während in Italien niemals Unklarheit über den *theoretisch-
wissenschaftlichen Ursprung der Pädagogik Maria Montessoris* ge-
herrscht hat, sie einhellig als eine Vertreterin des pädagogischen Posi-

---

10 Vgl. dazu in aller Breite den Text „Das Kind" in unserer Textauswahl (S. 152-163).

tivismus eingeordnet worden ist[11] und die jüngste Forschung sich vor allem der „jungen Montessori" intensiv zugewandt hat[12], hat sich in Deutschland, vor allem in der pädagogischen Alltagsmeinung, noch lange *das Gerücht* gehalten, die römische Universitäts-Professorin Dr. Maria Montessori habe ihre Pädagogik im praktischen Umgang mit den Kindern ihres ersten Kinderhauses entwickelt[13]; dabei fragte man sich nicht im geringsten, wie das überhaupt hätte geschehen können, und vor allem übersieht man in Deutschland gelegentlich noch immer, dass die Pädagogik Maria Montessoris in der Theorie bereits konzipiert war, als sie 1907 eher zufällig zur wissenschaftlich-„didaktischen" Beratung eines Kinderhauses eingeladen wurde, das weder ihrer eigenen Initiative entsprungen noch von ihr selbst ins Leben gerufen worden war.

3. Der nicht endende Streit um Montessori

Eine kritische Einführung in die Pädagogik Maria Montessoris hat sicherlich davon auszugehen, dass ihre Schöpferin zu den bekanntesten Pädagogen des 20. Jahrhunderts gehört; unter den Pädagoginnen dürfte sie sogar die weitaus bekannteste sein. Bei der bloßen Feststellung dieser Tatsache kann eine Einführung in ihr Werk freilich nicht stehen bleiben; sie hat vielmehr nach den *Gründen* und von daher auch nach der *Berechtigung* für diesen hohen Bekanntheitsgrad zu fragen.

Zweifellos ist Maria Montessori beim breiten pädagogischen Publikum, vor allem auch bei ausgesprochenen pädagogischen Laien, viel bekannter als in der Erziehungswissenschaft, wo sie eher nur eine Randstellung einnimmt und – ob zu Recht oder nicht, sei hier zunächst dahin gestellt – ihre historische Einordnung bereits gefunden hat: in ihrem Heimatland Italien rechnet man sie – wie schon gesagt – zu den späten Ausläufern des pädagogischen Positivismus; in Deutschland katalogisiert man sie gewöhnlich unter die Repräsentanten der sog. Reformpädagogischen Bewegung, und zwar als eine

---

11 Vgl. dazu die konzise Darstellung von F.M.Bongioanni: Il positivismo pedagogico, in: Nuove Questioni di Storia della Pedagogia, vol. 3, Brescia 1977, S. 9-77.
12 Vgl. dazu beispielsweise Enzo Catarsi: La giovane Montessori, Ferrara 1995, aber auch die sehr fundierten Arbeiten von Augusto Scocchera.
13 Und dieses Gerücht wurde von manchen Montessori-Apologeten sogar bewusst geschürt. Manche sich selbst glorifizierende Äußerungen Montessoris haben diesem Gerücht immer wieder auch Nahrung gegeben.

besonders profilierte Vertreterin einer „Pädagogik vom Kinde aus" –
was immer auch dieser reformpädagogische Slogan heißen mag.[14]
Dieser Befund muss zunächst verwundern, war es doch der erklärte
Anspruch der jungen römischen Wissenschaftlerin, generell eine glän-
zende akademische Karriere zu machen und speziell die philosophisch
orientierte Pädagogik zu überwinden, „die metaphysisch denkenden
Pädagogen" aus dieser Disziplin zu verbannen und eine streng naturwissenschaftlich begründete Erziehungswissenschaft zu schaffen.
Noch mehr Verwunderung wird geweckt, wenn etwa der Mainzer
Pädagogik-Professor Erwin Hufnagel in seinem 1990 erschienenen
Buch „Der Wissenschaftscharakter der Pädagogik" geradezu vernich-
tend über Maria Montessoris pädagogisches Denken urteilt und fest-
stellt, es habe sich zu keiner überzeugenden wissenschaftlichen Sy-
stematik auszugestalten gewusst und sei über einen von pädagogischem Enthusiasmus und missionarischem Pathos getragenen Eklek-
tizismus nicht hinausgekommen. Und Hufnagel stellt sich konsequent die Frage, wie es wohl zu erklären sei, dass die Erziehungslehre
der italienischen Ärztin, Anthropologin und Evolutionsbiologin so
ungleich mehr öffentliche Beachtung gefunden habe und immer noch
finde als etwa die tiefschürfenden erziehungsphilosophischen Gedanken von Autoren wie Kant, Natorp oder Hönigswald u.a.
Selbst wer nicht bereit ist, Hufnagels Urteil zu teilen, muss dennoch seine Verwunderung verstehen. Die modische „Aktualität", derer sich die Montessori-Pädagogik gegenwärtig (wieder einmal) erfreut, ist in der Tat bemerkenswert und fragwürdig, handelt es sich
dabei doch um eine erziehungs- und schulreformerische Konzeption,
die auf das stattliche Alter von erheblich mehr als hundert Jahren zu-
rückblicken kann und nicht nur Schnee vom vergangenen Jahr, sondern „Schnee vom vergangenen Jahrhundert" ist.
Das Urteil Hufnagels, Montessori sei eines systematischen pädagogischen Denkens nicht fähig gewesen, ist aber auch deshalb verwunderlich, weil es sich gegen eine Wissenschaftlerin richtet, die sich –
zumindest am Anfang ihrer beruflichen Laufbahn (gemeint ist hier
das von Augusto Scocchera so genannte „Vorbereitungsjahrzehnt"
Montessoris von 1896-1906[15]) – durch seriöse wissenschaftliche Forschungen ausgewiesen, als Hochschulprofessorin jahrelang an der
Universität Rom Vorlesungen gehalten und ein voluminöses Lehrbuch der Pädagogischen Anthropologie veröffentlicht hat, das den

---

14 Vgl. dazu den gleichnamigen Text in unserer Textauswahl (S. 65-68).
15 Vgl. dazu Augusto Scocchera: Maria Montessori – quasi un ritratto inedito, Firen-
ze 1990, und meine Rezension dieses Buches in: Das Kind. Halbjahrsschrift für
Montessori-Pädagogik, Nr. 14, 1993, S. 76-78.

damaligen Stand der Forschung durchaus widerspiegelte und zugleich innovative Anregungen für die (nach der von Montessori in jenen Jahren massiv vertretenen Ansicht) neu zu konstituierende *Erziehungswissenschaft* enthielt.

Hufnagels negative Einschätzung der Pädagogik Maria Montessoris steht jedoch nicht allein. Wenn man die Äußerungen von erklärten Montessori-Anhängern und ausgesprochenen Montessori-Apologeten (die es vor allem hierzulande, aber auch in den USA gab und immer noch gibt) auf der einen Seite und erklärten Montessori-Kritikern auf der anderen außer Acht lässt, dann wird man konstatieren müssen, dass Montessori selbst an dem wissenschaftlichen Diskurs der Allgemeinen Pädagogik kaum teilgenommen und dieser seinerseits Montessori allenfalls als eine marginale Gestalt wahrgenommen hat.

Bis in die 1960er Jahre hinein wurde die Montessori-Pädagogik von der deutschen Erziehungswissenschaft weitgehend ignoriert, und wenn sich einige der herausragenden deutschen Universitäts-Pädagogen – beispielsweise Eduard Spranger, Sergius Hessen oder Theodor Litt – dazu herabließen, persönlich oder durch Wort und Schrift ihrer Schüler Stellung zu nehmen, so war das Urteil in der Regel ernüchternd.

Das rief fast zwangsläufig auf der Gegenseite leidenschaftliche Verteidigungsschriften hervor – beispielsweise jene von Josef Schröteler, Paul Oswald, Günter Schulz-Benesch und in jüngerer Zeit Harald Ludwig, Hans-Dietrich Raapke u.a. – die wegen ihrer positiven Voreingenommenheit genau so wenig wie jene Aburteilungen geeignet sein konnten, ein wissenschaftlich ausgewogenes Urteil über Maria Montessori anzubahnen. Eine intensive wissenschaftliche Auseinandersetzung mit Montessoris Pädagogik hat eigentlich nur zeitweise in den USA stattgefunden, wo John Dewey und William Heard Kilpatrick ihre veraltete Vermögenspsychologie und den starren Formalismus ihres sog. didaktischen Materials kritisierten, und in den 1920er Jahren in Deutschland, wo sich Sergius Hessen und andere bedeutende Vertreter der sog. Geisteswissenschaftlichen Pädagogik mit Montessori befassten und dabei ihren Positivismus, Naturalismus und Individualismus schroff zurückwiesen.

Umso erstaunter war der Verfasser dieses Buches, dass seine 1969 erschienene und *sine ira et studio* geschriebene Dissertation über den Hintergrund und die Prinzipien von Montessoris pädagogischem Denken seinerzeit von der wissenschaftlichen Kritik als die erste sachlich-distanzierte Auseinandersetzung mit der italienischen Pädagogin gewertet wurde und auch im Ausland große Aufmerksamkeit

fand. Dass diese Arbeit 25 Jahre später in einer unveränderten Neu-
auflage abermals das Interesse des erziehungswissenschaftlichen Publikums auf sich ziehen konnte und bald wieder vergriffen war,
spricht nicht unbedingt dafür, dass sich das Bild in der Zwischenzeit
wesentlich verändert hatte.

Das erwähnte Buch hat auf lange Sicht zumindest dazu beigetragen, eine kritische Montessori-Forschung anzuregen, die dann zu einigen bemerkenswerten Publikationen geführt hat, von denen wenigstens zwei Dissertationen hier besonders hervorzuheben sind, die ich
(zusammen mit Jürgen Oelkers) mitbetreuen durfte: die (von Brita
Rang in Utrecht initiierte) Doktorarbeit von Hélène Leenders[16] über
die Montessori-Pädagogik im faschistischen Italien (die zum einen
mit manchen antifaschistischen Märchen aufgeräumt und zum anderen die Montessori-Methode als eine inhaltslose und für beliebige Inhalte brauchbare dargestellt hat), und jene von Christine Hofer[17] in
Bern, welche den Zusammenhang der Pädagogik Montessoris mit ihrem wissenschaftlichen Grundwerk, der 1910 erschienenen „Antropologia Pedagogica", und ihre Verwurzelung im monistischen Denken
des zentraleuropäischen Positivismus ihrer Zeit zum ersten Male auch
im deutschen Sprachraum aufgezeigt hat.[18] Die ausgewogenste Darstellung und Kritik der Pädagogik Maria Montessoris (so die erklärte
Absicht dieser Verfasserin) hat in der letzten Zeit ohne Zweifel Birgitta Fuchs vorgelegt und dabei drei zentrale Themen Montessoris
sehr sorgfältig recherchiert, analysiert und überzeugend dargestellt:
Montessoris Entwicklungs- und Lernpsychologie, ihre kosmische
Theorie und ihre sozialbiologische Auffassung von einer organologi-
schen Gesellschaft.[19] Dabei ist es Birgitta Fuchs vor allem gelungen,
Montessoris Pädagogik auf wenige Prinzipien zurückzuführen und so
die innere Stimmigkeit ihres Denkens sichtbar zu machen. Schließlich kommt meiner langjährigen Assistentin Waltraud Harth-Peter
das Verdienst zu, durch die Herausgabe eines materialreichen Kon-
gressbandes einen wesentlichen Beitrag zur Auseinandersetzung mit
Montessoris Bild vom Kinde geleistet zu haben.[20]

---

16 Hélène Leenders: Der Fall Montessori. Die Geschichte einer reformpädagogischen
   Erfolgskonzeption im italienischen Faschismus, Bad Heilbrunn 2002.
17 Christine Hofer: Die pädagogische Anthropologie Maria Montessoris oder: Die
   Erziehung zum neuen Menschen, Würzburg 2001.
18 Vgl. dazu den Text „Über die Paidologie" in unserem Textteil (S. 78-83).
19 Birgitta Fuchs: Maria Montessori. Ein pädagogisches Porträt, Weinheim (UTB)
   2003.
20 Waltraud Harth-Peter (Hrsg.): „Kinder sind anders". Maria Montessoris Bild vom
   Kinde auf dem Prüfstand, Würzburg ²1997.

Wenn aber Maria Montessori heute unter die Klassiker der Pädagogik gezählt werden soll, muss man immer noch entweder einen sehr weit gefassten Begriff von Pädagogik (der dann auch praktisch-methodische Ratschläge und Glaubensbekundungen mit einschließt) ansetzen, oder man hat diese Entscheidung erst einmal zu legitimieren und zu begründen[21].

Überhaupt ist die Montessori-Literatur – zumindest in unserem Lande, aber ähnlich auch anderswo, besonders in den USA – weniger durch Sachlichkeit gekennzeichnet, sondern trefflich als ein „Streit um Montessori" (so Günter Schulz-Benesch 1961[22]) oder gar als ein „nichtendende[r] Streit" (so Paul Oswald 1971[23]) bezeichnet worden.

In diesem Streit spielen in einem weit höheren als sonst üblichen Maße weltanschauliche Vorentscheidungen, parteiische Stellungnahmen und vor allem auch ökonomische Interessen eine Rolle, und man geht wohl nicht fehl, wenn man hier zu einem ähnlichen Befund kommt wie im Hinblick auf die schulpolitisch brisante Kontroverse über einen statischen (erbbedingten) und einen dynamischen (umweltbedingten) Begabungsbegriff. So wie in jenem Streit die Stellungnahme nicht so sehr von der Sachkenntnis der Streitenden, also etwa von ihrer Vertrautheit mit der Begabungsforschung, als vielmehr von ihrer politischen Grundeinstellung abhängt, so wird auch das Urteil über die Pädagogik Montessoris oft mehr durch ein Vorurteil über ihre Person oder durch ökonomische Interessen vorherbestimmt[24]. Solange sich die Montessori-Diskussion auf diesem Niveau bewegt, ist ein Ende dieses Streites kaum abzusehen.

Dabei nimmt es dann auch nicht wunder, dass viele Parteigänger Montessoris und die große Schar der „Montessorianer" – diese nennen sich oft selbst affirmativ so oder werden von anderen mit negativ-kritischem Unterton so bezeichnet – fast immer die Person Montessoris an den Anfang und in den Mittelpunkt stellen, ihr Bild gehörig verklären und nicht selten mit Mythen umkränzen. Das setzte bereits

---

21 Vgl. dazu Winfried Böhm: Maria Montessori, in: Klassiker der Pädagogik, hrsg. v. Heinz-Elmar Tenorth, Band 2, München 2003, S. 74-88.

22 Günter Schulz-Benesch: Der Streit um Montessori, Freiburg i.Br. 1961.

23 Paul Oswald: Der nichtendende Streit um Montessori, in: Welt des Kindes, 49 (1971), S. 85-94.

24 Es dürfte leicht einzusehen sein, was oben bereits gesagt wurde, dass weder die Anbieter von ertragreichen Ausbildungskursen noch erst recht nicht die Betreiber von lukrativen Montessori-Privateinrichtungen im geringsten an einer kritischen Prüfung der tatsächlichen Leistungsfähigkeit der Montessori-Pädagogik interessiert sein können. Dem Autor dieses Buches wurde während seiner Zeit als Präsident der Deutschen Montessori-Gesellschaft sogar ein Schadensprozess in Aussicht gestellt, wenn er fortfahre, sich kritisch zur Montessori-Pädagogik zu äußern, und wenn es deshalb zu Schülerabmeldungen in Montessori-Schulen kommen sollte.

1907 mit dem „Wunder von San Lorenzo" ein, und Maria Montessori ließ sich nicht nur selbst gerne als eine pädagogische Wundertäterin und als die Erleuchtete höherer pädagogischer Offenbarungen feiern[25], sondern trug auch selbst das Ihre dazu bei, um ihre pädagogischen Entdeckungen zu Wundern hoch zu stilisieren[26]. Dabei gebrauchte sie bisweilen Formulierungen, die eher dem biblischen Bericht über die Hochzeit zu Kana angemessen wären als einer Autorin, die einmal auszog, eine naturwissenschaftlich basierte Erziehungswissenschaft zu begründen. Ein immer wieder angeführtes Beispiel für derartige poetisch-literarische Leistungen stellt die als Biographie angezeigte Hagiographie von Ernst Mortimer Standing[27] dar, deren ständig folgende Nachdrucke und Neuauflagen die unbefangenen Montessori-Kenner anmuten müssen wie einen Ungläubigen Neudrucke von Heiligenlegenden aus dem 19. Jahrhundert.[28]

Wenn man versuchen wollte, die Rezeption von Maria Montessoris Theorie und Methode im 20. Jahrhundert in bestimmte Epochen zu gliedern, könnte dieser Versuch leicht misslingen. Man würde dann nämlich rasch feststellen, dass die Aufnahme Montessoris in den einzelnen Regionen und Ländern der Welt nicht parallel verlaufen ist, sondern sich außerordentlich heterogen gestaltet hat. Nicht einmal in so bedeutenden „Montessori-Ländern" wie z.B. Holland, Deutschland, Indien und den USA lassen sich die Linien einer kontinuierlichen Diskussion und einer fortschreitenden Rezeption nachzeichnen.

Die Fäden laufen von Land zu Land kreuz und quer, und das internationale Geflecht ist kaum zu entwirren.

Dabei können die USA beispielhaft angeführt werden. Schon bald nach der Gründung des ersten Kinderhauses in Rom zieht Maria Montessori in Nordamerika die Aufmerksamkeit auf sich, und das sich

---

25 Das geschah besonders eindrucksvoll bei ihren triumphalen USA-Reisen zwischen 1910 und 1915 sowie bei dem letzten von ihr selbst besuchten Internationalen Montessori-Kongress 1949 in San Remo. Vgl. dazu den Augenzeugenbericht von Giuseppe Flores d'Arcais am Ende unserer Textauswahl. Die kalifornischen Vorträge wurden unter dem Titel „The California Lectures of Maria Montessori 1915. Collected Speeches and Writings" von Robert G. Buckenmeyer herausgegeben, und zwar 1997 bei Clio Press in Oxford (England).

26 Vgl. dazu beispielsweise den Aufsatz „Das Wunder des Kindes" im Textteil dieses Buches (S. 68-78).

27 Ernst Mortimer Standing: Maria Montessori. Her Life and Work, London 1957; dt. unter dem Titel: Maria Montessori – Leben und Werk, Stuttgart 1959 u.ö.

28 Eine wissenschaftlichen Ansprüchen genügende Biographie Montessoris liegt trotz der weltweiten Bekanntheit Montessoris bisher in keiner Sprache vor und stellt bis dato ein schmerzlich empfundenes Desiderat, freilich auch eine nicht leicht zu bewältigende Aufgabe dar.

rasch ausbreitende „Montessori-Fieber" (so wurde es damals in Nordamerika vielfach bezeichnet) erreicht seine Klimax, als anlässlich der
Weltausstellung 1915 in San Francisco Maria Montessoris kaliforni-
sche Vorlesungen und Vorträge zu einem wahren Triumphzug werden
und gleichzeitig eine Montessori-Klasse als Beitrag Italiens auf der Pa-
nama Pacific International Exposition gezeigt wird. Der Montessori-
Boom bricht danach abrupt ab, die Montessori-Pädagogik gerät in
Vergessenheit, die lebendige Montessori-Diskussion erstirbt, und bis
zum Ende der 1960er Jahre gilt es in den USA nicht mehr als schick,
sich mit Montessori zu befassen. Das ändert sich gegen Ende der 1960er
Jahre schlagartig, und eine neue Montessori-Springflut bricht über die
Vereinigten Staaten herein und weckt eine Begeisterung, die jene erste
noch weit übertrifft. Mit wissenschaftlichen Gründen ist dieser spekta-
kuläre Auf- und Niedergang nicht zu erklären, höchstens mit solchen,
die in das Gebiet des gesellschaftlichen Unbewussten, des pädagogisch Ir-
rationalen und der öffentlichen (Pseudo-)Moral gehören.[29]

Wenn man die Rezeption der Montessori-Pädagogik im 20. Jahrhundert aus einer großen internationalen Perspektive überblickt, dann
sieht man vor seinen Augen ein außerordentlich farbiges und lebendi-
ges Bild. Während die Montessori-Pädagogik an einem Ort in der
Gunst des erzieherischen Publikums steil nach oben schnellt, stürzt sie
an einem anderen Ort ebenso steil nach unten ab. Dabei hängen diese
seltsamen Umstürze und Umschwünge oft nur damit zusammen, dass
die gesellschaftlich-politischen und/oder die ideologisch-weltanschau-
lichen Gruppierungen wechseln, die sich im konkreten Falle für die
Montessori-Pädagogik einsetzen oder sich wieder von ihr abwenden. In
manchen Ländern, z.B. in den USA, kommt es schon sehr früh zu einer lebhaften Rezeption, in anderen – wie z.B. in Holland, Spanien und
Indien – erst später, und in manchen Ländern – wie z.B. Japan und Ko-
rea erst in jüngster Zeit. In manchen Ländern bleibt das Interesse für
Montessori immer gedämpft, so z.B. in ihrem eigenen Heimatland Italien, in Frankreich und in vielen Ländern Lateinamerikas bis heute. In
manchen Ländern gerät die Montessori-Pädagogik in heftigen Streit
mit anderen Erziehungskonzepten. So tobt beispielsweise in Deutschland in den 1920er Jahren eine heftige Fehde zwischen Montessori
und Fröbel, genauer: zwischen Montessorianern und Fröbelianern; in

---

29 So wird als einer der Gründe für das Verschwinden Montessoris aus der nordamerikanischen Szene immer wieder genannt, dass sich konservative Frauenvereini-
gungen in den USA über Maria Montessori empört zeigten, als bekannt wurde,
dass der junge Mario, der Montessori erstmals auf dieser Reise begleitete, das un-
eheliche Kind dieser Pädagogin war. Man wird das wohl nur schwerlich als einen
sehr sachlichen Grund ansehen können.

Italien setzt man sich scharf und ausdauernd über die Italianität oder Nicht-Italianität der Montessori-Methode auseinander, und in den USA scheint die von Nancy McCormick Rambusch entfesselte Diskussion über eine notwendige „Amerikanisierung" der Montessori-Pädagogik (bis heute) kein Ende zu finden.[30]

4. Die Geburt der Pädagogik aus dem Geiste der Evolutionstheologie

Wenn man sich ein Bild von der rein *quantitativ* völlig unüberschaubar gewordenen Montessori-Literatur zu machen versucht – die 1999 bei Klinkhardt erschienene Montessori-Bibliographie des Verfassers umschließt 527 eng bedruckte Seiten[31]; die Internationale Bibliographie der italienischen Montessori-Gesellschaft[32] von 2001 zählt von 1896-2000 insgesamt 1436 Titel Primär- und 12831 Titel Sekundärliteratur auf –, dann muss man trotz der erdrückenden Materialfülle zu dem Ergebnis kommen, dass sie, *qualitativ* besehen, unvorstellbar weit auseinanderklafft und von der peniblen historischen Analyse und der streng systematischen Auseinandersetzung mit den Prinzipien der Pädagogik Montessoris auf der einen Seite bis hin zu biederen Erfahrungsberichten und einfältigen Betroffenheitsbekundungen auf der anderen reicht. Der bei weitem überwiegende Teil der Sekundärliteratur erweist sich allerdings als schlichte Erfahrungsberichte, die wissenschaftlich allenfalls nur sehr punktuellen Wert besitzen.

Viele Autoren dieser Beiträge sind LehrerInnen oder ErzieherInnen, die auf ihrer Suche nach tauglichen Lösungen für ihre beruflichen Alltagsschwierigkeiten auf Montessori stoßen und sich ihrer Pädagogik zuwenden, zum Teil sogar geradezu leidenschaftlich. Das sie leitende Interesse ist ein ausgesprochen praktisch-pragmatisches, und nur gelegentlich erwacht daraus auch ein Interesse an der Theorie. Aus der existentiell erfahrenen Not und Mühsal eines als schwierig und belastend empfundenen Erziehungs- und Schulalltags fassen manche nach der Montessori-Methode wie nach einem rettenden

---

30 Vgl. dazu Nancy McCormick Rambusch: Learning How to Learn. An American Approach to Montessori, Baltimore 1962 und Montessori in Contemporary American Culture, ed. by Margaret Howard Loeffler, Portsmouth NH 1992.
31 Maria Montessori-Bibliographie 1896-1996, hrsg.v. Winfried Böhm, Bad Heilbrunn1999
32 Montessori. Bibliografia Internazionale 1896-2000, a cura di Clara Tornar, Roma 2001.

Strohhalm. Wenn sich diese neue Methode für sie in der Praxis „bewährt", mithin die eintönige Routinearbeit und den lähmenden Alltagstrott durchbricht, wollen sie verständlicherweise über diese „positiven Erfahrungen" berichten und sie an Kollegen und Kolleginnen weiter geben.[33] Auch die Zahl der Lehrenden und Erziehenden, die auf diese Weise die Montessori-Pädagogik gesucht und aufgegriffen haben, dürfte bis heute schier unermesslich sein; die Zahl derer, die sie nach einer gewissen Zeit wieder aufgegeben oder fallen gelassen haben, liegt im Dunkeln.

Dieses ehrenwerte Motiv für aufmunternde Praxisberichte ließe sich exemplarisch an der für die Montessori-Bewegung in Deutschland pionierhaft zu nennenden Gestalt von Clara Grunwald verdeutlichen. Diese Berliner Grund- und Hauptschullehrerin – von jüdischer Herkunft, von sozialistischer Gesinnung und von atheistischer Überzeugung – war mit der Schule ihrer Zeit in mehrfacher Hinsicht unzufrieden. Diese „alte" Schule erschien ihr als verkopft, rückwärtsgewandt, lehrerzentriert, stoffüberladen, sozial ungerecht, autoritär, und sie schien ihr vor allem die Eigenaktivitäten und die Selbstgestaltungskräfte des Kindes sträflich zu vernachlässigen oder gar schmählich zu unterdrücken. In diese dumpfe Misere strahlt für sie plötzlich das helle Licht der Montessori-Pädagogik herein, und von dem Tag an will sich Clara Grunwald selbst zu einer pädagogischen Lichtträgerin machen und verkündigt die Montessori-Methode als ein geeignetes und vor allem lern- und anwendbares Heilswissen gegen die Gebrechen von Schule und Gesellschaft.

Oft bleiben LehrerInnen und ErzieherInnen dieser praktischen Perspektive auch dann noch verhaftet und können sich nicht über sie erheben, wenn sie später eine wissenschaftliche Laufbahn einschlagen und akademische LehrerInnen werden. Beispiele dafür gibt es unter den Montessori-Apologeten genug, und zwar nicht nur in der Vergangenheit, sondern bis auf den heutigen Tag. Dann kommt es fast zwangsläufig zu so verschobenen Ansichten und schrägen Behauptungen, Maria Montessori sei eine begnadete Erzieherin gewesen, und, gemessen an dieser praktischen Genialität, trete ihre theoretische Fundierung deutlich in den Schatten; es sei daher – so heißt es dann u.U. weiter – viel nützlicher und gewinnbringender, ihre Praxis zu erlernen und weiterzutragen, als sich der beckmesserischen Prüfung und müßigen Kritik ihrer, verglichen mit dieser Praxis, ohnehin

---

33 Die über viele Jahre gesammelten Erfahrungen des Verfassers bei der Organisation von Ausbildungskursen für Montessori-ErzieherInnen sprechen eindeutig dafür, dass dieses Motiv bis heute das entscheidende für die Wahl einer solchen Ausbildung ist.

schwächelnden Theorie hinzugeben. Von daher lässt sich dann auch erklären, warum ein so großer Teil der nationalen und internationalen Montessori-Literatur sich darauf konzentriert, „geglückte" Montessori-Praxis zu beschreiben und „positiv" – was immer beides im Einzelnen heißen mag – darzustellen.

Die erwähnte Clara Grunwald kann aber auch als Beispiel für eine zweite Form der Montessori-Rezeption herhalten. Clara Grunwald weiß um den begrenzten Radius, den eine einzelne Montessorianerin allein nur ausschreiten kann, und sie erkennt sehr rasch die Notwendigkeit einer Sammlung und Vereinigung von Gleichgesinnten, damit der Kampf für die Pädagogik Maria Montessoris intensiver geführt und die Montessori-Pädagogik auf breiter Front durchgesetzt werden kann. Schon 1919 ruft sie ein Montessori-Komitee zur Ausbreitung der Montessori-Pädagogik in Deutschland ins Leben, wenig später eine Gesellschaft der Freunde und Förderer der Montessori-Methode in Deutschland, und beide Vereinigungen führt sie 1925 in Berlin zur Deutschen Montessori-Gesellschaft zusammen. Ihr folgt 1929 an gleicher Stelle die Gründung der Association Montessori Internationale (AMI), die ihren Sitz heute in Amsterdam hat.

Solche Montessori-Vereinigungen bilden sich schon früh und überall dort, wo die Montessori-Pädagogik Fuß fasst. In ihnen manifestiert sich ein Phänomen, das Giuseppe Flores d'Arcais 1995 in trefflicher Weise beschrieben und in seiner Einmaligkeit vorgestellt hat.[34] Dieser „Montessorianismus" kann sich sowohl positiv wie negativ darstellen. Negativ dürfte er dort zu beurteilen sein, wo er dazu führt, die Montessori-Pädagogik zu einer allein selig machenden Heilslehre und zur einzig richtigen pädagogischen Doktrin zu erklären, und verhindert, dass die Montessori-Pädagogik auch kritisch analysiert und aus der gehörigen Distanz betrachtet wird. Positiv ist gewiss zu werten, wenn er es unternimmt, die Montessori-Idee wach zu halten und weiter zu entwickeln. Ohne das weltumspannende Netz von Montessori-Gesellschaften, Montessori-Vereinigungen und Montessori-Vereinen – manche Kritiker sprechen sogar von einem Montessori-Imperium – wäre jedenfalls die globale Ausbreitung der Montessori-Pädagogik überhaupt nicht zu erklären; aber diese Geschichte ist an einer anderen Stelle und nicht hier zu erzählen.

Ein beachtlicher Großteil der Montessori-Literatur ist just aus dem Geiste dieses Montessorianismus geboren, und die entsprechenden Publikationen findet man sowohl in Büchern, Aufsätzen und Kon-

---

34 Siehe seinen Beitrag über den „Montessorianismus" am Ende unserer Textsammlung.

gressberichten, aber auch in den unzähligen Montessori-Zeitschriften, die in aller Regel periodisch auftreten und fast regelmäßig auch wieder verschwinden, von denen aber einige die Zeitläufe überdauern und ein beachtliches wissenschaftliches Niveau erreichen wie beispielweise die in Rom erscheinende Zeitschrift der italienischen Montessori-Gesellschaft „Vita dell'Infanzia".

Allein der Blick in eine der umfassenden Montessori-Bibliographien kann jedoch über folgendes aufklären. Während in Deutschland noch immer die Ansicht weit verbreitet zu sein scheint, die Pädagogik der italienischen Ärztin und Anthropologie-Professorin habe im Jahre 1907 mit der Eröffnung des ersten Kinderhauses im römischen Stadtviertel San Lorenzo begonnen, wobei man dann allenfalls eine gewisse Vorbereitungsphase in der ärztlich-therapeutischen Arbeit mit Kindern mit geistiger Behinderung einräumt, zeigt allein schon die bloße Auflistung der vor 1907 von Montessori vorgelegten wissenschaftlichen Arbeiten, dass diese Ansicht längst unhaltbar geworden ist, auch wenn sie in der Montessori-Literatur immer noch gelegentlich nachgebetet wird.

Die Schriften Montessoris aus den Jahren 1896-1907 (und noch danach) widerlegen eindeutig auch die andere falsche Meinung, ihre Pädagogik sei aus einer erzieherischen oder therapeutischen „Praxis" heraus entstanden und die gelehrte Wissenschaftlerin Maria Montessori habe ihre Methode „im praktischen Umgang mit Kindern" entwickelt.

Die frühen Schriften Montessoris belegen vielmehr, dass ihre Pädagogik weder aus irgendeiner praktischen Arbeit hervorgegangen noch wie Athene dem Haupte des Zeus entsprungen ist, sondern auf einem außerordentlich gründlichen Studium der zeitgenössischen wissenschaftlichen Lehrmeinungen und auf einer ebenso soliden eigenen natur- und sozialwissenschaftlichen Forschungsleistung beruht. Ihr aus den akademischen Vorlesungen an der Universität Rom hervorgegangenes Lehrbuch der Pädagogischen Anthropologie und die zum Teil in hoch renommierten Fachzeitschriften publizierten eigenen Forschungsarbeiten, die sich fast alle in die säkulare Tradition der „Bevölkerungswissenschaft" und der sog. „Medicinischen Polizey" des 19. Jahrhunderts mit dem zentralen Gedanken einer im Dienste der Staatswohlfahrt anzustrebenden individuellen, Staats- und Rassen-Hygiene einordnen lassen[35], bestätigen den konsequenten Aufbau

---

35 Den Hinweis auf diese größeren Zusammenhänge verdanke ich meiner jungen Frankfurter Kollegin Sabine Seichter. Hier tut sich übrigens ein weites Brachfeld für die künftige Montessori-Forschung auf.

einer eigenen pädagogischen Theorie, die in ihren Grundlinien und -prinzipien, vor allem aber hinsichtlich des *Zentralgedankens einer physischen, psychischen, sozialen und politischen Hygiene*[36] bereits abgeschlossen war, als sich die Medizinerin Montessori zur didaktischen Betreuung des von der Baugesellschaft Beni Stabili und dem Unternehmer Edoardo Talamo geschaffenen Kinderhauses bereit erklärte und wohl auch nur deshalb bereit erklären konnte.[37]

Dass es sich dabei nicht um eine genuin pädagogische Theorie handelte, die (wie man hätte erwarten können) auf einer gründlichen Kenntnis der Geschichte der Pädagogik beruht hätte oder aus der kritischen Auseinandersetzung mit anderen pädagogischen Lehrmeinungen und Positionen erwachsen wäre, wird niemanden überraschen, der weiß, dass sich Montessoris Denken weder auf dem Gebiete der Pädagogik noch auf dem der Erziehung artikuliert hat, sondern auf einem ganz und gar anderen Nährboden gediehen ist, nämlich ihrem großen Interesse an der *biologischen Evolutionslehre* (insbesondere in der Fassung von Jean-Baptist de Lamarck und der von ihm in seinem gleichnamigen Hauptwerk begründeten „*Philosophie Zoologique*"); ihrer frühen Bekanntschaft mit der *kosmischen Theorie* ihres Großonkels mütterlicherseits, dem international renommierten Theologen und Paleontologen Antonio Stoppani; dem im *Positivismus* ihrer Zeit wurzelnden Wissenschaftsoptimismus, welcher alle, auch alle sozialen Probleme dadurch zu lösen versprach, dass man an die Stelle philosophisch begründeter Theorien eine reine Tatsachenwissenschaft treten ließ; und schließlich durch das Studium der Schriften aus der reichen *Tradition der sog. Arztpädagogen* seit John Locke und (dessen Pariser Schüler) Étienne Bonnot de Condillac, von denen diejenigen ihrer beiden wichtigen Bezugsautoren Jean Marc Gaspard Itard und Édouard Séguin damals regelrecht „in der Luft lagen" und neben Montessori auch von vielen anderen Wissenschaftlern lebhaft studiert und aufgegriffen wurden, beispielsweise

---

36 Man vergleiche dazu beispielsweise Montessoris Interpretation des Krieges als einer sozialen Krankheit (ähnlich der Pest) und ihre aus der medizinischen Polizei geborenen Vorschläge für seine Ausrottung. Siehe dazu den Beitrag über die Friedenserziehung in unserer Textauswahl. Vgl. dazu auch in unserer Textauswahl „Von der Agrikultur zur Homokultur" (S. 83-90).

37 Dieser Übergang Montessoris von der Hygieneforschung im weitesten, nämlich politisch-sozialen, physisch-sensualistischen und psychisch-geistigen Sinne, zu dem Projekt einer naturwissenschaftlich begründeten Erziehungswissenschaft und schließlich zur Übernahme der „didaktischen" Betreuung einer Kindereinrichtung dürfte das interessanteste Thema einer künftigen wissenschaftlichen Montessori-Biographie sein.

von ihrem berühmten sonderpädagogischen Konkurrenten Ovide Decroly in Brüssel.

Dass die junge Wissenschaftlerin Maria Montessori die Berichte Itards über den (letztlich gescheiterten) Versuch einer Erziehung des Wildkindes Victor de l'Aveyron mit großem Interesse las, geschah wohl aus dem gleichen Grunde, aus dem heraus Itard selbst die Erziehung dieses Knaben übernommen hatte. Durch die genaue Untersuchung der Erwicklung dieses Kindes und durch seine wissenschaftlich exakt geplante Erziehung wollten er und seine Pariser Kollegen von der Societé des Observateurs de l'Homme endlich enthüllen, was die „wahre Natur des Menschen" ist und was der Mensch der ihn umgebenden Kultur zu verdanken hat.

Dass zu der gleichen Zeit, als Maria Montessori das Problem kindlicher Deviationen, also Abweichungen von dem normalen Lauf seiner Entwicklung, aufgriff, andere Arztpädagogen in die gleiche Richtung dachten und forschten, kann nicht überraschen. In Deutschland machte vor allem Ludwig Adolf Heinrich von Strümpell mit seinem Buch „Die Pädagogische Pathologie oder die Lehre von den Fehlern der Kinder" Furore und leitete parallel zu Montessori ein neues Kapitel in der Kinderpsychiatrie ein: die Kinderfehlerforschung.[38]

5. Von der Hochschullehrerin zur pädagogischen Unternehmerin

Wenn wir hier nach den Gründen (und der sachlichen Berechtigung) für die Aktualität Montessoris fragen, dann geht es natürlich nicht in erster Linie um die Person Maria Montessoris, sondern um ihr Werk, das heißt darum, was diese Frau gedacht, geschrieben und an pädagogischen Anregungen gegeben hat, denn nicht Personenkult soll hier betrieben, sondern eine Pädagogik vergegenwärtigt werden, von der angenommen wird, sie habe ihre Bedeutung in den 100 Jahren seit ihrer Entstehung nicht eingebüßt.

Damit will nicht gesagt sein, die Schöpferin dieser Pädagogik sei ohne Belang und man könne sie daher bei einer Erörterung ihrer Pädagogik aus dem Spiele lassen; im Gegenteil, es gäbe durchaus eine ganze Palette von Charakterzügen und menschlichen Eigenschaften an der Hochschulprofessorin Maria Montessori, die ausgesprochen „aktuell" erscheinen. Da wäre ihr engagiertes Eintreten für die Rechte der Frau,

---

38 Das Buch erschien 1890 in Leipzig, als Maria Montessori gerade 20 Jahre alt war.

das die junge Akademikerin um die Wende zum 20. Jahrhundert zu einer profilierten europäischen Frauenvertreterin werden ließ, ohne dass sie sich je in feministische Denkschablonen einordnen oder zur muffligen Soufragette machen ließ; – als sie 1896 beim Internationalen Frauenkongress in Berlin sprach, rühmte die Presse gleichermaßen ihre Begabung zur treffsicheren Problemanalyse wie die frauliche Attraktivität der Italienerin.

Da wäre weiterhin ihr Geschick, oder schärfer gesagt: ihre Cleverness zu nennen, womit sie es zeitlebens verstand, sich selbst immer wieder in das Licht der Öffentlichkeit zu rücken und ihre Gedanken und ihre Methode wirksam in die Medien zu bringen, – welchem Pädagogen wäre es schon gelungen, eine Erziehungsmethode so in das öffentliche Bewusstsein seines Landes zu lavieren, dass sie als nationaler Beitrag zu einer Weltausstellung ausgewählt würde! Italien verschiffte 1915 eine ganze Montessori-Klasse nach San Francisco, und als Leiterin dieser Ausstellungsklasse stand keine geringere als die später weltberühmte Pädagogin Helen Parkhurst[39] zur Verfügung.

Da wäre schließlich nochmals an Maria Montessoris geradezu verblüffendes Organisationstalent zu erinnern, das es ihr ermöglichte, eine weltumspannende Montessori-Bewegung mit Montessori-Gesellschaften und einem dichten Netz von Montessori-Ausbildungskursen aufzubauen und lebendig zu erhalten, von denen sich immer wieder Nebengruppierungen, Vereinigungen, Arbeitskreise, Landesverbände u.ä. abspalteten (was von Maria Montessori nicht einmal ungern gesehen wurde, denn sie wusste nur zu gut, dass nichts der Publizität ihrer Pädagogik förderlicher sein konnte, als wenn man sich über sie stritt und wenn profilierte Persönlichkeiten – gleich welcher Herkunft – an die Spitze der Bewegung traten). In der langen Liste renommierter Namen von Präsidenten oder Vorstandsmitgliedern nationaler Montessori-Gesellschaften stehen Alexander Graham Bell (der Erfinder des Telefons), die Tochter des US-Präsidenten Wilson, der christlich-existentialistische Dichter-Philosoph Gabriel Marcel, der konservative Politiker Konrad Adenauer, der spätere SS-Rechtsanwalt Dr. Aster und der faschistische Diktator Benito Mussolini – um nur einige wenige zu nennen – friedlich schiedlich nebeneinander.

---

39 Maria Montessori brach freilich mit Helen Parkhurst und löschte ihren Namen aus, als diese es wagte, Kritik zu äußern, und insbesondere als sie als Gründerin des sog. Dalton-Plans selbst berühmt wurde. Überhaupt trennte sich Montessori von vielen ihrer sogar engsten Mitarbeiterinnen, wenn sie befürchtete, ihre blinde Gefolgschaft begänne zu bröckeln. Auch das wäre ein interessantes Thema einer zukünftigen Biographie.

Nicht, dass etwa mit der Erinnerung an dergleichen Charakterzüge ihrer Schöpferin eine Erklärung für die weltweite Aktualität der Montessori-Pädagogik gegeben werden soll, aber man wird bei unvoreingenommener Betrachtung doch einräumen müssen, dass ohne diese persönlichen Befähigungen Montessoris ihre Pädagogik schwerlich einen solchen Siegeszug rund um die Welt und mitten in die öffentliche Diskussion über Kindererziehung und Schulreform angetreten hätte.

Gewiss, die geschichtliche Gunst der Stunde kam Montessori kräftig zu Hilfe. Um die Wende zum 20. Jahrhundert gerieten das im 19. Jahrhundert auf- und ausgebaute staatliche Schulsystem, sein kasernenartiger Drill, die im Schematismus von strengen Curricula erstarrten Lehrverfahren, die überkommenen bürgerlichen Erziehungsvorstellungen allesamt in die Kritik; ja, die ganze Kultur wurde damals in Frage gestellt, so dass man der „alten" Erziehung und Schule, die im wesentlichen in der Vermittlung der Kulturgüter und in der Anpassung des Kindes an die gesellschaftlichen Wert- und Lebensvorstellungen bestanden hatten, allgemein und mit leidenschaftlicher Begeisterung eine *neue Erziehung* entgegenstellte, die „vom Kinde aus" zu gehen hätte, und eine neue, sprich: *alternative Schule,* die sich deutlich von der unbeweglich gewordenen und in bürokratischer Verwaltung erstickten staatlichen Regelschule unterscheiden sollte.

Montessori ritt also auf dem Wellenkamm der pädagogischen Auseinandersetzungen ihrer Zeit; dass für ihren internationalen Erfolg aber genauso die genannten (und noch andere) Veranlagungen zu öffentlicher Breitenwirkung und Werbung für die eigene Sache ausschlaggebend waren, das kann das Beispiel ihrer italienischen Zeitgenossinnen Clara und Rosa Agazzi deutlich machen.

Die beiden norditalienischen Schwestern entwickelten etwa zeitgleich mit Maria Montessori eine neue Kleinkindpädagogik und Erziehungsmethode, die jener unserer Autorin durchaus ebenbürtig und nicht minder zeitgemäß war; in ihrer Bescheidenheit als tätige Erzieherinnen widmeten sich die Agazzi-Schwestern überwiegend der konkreten Kindergartenpraxis und schrieben erst später Bücher über ihre Methode, während Maria Montessori von Anfang an mit der Autorität der Hochschulprofessorin sprach, schon früh publizistisch hervortrat und, statt sich mit praktischer Kindererziehung abzugeben, lieber darüber schrieb und Kurse veranstaltete.

Die Methode Agazzi wurde zwar der in Italien am meisten praktizierte (und dort – in einer modifizierten und weiterentwickelten Form – mehr als die Montessori-Methode verbreitete), aber – soweit ich sehe – über Italien hinaus nicht bekannt gewordene und in der internationalen pädagogischen Diskussion kaum aufgegriffene Weg der Kin-

dererziehung.[40] Montessori hielt es da mehr mit ihrem großen pädagogischen Anreger und Lehrmeister Jean-Jacques Rousseau. An tätiger
Kindererziehung zeigte er wenig Interesse, und seine fünf eigenen (übrigens unehelichen) Kinder gab er ins Findelhaus[41]; gleichwohl schrieb
er mit seinem *„Émile ou de l'éducation"* eines der meistgelesenen Er-
ziehungsbücher der Welt, und er beeinflusste das pädagogische Denken
der Neuzeit bis heute in einem Ausmaß, das nur schwerlich überschätzt werden kann.[42] Auch Montessori schickte, wie bekannt, ihr eigenes (ebenfalls uneheliches) Kind aufs Land zu einer Amme, und
sie versteckte jahrelang den kleinen Mario, um ihre berufliche Karriere
als Hochschullehrerin nicht zu gefährden und die großen Erwartun-
gen ihrer Mutter an eine glänzende wissenschaftliche Laufbahn ihrer
Tochter nicht zu enttäuschen.

Montessoris erste Beschäftigung mit Kindern und ihrer Erziehung
war durchaus theoretischer und akademischer Natur, was ja auch bei
einer Professorin und Doktorin mehr als naheliegt und niemanden verwundern wird. Dass dieser wissenschaftliche Zugang zu pädagogischen
Fragen später, als Montessori ihre Hochschullehrertätigkeit aufgegeben hatte und sich nur noch der Ausbreitung ihrer pädagogischen
Ansichten und ihrer Erziehungstheorie widmete, durch religiöse Gedanken überlagert und ihre Sprache weniger begrifflich scharf als vielmehr bildhaft anschaulich, bisweilen sogar metaphorisch ausschwei-
fend wurde, das steht auf einem anderen Blatt.

6. Die Frage nach der „Aktualität" Montessoris

Nicht anders als bei allen großen Figuren in der Geschichte der Pädagogik – von Platon über Augustinus und Thomas von Aquin, von
Comenius und Erasmus über Descartes und Rousseau zu Pestalozzi und
Fröbel, von Kant, Humboldt, Schleiermacher und Herbart, von Dewey
und Makarenko zu Theodor Litt und Wilhelm Flitner – steht Montessoris Pädagogik auf einem festen theoretischen Fundament, und nur so
kann ihr Gedankengebäude überhaupt Bestand haben. Ruhte es bloß

---

40 Siehe dazu Winfried Böhm: Reformpädagogik in Italien und Spanien, in: Her-
   mann Röhrs und Volker Lenhardt (Hrsg.): Die Reformpädagogik auf den Kontinenten, Frankfurt a.M. 1994, S. 87-108.
41 Der tiefere Grund war, wie vermutet wird, dass er bei keinem seiner Kinder sicher
   sein konnte, ob er selbst der leibliche Vater war.
42 Siehe dazu Winfried Böhm: Geschichte der Pädagogik. Von Platon bis zur Gegenwart, München ³2010, S, 67-75.

auf praktischen Erfahrungen, dann wäre es nicht nur ebenso beschränkt und zufällig, wie es notgedrungen alle menschlichen Erfahrungen sind, sondern es wäre in höchstem Maße einsturzgefährdet, und selbst der leiseste Windhauch einer neuen Erfahrung könnte es wohl oder übel umblasen. Um es zugespitzt zu formulieren: Wenn es sich bei der sog. Montessori-Pädagogik um nicht mehr als um die aufgehäufelten Erfahrungen einer italienischen Erzieherin und Lehrerin[43] – was sie ja, wie jetzt schon mehrfach gesagt wurde, in Wirklichkeit nicht einmal war – in all ihrer raumzeitlichen Zufälligkeit und Beschränktheit handelte, dann hätte sie bestenfalls noch historischen Wert; sie hätte ihre pädagogische Bedeutung aber mit Bestimmtheit längst verloren, und die Frage nach der pädagogischen Aktualität Montessoris wäre müßig und überflüssig.

Wenn wir unsere Frage also nicht auf die Person Maria Montessoris beziehen, sondern auf ihr *Werk* und auch dabei nicht auf ihre (eher bescheidenen) tatsächlichen Leistungen als Erzieherin, sondern auf ihre pädagogische *Theorie* und auf den *konzeptuellen Entwurf ihrer Methode,* dann bleibt immer noch zu klären, was wir mit dem Prädikat „aktuell" eigentlich meinen.

Es will scheinen, als könne diese Frage wenigstens auf drei Ebenen angegangen werden. Auf der obersten und sehr oberflächlichen Ebene könnte man als „aktuell" im weitesten Sinne des Wortes das ansehen, was „präsent" ist in Rede und Tat, worüber also gegenwärtig geredet wird und was zu praktizieren man sich anschickt. Ein solches Verständnis von aktuell würde sich bedenklich dem Begriff der Mode annähern; pädagogische Moden aber kommen und gehen – man denke nur an die vielen pädagogischen Moden, die in den letzten 50 Jahren den Kindergarten und die Vorschulerziehung überspült haben. Was in Mode kommt, Interesse weckt, Neugier wachruft und Zulauf auf sich zieht, kann wertvoll oder wertlos, kann sinnvoll oder sinnlos sein – über den pädagogischen Wert einer Erziehungstheorie und einer Erziehungsmethode sagen solche Moden nicht viel aus. Dass Montessori heute ebenso gefragt wie gesucht, in Rede und Tat gegenwärtig, mithin „in Mode" ist, steht nicht in Zweifel; für ihre Aktualität in einem tieferen Sinne hat das aber nur wenig Belang.

In einem solchen tieferen Sinne könnte die Frage nach der Aktualität Montessoris meinen, ob die pädagogischen Gedanken, die die „Dottoressa" vor über 100 Jahren zu formulieren begann und die sie in der er-

---

43 Ich gebrauche das Wort „angehäufelt" in Anlehnung an Schleiermacher, der die zufälligen Erfahrungen eines Menschen gerne als „einen tumultuarischen Haufen" bezeichnete.

sten Hälfte des 20. Jahrhunderts unermüdlich zu verbreiten bedacht war, unseren heutigen Problemen und Schwierigkeiten entsprechen. Geben sie hilfreiche Antworten auf unsere heutigen Fragen und Bedürfnisse? Weisen sie Wege für erzieherisches Handeln auch in der Gegenwart, und stellen sie Lösungen für pädagogische Probleme in Aussicht, mit denen wir heute zu ringen haben? Ein solches Verständnis von Aktualität hebt also ab auf die *Gleichläufigkeiten bzw. Ähnlichkeiten* zwischen der pädagogischen Problemlage und der erzieherischen Situation zu der Zeit Maria Montessoris einerseits und unserer aktuellen Gegenwart andererseits.

Ein noch tieferes Verständnis von Aktualität begnügt sich nicht mit der Frage nach zufälligen und gelegentlichen Modeerscheinungen, aber ebenso wenig mit der Frage nach pädagogischen Parallelen zwischen den Jahren 1910 und 2010 (also zwischen der Reformpädagogik und heutigen pädagogischen Alternativen), obwohl diese zum Greifen naheliegen. Unsere interessanteste Frage zielt darauf, ob und – wenn ja – was denn an Montessori *bleibend gültig* ist, welche Erkenntnisse, Einsichten und Entwürfe der italienischen Pädagogin schon heute als „klassisch" in der Hinsicht angesehen werden können, dass sie allgemeine Gültigkeit beanspruchen – unabhängig von der Person und unabhängig von der Zeit. Ist Montessori also auch in diesem klassischen Sinne so „aktuell", dass ihre Gedanken Bestand haben – gleich, ob es Montessori war, die sie gedacht hat, oder es genauso gut jemand anderes hätte sein können? Erst wenn diese Frage mit guten Gründen bejaht werden kann, lässt sich von einer zeitlosen Aktualität Montessoris sprechen, und nur dann verdient es die italienische Autorin, unter die klassischen Pädagogen zumindest ihres Jahrhunderts gezählt zu werden.

Es erscheint dabei offenkundig, dass man diese Frage nur dann unbefangen und unvoreingenommen prüfen und beantworten kann, wenn man sich von jeglichem Personenkult fern hält, den Standpunkt eines engagierten Montessorianers verlässt und die kritische Fähigkeit aufbringt, Montessori und die Montessori-Pädagogik aus jener Distanz zu betrachten, die allererst Abstand und damit Überblick gewährt.

Wenn wir uns also in dieser dreifachen Ausfaltung der Fragestellung die Aktualität Montessoris vergegenwärtigen wollen, so besteht kein Zweifel, dass Montessori – oberflächlich gesehen – stark in Mode ist und lebhaften Zulauf findet, hierzulande ebenso wie anderswo, und das nicht zuletzt deshalb, weil ihr die in einer Zeit des ungebremsten Kapitalismus dominierende neoliberale Tendenz zur Privatisierung von Erziehung und Bildung sehr entgegenkommt. Aber – so haben wir uns bereits klar gemacht – das besagt wenig; denn auch pädagogische Ratten-

fänger finden Zulauf, und gar manche pädagogische Scharlatanerie
erfreut sich der Mode – man denke nur daran, was sich derzeit alles
auf dem üppigen Markte der Therapien tummelt. Dieser oberflächliche
Befund kann uns nicht zufriedenstellen, sondern wir haben zu prüfen,
ob dieses Interesse zu Recht besteht. Ist etwas dahinter, wenn frustrierte
Lehrer und verunsicherte Erzieher lauthals nach Montessori rufen?

Auf der zweiten Ebene gestaltet sich die Antwort schon erheblich
schwieriger, denn ob und inwieweit Montessoris seinerzeit formulierte
Gedanken unserer heutigen Erziehungssituation und der gegenwärtigen pädagogischen Problemlage entsprechen, lässt sich nicht mit einem Handstreich entscheiden. Gewiss sind unsere erzieherische Situation und unser pädagogisches Problembewusstsein verschieden von der
Zeitlage Montessoris. Vieles in Familie, Kindergarten und Schule
hat sich geändert; neue und damals kaum vorauszuahnende Probleme sind hinzugekommen; manches freilich ist unverändert geblieben, und einige Probleme sind noch immer so ungelöst wie damals.

Ein Blick auf die *Wandlungen,* die sich in den letzten rund 100 Jahren – und um diesen Zeitraum geht es hier – vollzogen haben, kann
lehren, dass die Lebens- und Erziehungssituation des Kindes heute eine ganz andere ist, als sie es kurz vor der Wende zum 20. Jahrhundert
war.

Der Kindergarten von heute hat wenig gemein mit jenen dumpfen übel riechenden Kinderasylen, wie sie Maria Montessori ebenso
bildhaft wie eindringlich beschrieben hat. Die lähmende Passivität
des Kindes, über die zu klagen Montessori nicht müde wurde, hat sich
in wohltuende Aktivität verwandelt, und Montessoris Bild von den in
enge Bänke gezwängten Kindern, die ihr wie in einem Schaukasten
aufgespießte tote Schmetterlinge vorkamen, gehört zum Glück der
Vergangenheit an.

Überhaupt ist ein ganz anderes und neues Verständnis für das Kind
entstanden: sah man das Kind damals als einen Noch-nicht-Erwach-
senen und damit als minderwertig (im Hinblick auf den Erwachsenen) an; erschien das Kind seinerzeit wie eine formbare Masse, die der
Erwachsene nach seinen Vorstellungen zu kneten und zu biegen hatte,
so hat uns die Psychologie des Kindes, richtiger müsste man sagen:
haben uns die Psychologien des Kindes in dem vergangenen Jahrhundert ein vielfältig differenziertes und reich ausfiguriertes Bild vom Kinde gezeichnet und Einsicht sowohl in sein Unbewusstes wie in seine
intellektuellen Entfaltungsmöglichkeiten, in die Schatzkammer früh-
kindlichen Lernens wie in seine schicksalhafte Sozialentwicklung gewährt. Sie haben uns aber auch die eigenschöpferischen Selbstgestaltungskräfte des Kindes sehen und achten gelehrt. Die philoso-

phisch-anthropologische Beschäftigung mit dem Kind hat uns die Augen
geöffnet für das Personsein schon des Neugeborenen, und in der Musik hat etwa der junge Leonard Bernstein in seinem 1943 gedichteten
und genial vertonten Kinderliederzyklus *I hate Music!* ein Kind der
ganzen Welt ins Gewissen singen lassen: „I just found out today that
I'm a person too – like you".

Die äußere Ausstattung der Schulen hat sich vielleicht gewaltiger geändert, als die architektonischen Stilwandlungen auf anderen Sekto-
ren vermuten lassen. Schulen sind nicht mehr jene Kasernen und
Lernfabriken, als die sie Dichter wie Tolstoj, Rilke oder Stefan Zweig
beschrieben und als die sie die Pioniere der Reformpädagogik martia-
lisch bekämpft haben. Die Schrebersche Schulbank – damals ein Lieb-
lingsgegenstand pädagogischen Scharfsinns und pädagogischer Examina
– ist einer lockeren und kindgemäßen Möblierung (freilich nicht zuletzt auch dank Montessori) gewichen; an Herrn Dr. Schreber erinnert uns bestenfalls noch der Schrebergarten seligen Angedenkens.
Herrschten zu Montessoris Zeiten weitgehend Unverständnis und
Gleichgültigkeit gegenüber Behinderten – ohne großes Federlesen
nannte man sie allesamt Krüppel bzw. Idioten, und Montessoris erste
Begegnung mit Kindern fand in einem heruntergekommenen „Idioten-
asyl" statt –, so zeichnet, verglichen damit, unsere Gesellschaft eine hohe
Sensibilität und ein bemerkenswertes Bemühen um differenziertere Dia-
gnosen, wirksamere Hilfen und – statt achtloser Ausgliederung – um
soziale und pädagogische Eingliederung von Menschen mit Behinde-
rungen (man beachte allein schon die gewandelte Terminologie) aus. Als
Montessori es anfangs des 20. Jahrhunderts wagte, zur kindlichen Sexualerziehung Stellung zu nehmen, galt dieses Thema als ein strenges
Tabu[44]; heute betrachten wir die sexuelle Aufklärung und die Erziehung
zu einer personalen Einordnung und Wertung der Geschlechtlich-
keit als eine unverzichtbare Aufgabe, und zwar schon in früher Kindheit.[45]

Alle diese Veränderungen – und ihre Aufstellung ließe sich fortsetzen
– können leicht als *pädagogischer Fortschritt* erscheinen, angesichts dessen man sich stolz in die pädagogische Brust werfen darf. Und jedem
überzeugten Montessorianer wird dabei die Brust noch ein wenig stärker schwellen, weiß er doch, dass ein beachtlicher Anteil an diesem
Fortschritt Maria Montessori mit zu verdanken ist – denkt man nun an

---

44 Vgl. dazu Montessoris Beitrag „Die Sexualmoral in der Erziehung" in unserer
   Textauswahl (S. 210-224).
45 Siehe dazu Winfried Böhm: Männliche Pädagogik – weibliche Erziehung, Inns-
   bruck-Wien 1989, Kap. 4: Eros und Agape – Grundfragen der Sexualerziehung.

die kindgerechte Ausstattung von Kindergarten und Schule, an das neue Verständnis des Kindes – Montessoris bei uns bekanntestes Buch trägt den bezeichnenden Titel „Kinder sind anders" –, an die Offenheit gegenüber Kindern mit Behinderung oder an den freieren Lebensraum und die größere Eigenständigkeit, die wir Kindern heute in aller Regel zubilligen. Aber dieser Stolz darf nicht blind machen für die *zahlreichen Probleme und Nöte,* die in dem gleichen Zeitraum neu aufgekommen sind und die Kindererziehung in unseren Tagen nicht unerheblich beschweren.

Man denke beispielsweise an die neuen *Massenmedien,* die mit ihrer Bilderflut die Welt der Kinder überschwemmen. Dabei muss man nicht unbedingt so dunkel sehen wie der nordamerikanische Kommunikationsforscher Neil Postman, wenn er meinte, wir verlernten das diskursive und kritische Denken, weil uns das Fernsehen unaufhörlich mit assoziativen Bilderfolgen das Hirn vollstopft, an denen wir uns am Ende *heillos verdummen* und *zu Tode amüsieren* werden.[46] Für die Kinder aber erscheint verhängnisvoll, dass durch die Massenmedien immer mehr und fremde Welten in ihren Lebensraum hereinbrechen, sie mit Wissensinhalten und Erwachsenenproblemen überschütten (man denke an Kriege, Kriminalität, Konsummentalität, Brutalität, Beziehungslosigkeit etc.), dass am Ende Kinderwelt und Erwachsenenwelt ineinander verschwimmen. Hatte Maria Montessori vor rund 100 Jahren unter dem Motto „Kinder sind anders" ihren Aufklärungsfeldzug für ein Verständnis der kindlichen Eigentümlichkeit und Eigenwelt angetreten und somit der Entdeckung der Kindheit zum Durchbruch verholfen, so droht diese kaum entdeckte Kindheit in dem diffusen Meer der Medienkommunikation und der nivellierenden Bilder bereits wieder zu versinken.[47]

Was Kinder heute über Krankheiten, Weltraumfahrt, Naturkatastrophen, Terroranschläge u.ä. wissen, übertrifft den Informationsstand medien-abstinenter Erwachsener oft beträchtlich. Diesem frühen Hineingerissenwerden des Kindes in die raue Erwachsenenwelt entspricht auf der anderen Seite eine immer aufwendigere Ausstattung der Kinderwelt mit Spielzeug und Lernmaterialien, wofür in der Zwischenzeit eine überaus (und selbst in Krisenzeiten) florierende Industrie entstanden ist. Beide Tendenzen treiben Kinder heute nicht selten in eine – wie aufmerksame Beobachter meinen – ambivalente, das

---

46 Neil Postman: Wir amüsieren uns zu Tode, dt. Frankfurt a.M. 1985.
47 Ders.: Das Verschwinden der Kindheit, dt. Frankfurt a.M. 1983.

heißt *widersprüchliche Situation,* in der sie zwischen einerseits immer größerer Freiheit und Freizügigkeit und andererseits ständig wachsender Gängelung und Unterwerfung durch erwachsenengesellschaftliche Kontrollinstanzen verunsichert werden.[48]

7. Montessori und die Probleme der Gegenwart

Die zunehmende Menge, Vielfalt und Intensität der auf Kinder heute einströmenden Reize und die im Abnehmen begriffenen Möglichkeiten der Kinder zu unmittelbaren Erfahrungen führen zu von Fachleuten immer mehr beklagten Konzentrationsstörungen und -mängeln. Hatte Montessori schon zu ihrer Zeit die Polarisation der kindlichen Aufmerksamkeit als den Schlüssel zur Lösung aller Erziehungsprobleme bezeichnet, so erscheinen das Auseinanderstieben der kindlichen Interessen und die Zerstreuung seiner Gegenstandszuwendungen als unabänderliche Folgen der gärend aufgewühlten Situationen, in denen Kinder heute leben und aufwachsen. Genau in dieser Unfähigkeit zu meditativer Stille und zur Konzentration aller Aktivitäten auf einen Bezugspunkt hatte aber Maria Montessori, im Anschluss an ihren sonderpädagogischen Gewährsmann Edouard Séguin und seine sensualistische Erkenntnistheorie, ein untrügliches Zeichen von Behinderung gesehen und in diesem Sinne von den „unkonzentrierten Idioten" gesprochen. In diesem Licht müssten ihr wohl heute die meisten Kinder als behindert erscheinen, und unter uns Erwachsenen würde sie unzählige als „Idioten" identifizieren.

Zu diesen Wandlungen kommen andere *Zeiterscheinungen,* die das Leben der Erwachsenen und der Kinder gleichermaßen in Unruhe versetzen: da sind *Bedrohungen des Friedens,* auf die Montessori besonders in der Mitte ihres Lebens hingewiesen hat, und ihr Anwachsen scheint Montessoris Optimismus von 1949 Lügen zu strafen, als sie zunächst glaubte, nach der verheerenden Katastrophe des Zweiten Weltkrieges könne es nie wieder einen Krieg geben[49]; da sind die *Gefährdungen unserer Umwelt* und die Erschütterungen im Gleichgewicht der Natur, die Montessori als eine der ersten beobachtet hat, ohne sie freilich in ihrem

---

48 Siehe dazu Wilhelm Brinkmann: Kindheit im Widerspruch. Zwischen Selbsttätigkeit und Fremdbestimmung, Würzburg 1987, und neuerdings sein grundlegendes und unverzichtbares Buch: Aufwachsen in Deutschland, Augsburg 2008.

49 Siehe dazu den Beitrag über „Die Bildung des Menschen bei der Neuordnung der Welt" in unserer Textauswahl (S. 225-228).

ganzen Ausmaß abschätzen zu können. Spätestens seit den 1940er Jahren, also lange bevor von Umwelterziehung, Ökopädagogik u.ä. auch nur der Funke einer Ahnung aufgeglommen war, hat sie das Programm einer kosmischen Erziehung verfochten, das heißt einer Bewusstmachung und Respektierung der das Leben auf unserem Planeten und darüber hinaus regelnden Naturgesetze der Evolution. Zu diesen Bedrohungen haben sich *Irritationen hinsichtlich unseres Wissens und unseres Wertens* gesellt, und diese machen es immer schwieriger, die Welt, in der wir leben, richtig zu verstehen, und noch schwieriger, sie richtig zu beurteilen. *Orientierungslosigkeit* und *Wertunsicherheit* erschüttern Erwachsene und Kinder gleichermaßen; Kinder leiden darunter aber doppelt, wenn ihnen Eltern und Erzieher entgegentreten, die ihnen jene Maßstäbe und Beurteilungsgesichtspunkte nicht mehr geben können, deren sie jedoch bedürfen, wenn sie erwachsen und mündig werden und nicht ihr Leben lang geistig-moralisch infantil bleiben sollen.

Montessori hat dieses pädagogische Problem klar erkannt, und genauso wenig wie ihr großer Vorgänger Rousseau hat sie jemals der individuellen Willkür und dem subjektiven Wohlgefühl das Wort geredet, sondern stets die Notwendigkeit von *Ordnung und Disziplin* – im Intellektuellen ebenso wie im Moralischen – auf das Entschiedendste betont. Wenn die neuen Empfindungsmenschen von heute gegen die angebliche „Verhirnung" zu Felde ziehen und dabei, einer uralten, aber einfältigen Dichotomie zwischen Verstand und Gefühl folgend, dafür eintreten, dass „die Sachen nicht mehr über den Kopf, sondern über den Bauch laufen" sollen, dann mögen sie sich auf wen immer berufen, nur Montessori dürfen sie bei dergleichen Versinnlichung nicht als Kronzeugin missbrauchen. Sie stand mit dem Moralisten Rousseau stets auf der Seite der *Versittlichung,* und was den Menschen zum Menschen macht, war für sie nicht der lüsterne Bauch, sondern der denkende Kopf, der auch den Bauch (und unsere Gefühle) zu kontrollieren hat.

So durchgreifend uns die Veränderungen erscheinen mögen, die sich in den Jahrzehnten seit Montessori in Erziehung, Schule und Gesellschaft vollzogen haben, so sind doch eine ganze Reihe von *Ärgernissen* zäh und hartnäckig gleich geblieben; und wenn man die Jeremiaden der damaligen Reformpädagogen (einschließlich Montessori) und die Klagen der letzten Schulkritiker miteinander vergleicht, stimmen sie in der Sache oft verblüffend überein; lediglich die Wortwahl hat sich verändert.

Was waren und sind die Einwände, die Pädagogen, Lehrer, Psychologen, Therapeuten, Literaten, Journalisten, Politiker, Eltern, Schüler *gegen die Schule* erheben? Auf den ersten Blick richten sie sich gegen die dominierende Stellung des Lehrers und gegen die Überbetonung des Stoffes. Der Lehrer herrsche – so hieß es vor rund hundert Jahren – wie ein „absoluter Monarch", wie ein „General des klassischen Altertums und der Differentialrechnung" (S. Bernfeld), und die Schule klebe am Stoff, sie mache die Schüler satt, wo sie ihren Lernhunger und ihre Wissbegier zu wecken hätte, sie gebe Steine statt Brot (M. Montessori), sie erzeuge nur die „bunt-schillernden Seifenblasen der Vielwisserei" (G. Kerschensteiner) und fördere einen lebensfernen und schlechten Enzyklopädismus. Auf diese Weise erliege die Schule dem Irrtum, alles lehren zu wollen, was im Leben nützlich sein mag, ohne zu sehen, dass dies das Leben selbst viel besser kann.

Man beklagte die Gleichförmigkeit des Unterrichts, das „steife Korsett der Formalstufen" (H. Scharrelmann), den Kasernendrill der „gleichmacherischen Bildungsfabrik" (P. Oestreich) und den „geisttötenden Intellektualismus" (J. Langbehn). Demgegenüber kämen das Gefühlsmäßige, das Schöpferische, das Darstellerische zu kurz, weil alles dem abstrakten Formalismus von Analyse und Synthese unterworfen würde. Dort, wo Bildung und Erziehung ihren Ort haben sollten, lerne man für Prüfungen und kämpfe um Berechtigungen und bringe man den Noten und Zeugnissen wahre Götzenopfer dar (J. Kühnel). Diese Tendenz werde von einer auf Kontrolle und Überwachung ausgerichteten Schulverwaltung noch kräftig verstärkt, so dass vielen Lehrern und Erziehern penible Korrektheit in ihrer Berufserfüllung und anstandsloses Wohlverhalten gegenüber den Vorgesetzten weit wichtiger erscheinen als das Wohl der ihnen anvertrauten Kinder (E Gansberg).

Prüft man diese Anklagen genauer, so zeigt sich, dass sie durchweg in dem Vorwurf kulminieren, die Schule habe das Kind an den Rand gedrängt, es zur Nebensache gemacht und sich so sehr auf formalisierte und formalisierbare Lernprozesse beschränkt, dass ihr schließlich fast jede Berührung mit dem wirklichen Leben verloren gegangen sei.

Lehrreich erscheint mir ein Bild, das Maria Montessori zur Kennzeichnung der Schule in ihrer institutionellen Verengung gebraucht hat. Sie bat ihre Zuhörer einmal, sich ein Museum vorzustellen, wo man nur eintreten könne, wenn man sich einer Besucherklasse anschließt, wo man bestimmte Kunstwerke nur zu bestimmten Stunden und nach genau vorgeschriebenem Besuchsplan betrachten dürfe, wo man statt freien Kunstgenusses nach eigener Wahl ständig von pausenlos redenden und die Exponate in endlosen Lektionen zerredenden Museumsdienern gegängelt werde, wo man auf ein Klingelzeichen den Saal wechseln, über alle Einzelheiten in einer schriftlichen Hausaufgabe Rechenschaft geben und am Schluss auch noch eine Ziffernzensur entgegennehmen müsse. Montessori fragte ihr Publikum herausfordernd, ob wohl jemand gerne in ein solches Museum ginge oder gar regelmäßig wiederkommen würde. Der erhofften verneinenden Antwort auf diese rhetorische Frage fügte sie die ironische Bemerkung hinzu, dass man für derartige Museen wohl oder übel den allgemeinen Museumszwang einzuführen hätte, wie man ja auch für dergleichen Schulen die staatliche Schulpflicht habe erfinden müssen.

Zweifellos hat die Schule seit der Wende vom 19. zum 20. Jahrhundert ihr Gesicht deutlich verändert; ihre Gestalt als eine *gesellschaftliche Institution* (vergleichbar anderen gesellschaftlichen Institutionen wie dem Gefängnis, der Irrenanstalt, der Polizei, der Klinik etc.) mit allem Ballast des Institutionellen ist aber weitgehend die gleiche geblieben oder hat sich, unbeschadet allen Geredes über deren „Autonomisierung"[50], im Gegenteil noch verstärkt.[51]

Daran mag es liegen, dass auch viele Probleme ebenso drängend geblieben sind, wie sie es damals waren. Wie lassen sich beispielsweise Kinder intrinsisch motivieren, so dass ihr Lernen nicht nur äußerem Druck und Zwang unterliegt? Wie kann die Abhängigkeit der Kinder vom Urteil anderer und vor allem ihre soziale Diskriminierung (z.B. aufgrund von Fehlleistungen) eliminiert werden? Wie kann kindliches Lernen individueller organisiert und mehr an die eigenen Interessen des Kindes angeknüpft werden? Wie lassen sich Lernen und Schule gestalten, ohne dass die psychische Gesundheit und die normale Entwicklung des Kindes gefährdet werden? Wie ist soziales Lernen möglich in einer von Konkurrenzdenken, Leistungsstress, Zensurendruck und Wettbewerb um Berechtigungen geprägten Schule? Wie lässt sich über nationale, religiöse, sprachliche und rassische Grenzen hinweg interkulturelle Verständigung anbahnen und eine Erziehung zum Frieden leisten? Wie lassen sich Schule und Leben, die so künstlich auseinandergetreten sind, einander wieder mehr annähern?

Diese Fragen lassen aufhorchen, denn es sind just Fragen, um die Maria Montessoris pädagogische Interessen kreisen. Auf alle diese Fragen und auf viele andere dazu hat sie *Antworten* zu geben versucht, und

---

50 Nur wenige sachkundige Kritiker haben in der sog. Autonomisierung" von Schule und Kindergarten das Trojanische Pferd einer neoliberalen Bildungsideologie erkannt, insofern diese die direkten Kontrollmechanismen versteckt und klammheimlich zu verinnerlichten Abhängigkeiten macht.

51 Vgl. zu diesem größeren Zusammenhang u.a. das Buch Gouvernementalität der Gegenwart. Studien zur Ökonomisierung des Sozialen, hrsg. v. Ulrich Bröckling, Susanne Krasmann und Thomas Lemke, Frankfurt a.M. 2000.

diese Antworten tragen unverwechselbar den Stempel ihres pädagogischen Entwurfs.

Es ist ihrer Überzeugung nach wider die Natur des Kindes, wenn Kindergartenkinder und Schüler stundenlang still und unbeweglich in festen Bänken sitzen und nicht enden wollende Lektionen über Dinge anhören müssen, die sie mit ihren fünf Sinnen selber wahrnehmen und mit ihren eigenen Händen begreifen können. Brot und nicht Steine, also Dinge und nicht leere Worte – so könnte Montessoris Motto lauten. Und das sogenannte *didaktische Material* von den ersten Sinnesübungen im Kindergartenalter bis zur algebraischen Mathematik des Gymnasiums stellt für Montessori gewissermaßen nur eine Schiene dar, auf der sich das Kind lernend und entfaltend vorwärts bewegt. Statt das Kind ganz vom Lehrerurteil abhängig zu machen, baut Montessori das *Prinzip der Selbstkorrektur* in ihr Material ein; Kinder prüfen sich selber, und sie stellen eigenständig Weichen für ihr weiteres Lernen.

Es streitet nach Montessori wider die pädagogische Vernunft, alle im Gleichschritt das Gleiche zu lehren, statt die Kinder selber entscheiden zu lassen, wann sie was und in welchem Rhythmus lernen bzw. bearbeiten wollen. An die Seite der frontalen Darbietung rückt Montessori die *Freiarbeit*, freilich nicht ohne klare Abgrenzung dessen, was jedem Schüler an verbindlichem Stoff aufzuerlegen ist. Um das Bild von oben noch einmal aufzugreifen: Die Kinder sollen das ganze Museum durchschreiten; aber jedem einzelnen sollte es freistehen, vor welchem Bilde er wann und wie lange verweilen und wann er zu einzelnen, gerade ihn ansprechenden Werken zurückkehren möchte.

Die *Atmosphäre von Kinderhaus und Schule* soll so gestaltet sein, dass die Kinder einander helfen, sich nicht um jeden Preis gegenseitig überflügeln, wohl aber es einander gleichtun wollen; daher will Montessori in den einzelnen Gruppen Kinder aus *drei Altersjahrgängen miteinander* mischen, damit die Älteren den Jüngeren beistehen und die Jüngeren durch die Fortschritte der Älteren angezogen, nicht angetrieben werden. Prüfungen, Noten, Zeugnisse und Versetzungen sollen nach Montessori nicht ständig wie ein Damoklesschwert über den Kindern hängen, sondern ihnen soll das Bedrohliche genommen werden, indem diese Maßnahmen zu ganz normalen Alltagsgeschäften heruntergespielt werden, die mit institutionalisiertem Schulehalten nun einmal unweigerlich verbunden sind.

Montessori-Erziehung kennt keine nationalen, religiösen, sprachlichen oder rassischen Schranken; sie will eine Erziehung für alle Kinder dieser Welt sein. Gute Kenner der Montessori-Pädagogik stellen immer wieder mit großem Erstaunen fest, dass Montessori die Anerkennung –

und oft noch dazu die *gleichzeitige* Anerkennung – von Katholiken und Buddhisten, von Kapitalisten und Kommunisten, von Königen und Proletariern, von Konservativen und Progressiven erhalten konnte, und es dürfte wohl in der Geschichte der Pädagogik beispiellos sein, dass beinahe zur selben Zeit der Papst seiner geliebten Tochter Maria bestätigt, ihre Pädagogik sei von Grund auf katholisch, und Lenin der Genossin Montessori mitteilt, sie sei in so hohem Maße kommunistisch, dass jedes Proletarierkind auf der Welt das Recht haben müsse, nach dieser Pädagogik erzogen zu werden. Uns Deutsche mag vielleicht verblüffen, dass in der Weimarer Republik Konrad Adenauer zeitweise der Montessori-Bewegung mit vorstand, in den 1930er Jahren angeblich Adolf Hitler Maria Montessori (allerdings vergebens) für den Aufbau der Hitler-Jugend gewinnen wollte und nach dem Kriege der Staatsratsvorsitzende der DDR, Walter Ulbricht, eine Berufung Montessoris an die Ostberliner Humboldt-Universität in Erwägung gezogen haben soll.

Sehen wir noch einmal auf die *heutige Situation des Kindes,* so zeigt sie sich als gekennzeichnet durch jene merkwürdige Ambivalenz zwischen ständig wachsender Freiheit des Kindes und einer sich immer stärker ausprägenden Kinderwelt auf der einen Seite und der Unterwerfung des Kindes unter die (erwachsenen-)gesellschaftlichen Kontroll- und Verwahrungsinstanzen von Kindergarten und Schule sowie der Einebnung von Kinderwelt und Erwachsenenwelt auf der anderen Seite. Die Entdeckung des Kindes und das Verschwinden der Kindheit erfolgen zugleich und am selben gesellschaftlichen Ort. Die entscheidende Frage an den Pädagogen lautet angesichts dessen: welche Rolle spielt in dieser ambivalenten Situation die Pädagogik? Steht sie der Freiheit des Kindes bei oder betreibt sie seine Unterwerfung? Soll Erziehung als eine Art Konfektionsarbeit verstanden werden, die der Verfertigung von Kindern (das heißt ihrer Herstellung und Abrichtung) dient, oder heißt Erziehung Freisetzung des Kindes zu seiner eigenen Selbstgestaltung?

8. Montessori – eine pädagogische Klassikerin?

An dieser Stelle erreichen wir endlich die tiefste Dimension unserer Frage; denn genau hier ist jener klassische *Gedanke Montessoris* verwurzelt, von dem ihre zeitlose Aktualität herrührt und der möglicherweise über jede zeitbedingte Mode hinausgreift. Es ist nämlich just diese Ambivalenz, von der Montessori ausgeht, und dabei bezieht sie sich – übrigens stillschweigend – auf Rousseau, der diesen Widerspruch als erster mit aller Schärfe aufgewiesen und jeden Erzieher vor die pädagogische Gretchenfrage gestellt hat, ob er *Kinder herstellen und verfertigen* oder ob er sie *freisetzen* und zu *eigener personaler Selbstgestaltung* gelangen lassen will.[52]

Montessori steht – daran lässt sie nicht den geringsten Zweifel aufkommen – *auf der Seite des Kindes* und nicht auf der Seite des erziehenden Erwachsenen. Das bliebe freilich eine willkürliche Parteinahme und hätte mit einer pädagogischen Entscheidung wenig zu tun, wenn Montessori ihren Standpunkt nicht mit pädagogischen Argumenten begründen und durch eine pädagogische Theorie untermauern könnte. Denn dadurch, dass sich jemand zum Kinderfreund ausrufen lässt, wird er noch nicht zum großen Pädagogen. Dazu macht ihn erst die Theorie – mag das gleich allen missfallen, die das Theoretisieren nicht lieben, weil es ihnen zu fremd oder zu schwer erscheint oder weil sie es gar für unnütz erachten. Was sind also die Stützpfeiler von Montessoris Theoriegebäude, in dem die Montessori-Praxis allererst ihre tragfähige Grundlage und ihre gesicherte Heimstatt finden kann?

Wenn man sich der die Montessori-Pädagogik und die Montessori-Schulen stützenden *Montessori-Theorie* – nur diese kann ja überhaupt eine bestimmte Schule zu einer „Montessori"-Schule machen! – zuwenden will, empfiehlt es sich, auf eine Passage in einem „The Child" überschriebenen Aufsatz, den die Autorin 1941 während ihres mehrjährigen Aufenthaltes in Indien veröffentlicht hat, zurückzugreifen.[53] Dort gelobt Montessori unter der Zwischenüberschrift „Der Schlüssel zu allen Erziehungsproblemen" (sic!) nichts Geringeres, als eine Gesetzmäßigkeit in den seelischen Vorgängen herausgefunden und entdeckt zu haben, die es möglich macht, „das Problem der Erziehung vollkommen zu lösen."

Montessori schreibt diese über alle Maßen verheißungsvollen Versprechungen nieder, nachdem sie unmittelbar zuvor – zum, wer weiß, wievielten Male – die Geschichte von jenem Kind erzählt hat, das seinerzeit im ersten Kinderhaus in Rom vor ihren Augen angeblich rund vierzig mal (die Zahlenangabe schwankt bei Montessori von Erzählung zu Erzählung) mit angespanntester Aufmerksamkeit die Holzzylinder ausgeschüttet und wieder in die Aussparungen eines Steckbrettes zurückversetzt hatte – jene Geschichte also, die als die Ent-

---

52 Siehe dazu Jean-Jacques Rousseau und die Widersprüche der Gegenwart, hrsg. v. Winfried Böhm und Frithjof Grell, Würzburg 1989; ebenso Frithjof Grell: Der Rousseau der Reformpädagogen, Würzburg 1996.
53 Es handelt sich um den Beitrag „Das Kind" in unserer Textauswahl (S. 152-163).

deckung des sogenannten Montessori-Phänomens in die Literatur einge-
gangen ist. Montessori beschreibt jenes Kind, nachdem es die konzentrierte Arbeit beendet hat, als froh, erleichtert, wie aus einem erquickenden Schlaf erwacht, innerlich gestärkt, und es erscheint ihr, als habe sich
in seiner Seele ein Tor aufgetan „für die strahlenden Kräfte, die nun
die beste Seite ihres Charakters enthüllten". Montessori bezeichnet dieses Mädchen als „gut"; an anderen Stellen nennt sie es „normalisiert", und andernorts spricht sie gar von einem „neuen Kind". Interessant ist nicht so sehr der Name, den sie diesem neu entdeckten Kind
gibt, aufschlussreicher ist die Deutung, die sie in diese vermeintliche
Selbstenthüllung des „wahren Kindes" legt: *Mit absoluter Deutlichkeit*
kam mir die Idee, dass Ordnung, geistige Entwicklung, intellektuelles
und Gefühlsleben ihren Ursprung in dieser geheimnisvollen und verbor-
genen Quelle haben müssen, und seither habe ich alles mir zu Gebote ste-
hende getan, um experimentell die Gegenstände zu ermitteln, die diese
Konzentration ermöglichen. Und ich studierte mit großer Sorgfalt, wie
jene Umgebung herzustellen sei, die die günstigsten äußeren Bedingungen
enthielte, um diese Konzentration zu wecken." (siehe in diesem Band,
S. 162)

Diese Stelle enthält *in nuce* Montessoris Erziehungsphilosophie, auch
wenn die Verfasserin dieser Sätze andernorts mit allem Nachdruck
betont, dass dies gerade kein philosophischer Ausgangspunkt sei, sondern eine echt wissenschaftliche Entdeckung. Sieht man sich diese „wissenschaftliche Grundlage" der Pädagogik Montessoris etwas genauer
an, dann stößt man unumgänglich auf einen Begriff, der sich rasch
als ein Montessorischer Grundbegriff erweist, nicht nur, weil er einem
bei Montessori fast auf Schritt und Tritt begegnet, sondern erst recht,
weil sich alle anderen Begriffe Montessoris mehr oder weniger offensichtlich von diesem herleiten: den Begriff des *immanenten Bauplans*.

Schon 1906 erörtert Montessori in einer Rede auf einem Frauen-
kongress in Rom die Frage, wie weit denn eigentlich die Macht der Erziehung reiche. Kann, so fragt sie, Erziehung einen Blinden wieder sehend, einen Imbezilen wirklich intelligent, einen sittlich Abartigen
tatsächlich zu einem gesellschaftlich nützlichen Wesen machen?
Montessori bleibt bei ihrer Antwort für eine Reformpädagogin ebenso
wie für eine wissenschaftsgläubige Positivistin überraschend skeptisch
und stellt die Frage, ob wir nicht hinsichtlich der direkten Erziehung
sehr zurückhaltend sein müssten, denn alles spräche doch dafür, dass das
menschliche Individuum schon im Stadium der mikroskopischen
Zelle in seiner Entwicklung vorherbestimmt sei, denn zumindest vom
biologischen Standpunkt her ist das Individuum „in grundlegender Weise in seiner Persönlichkeit vorherbestimmt, schon von der Befruchtung

jener unsichtbaren, mikroskopisch kleinen Eizelle an, die schon das ganze Individuum enthält".[54]

So behauptet Montessori kategorisch, die Erziehung könne den einzelnen vervollkommnen und lenken, *„aber sie kann das Individuum, so wie es geschaffen ist, nicht verändern"*.

In ihrem ersten nach der Kinderhausgründung verfassten Buch heißt es, die Umwelt sei ohne Zweifel ein nachgeordneter Faktor; sie hat Einfluss, indem sie fördernd oder hindernd wirken kann, *erzeugend und erschaffend aber ist sie nicht*. Und erläuternd fügt Montessori hinzu: „Der Ursprung der Entwicklung liegt im Innern. Das Kind wächst nicht, *weil es* sich ernährt, *weil es* atmet, *weil* es unter klimatisch geeigneten Bedingungen lebt, es wächst, weil sich das potentielle Leben in ihm entfaltet, indem es sich aktuiert, weil der fruchtbare Keim, aus dem sein Leben entspross, sich weiterentwickelt *gemäß der durch Vererbung in ihm festgelegten biologischen Bestimmung*."[55]

Entsprechend vermag sie auch die Freiheit des Kindes nicht anders denn als ein biologisches Phänomen zu begreifen, und sie gibt dem Wort Freiheit den tieferen Sinn (sic!) einer „Befreiung" der Kinder „von Hindernissen, die ihre normale Entwicklung hemmen."[56]

Montessori führt diesen Begriff der „Entwicklungsfreiheit" auf eine ihrer Überzeugung nach in jedem Kind von Natur aus angelegte Fähigkeit zu einer spontanen organischen Entwicklung zurück und ebenso auf einen angeborenen Trieb nach Entfaltung der verborgenen Kräfte, einen Trieb, den sie im Anschluss an Percy S. Nunn und W. McDougall *Hormé* nennt und den sie beschreibt als den „Wunsch nach dem Erwerb der nötigen Mittel zur *angeborenen harmonischen Entwicklung*."[57]

Ziehen wir ein Zwischenresümee. Die Überzeugung von einem jedem einzelnen Kind eigenen *immanenten Bauplan*, mit anderen Worten die Vorstellung von einer in der Kinderseele latent vorhandenen „eigenen Persönlichkeit", für die dann die *passende Entwicklungsfreiheit* und eine entsprechend *vorbereitete förderliche Umgebung* bereitgestellt werden müssen, bildet die Grundlage von Montessoris Werk, und aus ihr ergeben sich die prinzipiellen Momente ihres pädagogischen Denkens.

Wenn wir dieses Resümee ziehen, dann drängt sich aber sogleich der Einwand auf, dass mit dieser Ausgangsthese Montessoris schwerlich

---

54 Siehe dazu „Die Sexualmoral in der Erziehung" in diesem Band (S. 210-224).
55 Maria Montessori: Die Entdeckung des Kindes, (Neuausgabe) Freiburg i.Br. 1969, S. 70.
56 Ebda., S. 71.
57 Maria Montessori: Montessori-Erziehung für Schulkinder, Stuttgart 1926, S 132.

eine Pädagogik zu begründen ist, es sei denn, man lasse diese auf eine bloße Entwicklungslehre zusammenschrumpfen oder man beschränke sie auf einen kruden Naturalismus. Im einen Falle gehörte Montessori dann bestenfalls der Entwicklungspsychologie an, könnte aber schwerlich den Titel einer Pädagogin beanspruchen. Im anderen Falle könnte man wohl noch von einer Entwicklungspädagogik reden, hätte dabei aber das Pädagogische übel zurechtgestutzt und den Bereich des Ethischen ebenso ausgeklammert wie überhaupt die substantielle Frage nach den Zielen und Werten. Denn dass die ganze Pädagogik sich in der Erforschung der natürlichen Entwicklungsgesetze des Menschen erschöpfen und Erziehung rein in der Ermöglichung der kindlichen Entwicklung – unbesehen, was sich da eigentlich entwickelt – bestehen soll, das könnte doch in der Tat nur einem in höchstem Maße unkritischen Kopfe eingehen.

Und tatsächlich belässt es Montessori auch nicht bei dieser brüchigen und pädagogisch keineswegs tragfähigen evolutionsbiologischen Grundlage, sondern schreitet zu einer Deutung dieser immanenten Kräfte vor, die ihre Pädagogik solider tragen soll. Allerdings führt dieser Schritt in eine ganz andere Richtung, als man sie nach dem wissenschaftlichen Aufbruch erwarten konnte. Schon in den Vorlesungen zur Pädagogischen Anthropologie, deren Thesen allein schon zeitlich nicht auf Montessoris angebliche „Entdeckung des Kindes" von 1907 zurückgehen können, heißt es: „We are *immoral,* when we disobey the laws of life." Und diese überraschende Verquickung von Moralität auf der einen und dem Gehorsam gegenüber den (biologischen!) Gesetzen des Lebens auf der anderen Seite findet eine ebenso überraschende Begründung: „... for the triumphant rule of life throughout the universe is what constitutes our conception of beauty, and goodness and truth – in short, of divinity."[58]

Noch klarer wird der *göttliche Ursprung und Charakter dieser immanenten Gesetzlichkeiten* an anderer Stelle ausgesagt: „Gott hat dem Kind eine eigene Natur gegeben, und er hat dadurch bestimmte Entwicklungsgesetze festgelegt, sowohl für das leibliche wie für das seelische Leben. Wer also verantwortlich ist für die normale Entwicklung, muss diesen Gesetzen folgen. Wenn man sich von ihnen entfernt, so verliert man sich aus der Leitung, welche Gott als Führung des Kindes gibt; denn es fehlt dann der Kontakt mit den Gesetzen, welche Gott selbst festgelegt hat." Und vollends wird die wissenschaftliche Bahn, auf der Montessori zu wandeln schien, verlassen, wenn sie reichlich apodiktisch hinzufügt: „Wenn man die Gesetze der Entwicklung des Kin-

---

58 Maria Montessori: Pedagogical Anthropology, London 1914, S. 27.

des entdeckt, so entdeckt man den Geist und die Weisheit Gottes, der im Kind wirkt".[59]

Montessori geht in dieser Deutung sogar noch einen Schritt weiter. Der Geist Gottes offenbart sich nicht nur in jedem einzelnen Kinde durch den ihm eingestifteten Bauplan seiner individuellen Entwicklung, sondern Gott hat auch nach Art eines himmlischen Geometers oder in der Weise eines kosmischen Designers das Zusammenspiel der individuellen Bau- und Entwicklungspläne im Gesamtgeschehen der Evolution harmonisch aufeinander abgestimmt, so dass es Montessori scheint, als wären die einzelnen Lebewesen „Schöpfungsagenten, die zur Aufgabe haben, bestimmte Arbeiten durchzuführen, wie die Dienstboten in einem Haus oder die Angestellten eines großen Unternehmens. Die Harmonie auf der Erdoberfläche beruht auf der Anstrengung der Lebewesen, die alle die eigene Aufgabe erfüllen."[60] Im Anschluss an solche Aussagen wird auch verständlich, warum Montessori im Ameisenhaufen das natürliche Vorbild für die vollkommene menschliche Gesellschaft zu erkennen glaubte.

In ihrer Schrift „The Unconscious in History" entwirft Montessori in groben Zügen den „kosmischen Plan" einer prästabilierten Harmonie der Welt, und sie unterscheidet dort zwischen zwei Grundaufgaben bzw. Grundaspekten im Verhalten aller Lebewesen; die eine ist bewusst und zielt auf Selbstentfaltung und Selbsterhaltung, die andere ist unbewusst und dient der Erhaltung und Bewahrung jener kosmischen Ordnung und ist der Beitrag jedes einzelnen Lebewesens zur Evolution bzw. zur „kosmischen Schöpfung".[61] Es nimmt dann nicht wunder, wenn Montessori in ihrem letzten Buch, quasi in ihrem Schwanengesang, ohne alle Umschweife erklärt – und wieder haben wir eine ihrer apodiktischen Aussagen vor uns: „Kurzum, die Probleme der Erziehung müssen aufgrund der Gesetze der kosmischen Ordnung gelöst werden."[62] Die Erziehung wird evolutionsbiologisch verstanden, und die Pädagogik geht in der Evolutionstheorie auf. Sie wird im letzten Grunde zu einer Art Evolutionstheologie.

Die im Kinde angelegten Entwicklungsgesetze sind also göttlichen Ursprungs. Darüber hinaus kommt ihnen eine kosmische Bedeutung zu, denn sie sind Teil und unabdingbare Voraussetzung für das

---

59 Maria Montessori: Gott und das Kind, in: Kinder, die in der Kirche leben, Freiburg i.Br. 1984, S. 235.
60 Maria Montessori: Das kreative Kind (dt.1972), Freiburg i. Br. 1984, S. 49.
61 Siehe dazu den Beitrag „Das Unbewusste in der Geschichte" in unserer Textauswahl. Im Anschluss an die kosmische Theorie ihres Großonkels Antonio Stoppani konnte sie göttliche Schöpfung und Evolution vollständig gleichsetzen.
62 Maria Montessori: Über die Bildung des Menschen, Freiburg i. Br.1966, S. 22.

Funktionieren einer ebenso göttlichen Weltordnung. Was aber heißt das pädagogisch? Zunächst doch wohl, dass diese göttlichen Gesetzlichkeiten *gut* sind und ihnen somit normative Kraft zukommt; mit anderen Worten, *die Normen erzieherischen Handelns können nirgendwo sonst gefunden werden als in den immanenten Entwicklungsgesetzen des Kindes selbst.* Sodann heißt dies, dass diese göttlichen Gesetze als solche in jedem Falle über menschliche Absichten und Ziele zu stellen sind.

Was Erziehung soll und wie ein Kind zu erziehen ist, kann folglich nicht der Erwachsene wissen und darf er erst recht nicht zu bestimmen sich anmaßen, denn während das Kind die reine und unverformte menschliche Natur verkörpert, hat es eine größere Nähe zu Gott als der Erwachsene, der sich durch seine zahllosen Verfehlungen, sprich: Deviationen, längst von der gottgewollten Bahn seiner Entwicklung entfernt und damit disqualifiziert hat, dem Kind als erzieherisches Vorbild zu dienen oder ihm gar erzieherische Maßgaben zu setzen.

Von diesen Voraussetzungen her übt Montessori heftige *Kritik an aller bisherigen Erziehung.* Diese Kritik gipfelt in dem nahezu marxistisch-klassenkämpferisch anmutenden Vorwurf, alle bisherige Erziehung sei nichts anderes als der permanente (Klassen-)Kampf der Erwachsenen gegen das Kind, und in diesem Kampf sei das Wort Abrüstung ein Fremdwort, denn der Erwachsene kenne nur unterjochende „Befriedung", indem er dem Kind Gehorsam, Schweigen und Untätigkeit auferlegt.

Das vorhin angeführte Zitat, in dem Montessori den Schlüssel zur Lösung aller Erziehungsprobleme verspricht, wird nunmehr noch verständlicher: die alte Erziehung hat fälschlicherweise – sei es aus Unkenntnis, Hochmut oder aus Bosheit – den kindlichen Bauplan ebenso missachtet wie die Hormé und den von beiden vorherbestimmten Gang der evolutionären Entwicklung durch Hindernisse blockiert und das Kind in Deviationen abgedrängt. Die Jahrhunderte während Praxis dieser falschen Erziehung lässt uns am Ende die Fehler des Kindes, also seine „Deviationen", als normal erscheinen.

Die Pädagogik Montessoris als die in ihren Augen neue und im wahrsten Sinne des Wortes revolutionäre Pädagogik will das Kind „wirklich normalisieren", indem sie es von dem ihm aufgezwungenen Deviationen befreit und auf die Bahn seiner normalen Entwicklung zurück gelangen lässt. *Normalisierung* ist also das andere Schlüsselwort in der Pädagogik Maria Montessoris, und der Re-Normalisation des de-viaten Kindes dienen letztlich auch die kleinsten Bausteine der Montessori-Methode.

9. Die praktische Umsetzung der Pädagogik Maria Montessoris

Montessori sieht das allen Deviationen gemeinsame Charakteristikum darin, dass bei dem von der normalen Bahn seiner Entwicklung abgekommenen Kind die einzelnen Energien auseinander stieben und seine Antriebskräfte unkoordiniert auseinander splittern, während die Normalität gerade in dem harmonischen Zusammenwirken und dem koordinierten Ineinander von körperlichen und geistigen Kräften, von Muskeln, Bewegung, Intelligenz und Wille, „so, wie es die Natur immer gewollt hat", besteht.

Die Rückkehr zur Normalität kann also nicht auf anderen Wegen erfolgen als durch die Zusammenführung und Wiedervereinigung aller kindlichen Kräfte. Diese Vereinigung aber geschieht durch *Polarisation der Aufmerksamkeit*, das heißt durch konzentrierte, zielgerichtete Bewegung und Arbeit. Das Kind normalisieren heißt also nunmehr: Über das Wegräumen von Hindernissen und über das Beseitigen direkter Erziehungsmaßnahmen hinaus muss dem Kind eine vorbereitete Umgebung geschaffen und müssen ihm Materialien in die Hand gegeben werden, mit denen es konzentriert arbeiten und auf die es seine Aufmerksamkeit wie in einem Brennglas „polarisieren" kann.

Die Bezeichnung *didaktisches Material* ist dabei freilich mehr irreführend als erhellend, denn keineswegs handelt es sich in dem Sinne um ein „didaktisches" Material, dass das Kind damit zeitökonomischer und effektiver lernt[63] – die Lerninhalte waren der Ärztin (sic!) Montessori zeitlebens weniger wichtig als die *gesunde Entwicklung* des Kindes –, sondern man träfe die Intention des Materials weit besser, wenn man es als *Entwicklungsmaterial* – eben als die Schiene für die normale Entwicklung – bezeichnete. „Didaktisch" ist dieses Material allenfalls in dem Sinne, dass es dem Kinde hilft, die Welt in ihrer Strukturiertheit zu erfassen und zu bewältigen, ohne durch dieses „Lernen" seine gesunde Entwicklung zu gefährden oder gar aufs Spiel zu setzen.

Wo man in der Vorschuldiskussion der 1970er Jahre die Montessori-Methode und das Montessori-Material als ein wohlfeiles Verfahren zur zeitsparenden Effektivierung frühkindlicher Lernprozesse propagiert hat, da hat man die Intention seiner Schöpferin sehr gründlich verkannt und höchst peinlich verfehlt.

---

63 Das war Nancy McCormick Rambush's entscheidendes Argument für eine Amerikanisierung der Montessori-Pädagogik, und nur als eine effektive Lern-Pädagogik konnte Montessori nach dem Sputnik-Schock in den USA wieder Karriere machen. Für die Korrektur von Deviationen sorgt dort nicht so sehr die Erziehung als vielmehr ein Riesenmarkt von Therapien und Drogen.

Dieses Material, das Montessori geschickt zusammengetragen und nur zum geringen Teil selbst geschaffen hat, gliedert sich *in fünf Gruppen.* Die erste Gruppe – die *Übungen des täglichen Lebens* – und die zweite – das sogenannte *Sinnesmaterial* – werden fast ausschließlich im Kinderhaus eingesetzt. Das Sinnesmaterial wendet sich nicht nur den üblicherweise unterschiedenen fünf Sinnen zu, sondern umfasst auch die „Sinne" für Wärme (zum Beispiel Wärmflaschen), für Gewicht (zum Beispiel barische Brettchen) und den stereognostischen „Sinn" (Raumerkenntnis). Die Sinnesmaterialien schulen – genau so, wie es Itard mit seinem Victor versucht hatte – die einzelnen Sinne, zum Beispiel Zylinderblöcke den Gesichtssinn, Farbblättchen den Farbensinn, Geräuschdosen und eine chromatisch gestimmte Glockenreihe den Gehörsinn, Tastbrettchen den Tastsinn etc. Neben der angestrebten Selbsttätigkeit und Konzentration vermitteln aber schon diese Sinnesmaterialien eine kategoriale Erfassung der Umwelt und eine Schärfung der ästhetischen Urteilskraft.[64] Die folgenden Gruppen werden vor allem in der Schule verwendet: das *Sprachmaterial,* das *Mathematikmaterial* und das (erst spät entwickelte und nicht immer Montessoris Vorstellungen adäquate) *Material zur kosmischen Erziehung.*

Während diese letzte Gruppe, bei der es um die Erkenntnis kosmischer Zusammenhänge und um die Gesetze der Evolution gehen sollte, bis heute in Deutschland immer noch wenig ausgearbeitet und zum Teil eher einer ökologischen bzw. Umwelterziehung angemessen erscheint, steht beim Sprachmaterial der Erwerb der Sprache als Instrument, das heißt als Mittel zur Selbständigkeit und Unabhängigkeit (vom Erwachsenen) im Vordergrund. Der interpersonale Bezug der Sprache und ihre Bedeutung als Gruppenhandeln erscheinen dagegen bei Montessori stark abgeblendet.[65]

Einzelne Materialien sind unter anderem die Einsatzfiguren (Schulung der Feinmotorik als Vorbereitung zum Schreiben), Sandpapierbuchstaben (zur haptischen Erforschung der Lettern), verschiedene mobile Alphabete (zum Zusammensetzen von Wörtern), Wortsymbole

---

64 Siehe dazu das außerordentlich anregende, aber bisher völlig unbeachtet gebliebene Buch des italienischen Montessori-Experten und ehemaligen Ordinarius der Universität Rom, Mauro Laeng: Proposta di un manifesto per una pedagogia strutturalista neomontessoriana, Roma 1997.
65 Vgl. zur Kritik an einer solchen undialogischen und „sprachlosen" Pädagogik Winfried Böhm: Ein personalistischer Zugang zu Sprache und Kommunikation, in: Winfried Böhm/ Birgitta Fuchs: Erziehung nach Montessori, Bad Heilbrunn 2004, S. 63-73. Dabei handelt es sich um meinen Vortrag beim 22. Internationalen Montessori-Kongress im Juli 1997 an der Universität Uppsala (Schweden), der eine lebhafte Diskussion ausgelöst hat.

und Merkmalskärtchen (zur grammatikalischen Analyse von Sätzen), der Bauernhof (zur Bereicherung des Wortschatzes).[66]

Das Mathematikmaterial beruht auf der Grundoperation des Zählens, und alle Grundrechnungsarten werden von Montessori auf Zählen zurückgeführt. Einzelne Materialien sind die blau-roten Stangen (Einführung der Zahlen von 1 bis 10), die Spindelkästen (u.a. Einführung der Null), die Sandpapierzahlen (Einführung der Zahlnamen und -symbole), Ziffern und Chips (Verknüpfung von Zahl und Menge), das goldene Perlenmaterial (Einführung in das Dezimalsystem, in das Multiplizieren und Dividieren), die farbige Perlenkette (Addition und Subtraktion sowie Einführung in nichtdezimale Systeme), verschiedene „Bretter" für die einzelnen Grundrechenarten mit vorgedruckten Aufgabenblättern, das Wurzelbrett (zum Quadratwurzelziehen), die bi- und trinomischen Würfel (zur sinnlichen Darstellung der Formel [a + b] und [a + b + c] in der zweiten und dritten Potenz), Kegel und Kreissegmente (zum Bruchrechnen), konstruktive Dreiecke (zum Aufbau der Geometrie). Das mechanische Element des Zählens wird zwar von der heutigen Mathematik-Didaktik als weniger wertvoll eingeschätzt, dagegen wird aber im Mathematik-Material Montessoris insgesamt eine gute Vorbereitung auf das Verständnis mathematischer Grundrelationen (Ordnungs- und Äquivalenzrelationen) bis hin zu Abbildungen gesehen.

Das sog. didaktische Material insgesamt weist *Merkmale* auf, die für alle fünf Gruppen gleichermaßen charakteristisch sind. Ein solches Merkmal ist die *freie Wahl* des Materials, das wohlgeordnet für alle Kinder zugänglich ist. Der selbständige Umgang mit ihm gibt dem einzelnen Kind die Möglichkeit, seinem *eigenen Arbeitsrhythmus* zu folgen und sein individuelles Lerntempo zu bestimmen. Da jedes Material eine *immanente Fehlerkontrolle* einschließt, kann das Kind sich einen Überblick über seine einzelnen Lernschritte und -erfolge verschaffen und gewinnt so *Unabhängigkeit von der Beurteilung durch den Lehrer,* es kann sich also ganz und gar (mithin *konzentriert*) der Aufgabe widmen, die das Material ihm aufgibt.

Bei jedem Material ist außerdem eine besondere *Eigenschaft isoliert,* der das Kind seine ganze Aufmerksamkeit schenken kann, so dass es nicht durch überflüssige Dinge abgelenkt und verwirrt wird und nutz- und ziellose Tätigkeiten ausführt. Für Montessori beispielsweise steckt

---

66 Zur Veranschaulichung von Montessoris Entwicklungsmaterial haben wir in unserer Textauswahl exemplarisch das Material zum Schreibenlernen herausgegriffen.

in jedem gesunden Kind ein „mathematischer Geist", der sich schon dadurch offenbart, dass das Kind durch das Augenmaß vergleichen und differenzieren kann. Das Mathematikmaterial verstärkt die kindlichen Fähigkeiten, indem es ihm Gelegenheit zu ruhigem, selbständigem und eingehendem Nachdenken gibt. Fernab vom „Gleichschritt" der Kindergruppe lernt das Kind in seinem individuellen Arbeitsrhythmus die Funktion des Materials kennen und geht *durch selbst gewählte Lernschritte von der konkret-anschaulichen Operation allmählich zur abstrakten Vorstellung über.*

Durch die Lernerfolge, die das Kind durch den richtigen Umgang mit dem Material erfährt, wird es zu *weiterführendem Lernen* motiviert, ohne dass der Lehrer es dazu anhalten muss. Die Anschaulichkeit des Materials erlaubt denn auch, dass bereits sechs- oder siebenjährige Kinder schwierige Rechenoperationen durchführen können.

Durch vielfältige Variationen einer Lernsituation mit Hilfe einer Reihe gleichartiger Materialien mit verschiedenen Schwierigkeitsgraden wird nicht nur eine spontane Aktivität provoziert, sondern auch eine intensive und vertiefte Auseinandersetzung mit dem Unterrichtsstoff bewirkt, wodurch sich dieser nachhaltig ins Gedächtnis einprägt. Mit zunehmendem Abstraktionsvermögen des Kindes erhöhen sich auch seine Selbständigkeit und die Fähigkeit, die Umwelt nach seinen Bedürfnissen zu organisieren.

Montessori lehnt strikt eine Gliederung nach Altersjahrgängen und Jahresklassen ab. Sieht sie einerseits eine Gruppenstärke von rund vierzig Kindern für angemessen an, so wünscht sie in aller Regel Kinder aus drei Altersjahrgängen in dieser Gruppe zu mischen. In diesen *altersgemischten Gruppen* kann durch das harmonische Zusammenleben und -arbeiten selbständiger Personen, durch Achtung des persönlichen Bereiches des anderen und durch gegenseitiges Helfen das Gefühl einer sozialen Einheit entstehen, in der der einzelne vom anderen respektiert wird und in der er ungehindert seinen Interessen nachgehen kann, ohne durch unsinnige Bewegungen oder übermäßige Lautstärke gestört zu werden. Bereits im Kinderhaus lernen die Kinder, Rücksicht aufeinander zu nehmen, und sie sind auch gehalten, die Ordnung und klare Schönheit der Umgebung und des Materials nicht zu zerstören, vielmehr sollen sie bestrebt sein, für sich und die anderen die Umgebung freundlich und angenehm zu gestalten. Allmählich und aus sich heraus soll das Kind jene Charakterzüge entwickeln, die nach Montessori für ein Leben in der Gemeinschaft notwendig sind: "... Disziplin, Ordnung, Ruhe, Gehorsam, moralisches Feingefühl, kurz all das, was ein sehr ausgeprägtes Anpassungsvermögen auszeichnet. Und dieses Kind präsentiert auch Lebendigkeit, Selbstvertrauen, Mut, Solidarität, kurz die moralischen Kräfte, die auch von moralischer Ordnung sind. Zur gleichen Zeit verschwinden – oder, um es besser zu sagen, es kommen nicht mehr vor – die Fehler, die man vergeblich durch die Erziehung zu überwinden versucht hatte: Launenhaftigkeit, Zerstörungsgeist, Lüge, Schüchternheit, Angst und ganz allgemein die Charakterzüge, die mit dem Verteidigungszustand verbunden sind."[67]

An dieser Stelle ist es Zeit, unsere einführenden Überlegungen abzubrechen, denn die Fortsetzung dieser Gedanken würde nur noch näher in methodische Details führen, ohne zu einer weiteren Klärung der Grundlagen und Grundgedanken der Pädagogik Montessoris beizutragen. Und diese methodischen Einzelheiten zu vermitteln, sollte hier nur bis zu der Grenze ausgedehnt werden, wo es unumgänglich notwendig wird, sich mit den Montessori-Materialien im Einzelnen und auch praktisch (also im vollen Wortsinne) zu „befassen".

Das Hauptziel unserer Einführung war es, in groben Strichen und auf unterschiedlichen Ebenen die Aktualität der Montessori-Pädagogik zu prüfen. Diese Überlegungen haben wir bis zur Artikulation von Montessoris zentralen Gedanken vorangetrieben. Gewiss wäre es jetzt nötig, diese zentralen Gedanken Montessoris selbst einer kritischen Prüfung zu unterziehen. Das soll jedoch nicht mehr die Aufgabe dieser Einführung sein, sondern das soll ausdrücklich denen überlassen bleiben, die sich anhand dieses Buches mit der Pädagogik Maria Montessoris auseinandersetzen und sich ein eigenes Urteil bilden wollen.

Hier können wir es mit der Feststellung bewenden lassen, dass die zentralen Gedanken Montessoris Eingang in das allgemeine pädagogische Bewusstsein gefunden haben und dort wie eine Art Sauerteig wirken. Es sollte jedenfalls denkenden Erziehern und kritischen Lehrern *nach Montessori* nicht mehr möglich sein, Kinder zu erziehen und über Kindererziehung zu sprechen, ohne der Herausforderung Maria Montessoris Rechnung zu tragen, in welcher Weise auch immer. Dass diese pädagogische Herausforderung nicht von einer genuinen Erzieherin oder Lehrerin stammt, sondern von einer Evolutionsbiologin und Naturtheologin, mag den einen als Ärgernis erscheinen; für die anderen geht gerade von daher die große Faszination dieser Frau aus.

---

67 Maria Montessori: L'enfant nouvel, in: Nouvelle éducation, 6 (1931), S. 102-110; Zitat auf S. 106.

10. Warum Montessori lesen?

Unsere Textauswahl verzichtet bewusst darauf, im Stile einer bloßen Blütenlese Fragmente und Auszüge aus größeren Publikationen zu sammeln. Es werden hier nur in sich geschlossene Texte Maria Montessoris geboten, von denen einige hier zum ersten Male in deutscher Sprache gedruckt vorgelegt werden. Dieses Auswahlprinzip drängt sich bei unserer Autorin aus mehreren Gründen auf.

Ein erster und wichtigster Grund besteht darin, dass ein ganz überwiegender Großteil von Montessoris Publikationen als Vorträge entstanden sind, die sie bei den verschiedensten Gelegenheiten, beispielsweise bei Kongressen und in sehr vielen Fällen wohl in ihren Ausbildungskursen, gehalten hat.

Auch die meisten ihrer Bücher haben diesen Entstehungshintergrund. So beruht ihr in Deutschland am meisten verbreitetes Buch „Kinder sind anders" zu einem großen Teil auf Rundfunkvorträgen, die Montessori in den 1920er Jahren in Spanien und in den 1940er Jahren in Indien gehalten hat. Selbst ihr den Kriterien wissenschaftlichen Arbeitens am stärksten genügendes Lehrbuch der Pädagogischen Anthropologie besteht zu einem sehr großen Teil aus den stenographischen Mitschriften, die einer ihrer anhänglichsten Studenten über mehrere akademische Jahre hinweg angefertigt hat. Ihre in den 1940er Jahren in Indien erschienenen Bücher geben ebenfalls in weiten Partien Vorträge wieder, die Montessori in ihren Ausbildungskursen in Indien und Pakistan vorgelesen hat.

Eine zweite Überlegung zielt auf die Stoßrichtung ihrer Texte. Von Montessoris Grundüberzeugung her, dass die Fehler der Erziehung beim Erwachsenen liegen, der das Kind nur mangelhaft versteht und selber von einer Menge pädagogischer Vorurteile befangen ist, ergibt sich konsequent der Schluss, dass eine Erneuerung (im Sinne einer Verbesserung) der Erziehung nur vom Erwachsenen ausgehen kann. Ihm haben daher alle pädagogischen Zuwendungen zu gelten, und ihm ist sowohl ein neues Bild des Kindes als auch ein neues Verständnis von Erziehung nahe zu bringen. Der eigentliche Adressat der Pädagogik Maria Montessoris – und das gilt unbeschadet ihres Plädoyers für eine „Erziehung vom Kinde aus" – ist nicht das Kind, sondern der Erwachsene.

Wenn wiederholt der Vorwurf aufgetaucht ist, Maria Montessori habe niemals kontinuierlich mit Kindern praktisch gearbeitet, weder als Erzieherin noch als Lehrerin, dann mag das vollkommen zutreffen (für beide Berufstätigkeiten war sie auch gar nicht ausgebildet); diese Tatsache lässt sich allerdings ziemlich leicht dadurch erklären, dass

Montessori den Hebel dort ansetzen wollte, wo seine Hubkraft allein
Wirkung zeigen kann – beim Erwachsenen.

Den ungleich höchsten Anteil ihrer pädagogischen Arbeit hat sie
daher Erwachsenen und nicht Kindern zugewandt. Dadurch werden
auch sonst missverständlich bleibende Äußerungen der Italienerin einigermaßen verständlich, sie könne ihre kostbare Zeit nicht mit einzelnen Kindern oder mit wenigen Kindern im Kinderhaus verschwenden, denn ihre Arbeit müsse allen Kindern dieser Welt und
am Ende der ganzen Menschheit zugute kommen. Aus dieser Sicht
mag dann auch manches in ihrer Biographie verständlich werden, so
z.B. die erschreckende Vernachlässigung, die sie ihrem kleinen Sohn
gegenüber jahrelang gezeigt hat, oder die Klagen ihrer Enkel, die sich
von ihrer Großmutter meistens zurückgestoßen gefühlt haben und
von ihr als störende Eindringlinge empfunden worden sind. Als
Montessori Ende der 1930er Jahre mit ihrem Sohn (den sie dort auch
als Dolmetscher benötigte) nach Indien ging, erwartete sie wie selbstverständlich, dass dieser seine Ehefrau und seine vier Kinder in Europa allein zurück ließ, weil er sich ja mit seiner Mutter einer Mission
von weltweiter Bedeutung hinzugeben hatte.

Der Redecharakter der meisten Publikationen Montessoris bringt
es mit sich, dass in ihnen oft weit mehr Rhetorik als Logik steckt. Die
Rhetorik aber arbeitet weniger mit Herleitungen, Schlüssen oder Begründungen als mit Beispielen, Erzählungen und geläufigen Topoi.
Die Rhetorik beruft sich auch gerne auf Erfahrungen, ohne dass sie
deren methodische Gewinnung mitteilt, welche allein eine empirische
Nachprüfung gestatten würde.

Bei den Texten Montessoris ist weiterhin zu bedenken, dass sie ihre Vorträge in den meisten Fällen vor einem Publikum hielt, das mit
pädagogischen Fragen allgemein und mit ihrer Pädagogik im Besonderen (noch) nicht sehr vertraut war. Von daher rührt es wohl, dass
die Rednerin durchweg relativ geringe Anforderungen an das fachliche Verständnis der Zuhörenden stellt, so gut wie keine Quellenangaben macht und fast keine Querverweise gibt, und dass die Texte
insgesamt einen mehr einführenden und stärker belehrenden Charakter haben. Außerdem sind sie oft mit Redundanzen und Wiederholungen überladen, was eine Gesamtausgabe ihrer sämtlichen
Schriften einmal vor kaum zu bewältigende Probleme stellen dürfte.

Unsere Textauswahl ist nicht chronologisch, sondern systematisch
geordnet. Das geschieht nicht nur wegen der besseren Übersicht,
sondern das entspricht auch Montessoris eigener geistiger Entwicklung, die keineswegs linear erfolgte, vielmehr als eine Ausdehnung
und Ausfaltung eines einmal gefassten Ausgangsgedankens zu sehen

ist. Man dürfte sich schwer tun, bei Montessori einen Fortschritt der Erkenntnis entdecken zu wollen oder, auf sie selbst bezogen, von einem *lebenslangen Lernen* zu sprechen.

Die ausgewählten Texte gliedern sich in vier große Themenbereiche. Im ersten geht es um *Montessoris Zugang zur Pädagogik*, im zweiten um ihren *Begriff der Methode*; im dritten werden die *zentralen Grundbegriffe* ihrer Pädagogik erläutert, und die Texte des vierten Themenbereiches betreffen spezielle, gleichwohl ebenfalls *zentrale Aufgaben und Herausforderungen der Erziehung*. Ein als Epilog gemeinter Text über die Bildung des Menschen bei der Neuordnung der Welt von 1949 und ein Beitrag des bedeutenden italienischen Pädagogen Giuseppe Flores d'Arcais – eines Augenzeugen des letzten großen öffentlichen Auftritts von Maria Montessori in ihrem Heimatland – runden unsere Textauswahl ab. In einigen Fällen wurden die Textüberschriften geändert, um das Augenmerk unmittelbar auf das Anliegen Montessoris zu lenken. Jedem Text ist eine kurze Erläuterung vorangestellt, die über den Entstehungszusammenhang informiert und behutsame Lesehinweise und Interpretationsanregungen zu geben versucht.

Für den Herausgeber einer Textauswahl wie der im Folgenden dargebotenen stellt sich zwangsläufig die Frage, ob denn die Beschäftigung mit den hier zusammengetragenen Texten und der in ihnen niedergelegten Theorie der angemessene Weg sein könne, sich mit der Pädagogik Maria Montessoris vertraut zu machen, oder ob dieser Zugang nicht besser über das unmittelbare Kennenlernen und Miterleben der Montessori-Praxis gesucht werden sollte.

Man wird nicht bestreiten können, dass verschiedene Wege zur Beschäftigung mit der Montessori-Pädagogik führen können. Ebenso unbestreitbar erschient aber auch, dass die Montessori-Pädagogik in der Praxis einmal aufs beste, ein andermal auf recht mittelmäßige Weise und schließlich auch sehr miserabel realisiert werden kann, so dass es am Ende vom bloßen Zufall abhinge, wie man die Montessori-Pädagogik kennenlernt und dann auch beurteilt.

Der Autor dieses Buches hat diese Erfahrung in zahllosen Montessori-Einrichtungen auf vier Kontinenten gemacht, und diese spannen sich – um nur drei zu nennen – von einer Einrichtung (in Chicago), in der die Erzieherinnen nicht einmal wussten, wer Maria Montessori war und dass es auch eine Montessori-Ausbildung gibt; über eine besonders aparte Montessori-Mozart-Einrichtung (in Santiago de Chile), wo man mir weiß machen wollte, die Montessori-Pädagogik dürfe man nur unter ständiger Mozart-Beschallung betreiben; bis hin zur Primaria Montessori de Santo Domingo (Dominikanische Repu-

blik), einer ganz exzellenten sechsjährigen Grundschule, in der ich
nicht nur das Montessori-Material in allen feinen Differenzierungen
und Nuancen verwendet fand, sondern wo vor allem Montessoris
Geist sowohl das Gebäude als auch die Lehrkräfte und erst recht die
Kinder sichtbar und spürbar erfüllte und die Montessori-Methode
mit pädagogischem Leben durchwirkte.

In diesen Erfahrungen wurde ich erfreulicherweise durch eine sehr
klare Äußerung der profilierten Montessori-Pädagogin Hildegard
Holtstiege bestätigt, die aufgrund ihrer umfangreichen Hospitationen
feststellen musste: „Die Praxis (beobachtet zwischen 1972 und 1992
in ca. 80 Montessori-Institutionen vom Kinderhaus bis zum Gymna-
sium in Holland und Deutschland) gab auch Probleme auf. Die
Auswertung von Hospitationen zeigte sehr unterschiedliche Erfahrungen. Sie reichten vom Pol einer stark orthodoxen sogenannten
„Gefolgstreue“ im Sinne einer starren Fixierung über den Versuch einer reflexiven und flexibleren Haltung bis zum entgegen gesetzten
Pol, an dem die Frage auftauchte, was Name und Praxis noch miteinander zu tun haben.“[68]

Ohne also die Kenntnis der Montessori-Praxis gering zu achten,
wird man eingestehen müssen, dass allein die solide Vertrautheit mit
der pädagogischen Theorie Maria Montessoris jene Kriterien vermittelt, nach denen man eine hervorragende, eine mittelmäßige und eine
miserable Montessori-Praxis voneinander unterscheiden und sie als
solche beurteilen kann.[69] Und diese Theorie findet man nirgendwo
sonst als in den zentralen Texten von Maria Montessori selbst.

Genau zu einem solchen eigenen und begründeten Urteil soll dieser Einführungsband insgesamt und die folgende Textauswahl speziell
hinführen.

---

68 Hildegard Holtstiege: Modell Montessori, Freiburg i.Br. ⁹1994, S. 11.
69 Wenn die Montessori-Einrichtungen aufgrund der zunehmenden Tendenz zur
Akkreditierung, Standardisierung und Evaluierung sich einem Franchise-Modell
bedenklich anzunähern scheinen, wäre es pädagogisch wohl höchst fragwürdig,
wenn am Ende eine Montessori-Einrichtung der anderen gliche wie ein McDo-
nald-Shop dem nächsten. Im Bewusstsein pädagogischer Laien scheint diese Vorstellung bereits verbreitet zu sein, zumindest dort, wo sie Montessori als einen
pädagogischen Markenartikel ansehen, dessen Name allein schon Qualität ver-
bürgt.

B
Texte

1. Motessoris Zugang zur Pädagogik

a) Eine „Pädagogik vom Kinde aus" (1927)

In diesem umfänglich knappen, inhaltlich aber dichten Aufsatz gibt Maria Montessori dem Gedanken einer „Erziehung vom Kinde aus" einen viel spezielleren Sinn, als er dem vagen reformpädagogischen Slogan gewöhnlich innewohnt. Der Text könnte also treffend auch „Eine Pädagogik vom Kinde aus" überschrieben sein – ein Titel, den wir hier gewählt haben, um Montessoris Absicht deutlicher zu artikulieren. Die sorgfältige Lektüre dieses Aufsatzes lohnt sich aber nicht nur im Hinblick auf ein besseres Verständnis dieses pädagogischen Leitsatzes, sondern auch in Hinsicht auf ein erstes Eindringen in die gesamte Pädagogik Montessoris und kann als eine Art von Problemexposition betrachtet werden. Dabei dürfte jedoch zugleich eine kritische Auseinandersetzung mit den Prämissen ihres in einem sehr engen Sinne vom Kind ausgehenden Denkens unumgänglich sein.

Der Text erschien unter dem Titel „L'educazione e il bambino" in der von der (damals unter der Ehrenpräsidentschaft Benito Mussolinis stehenden) Italienischen Montessori-Gesellschaft (Opera Nazionale Montessori) herausgegebenen Zeitschrift L'Idea Montessori, *1 (1927), n.1-2, S. 11. Übersetzung aus dem Italienischen von Winfried Böhm.*

In den ersten Jahren, in denen meine Arbeiten über das Kind bekannt wurden, sprach man von einer „neuen Erziehungsmethode", und es entstand eine richtige Literatur darüber, vor allem in den englischsprachigen Ländern.

Allen voran sprachen die Nordamerikaner von der „Montessori-Methode"; bald danach redeten die Engländer von einer „neuen Erziehungsmethode" („A new method of education"). Verschiedene Erziehungswissenschaftler und akademische Laien fingen damit an, das, was sie meine Erziehungsmethode nannten, mit älteren Methoden zu vergleichen, und so entstanden Bücher wie „Von Locke zu Montessori" oder „Montessori und Fröbel". Erst viele Jahre später hat die genannte Literatur andere Titel hervorgebracht wie z.B. „Die neuen Kinder", „Die Freiheit des Kindes" oder „Die Befreiung des Kindes". Es nimmt nämlich oft viel Zeit in Anspruch, bis sich eine neue Idee durchsetzt; das ist insbesondere dann der Fall, wenn sie einer Auffassung widerstreitet, welche bereits ihre Kastelle und Burgen auf dem ganzen Erdkreis errichtet hat.

Es sind aber weder die Erziehung noch die Methode und auch nicht das Erziehungssystem, welche unsere Aufmerksamkeit verdienen, sondern es ist allein „das Kind". Dieses verschwindet als Person fast völlig hinter „der Erziehung", und das nicht nur in der Schule, sondern überall dort, wo das Wort Erziehung Einzug hält, also im Hause, in der Familie, bei den Eltern und bei allen Erwachsenen, denen eine gewisse Sorge und Verantwortung für Kinder übertragen ist. Etwas zugespitzt könnte man sagen, daß in ihrem Bewußtsein die Erziehung an die Stelle des Kindes getreten ist.

Wenn ich von Erziehung rede, meine ich damit jede Form der Behandlung, und ich will dabei gar keinen Unterschied machen zwischen einer liebevollen und einer harten Behandlung des Kindes, denn solche Unterscheidungen bewegen sich innerhalb des Begriffsrahmens „Erziehung" und bezeichnen nur unterschiedliche Formen von ihr. Mein Konzept ist dagegen viel einfacher als jenes gewaltige Gebäude, in dem man verschiedene Methoden, unterschiedliche philosophische Grundsätze und anders geartete Erziehungspraktiken miteinander vergleicht.

Ich möchte mich von alledem lösen und auf diese Weise die Frage sehr vereinfachen. Ich möchte in den Mittelpunkt das Kind stellen, wie es sich rein und schlicht selber darbietet.

Ohne Zweifel haben wir unbewußt jenen menschlichen Keim vergewaltigt, der so rein und voller Energie hervor sprosst. Wir haben uns ihm gleichsam übergestülpt und gestehen ihm sein Bedürfnis nach geistiger Ausdehnung nicht zu. Die Seele des Kindes ist dadurch fast vollständig verborgen und von dem unbewußten Egoismus der Erwachsenen überschattet geblieben. Es mag eine nicht gerne gehörte Feststellung sein, aber man könnte durchaus sagen, daß der Erwachsene nur allzu oft ein *Hindernis* statt einer Hilfe für die Entwicklung des Kindes darstellt. Was man am schwersten eingestehen will, ist die Tatsache, daß es mitunter gerade die übertriebene Sorge für das Kind ist, die es daran hindert, seine eigenen Kräfte zu erproben und seine eigene Persönlichkeit zu entfalten. Wer sich aber in diese Frage vertieft, der wird rasch verstehen, wo das wirkliche Problem liegt. Dem Kind darf dabei geholfen werden, selber zu handeln und sich auszudrücken, aber niemals darf der Erwachsene „an seiner Statt handeln", außer es besteht dazu eine absolute Notwendigkeit. Jedesmal, wenn der Erwachsene dem Kind ohne Notwendigkeit hilft, behindert er dessen Entfaltung, und als Folge dieses Irrtums, der auf den ersten Blick doch so gering und unbedeutend erscheint, bremst er in irgendeiner Weise die kindliche Entwicklung oder lenkt sie in eine falsche Bahn.

Das geschieht, wenn wir in der allerbesten Absicht und mit dem ehrlichsten Willen ihm zu helfen, das Kind anziehen, es waschen, es mit Gewalt auf den Stuhl setzen, es füttern, es in jenen Käfig sperren, den wir Kinderbett nennen, usw. usw. Und wenn es älter wird, wiederholen wir dem größeren Kind gegenüber dieselben Fehler. Weil wir annehmen, es könne ohne unsere Hilfe nichts lernen, füttern wir es nun mit intellektueller Kost, sperren es in enge Schulbänke, strengen uns an, seine moralischen Fehler auszumerzen, und brechen seinen Willen; dabei sind wir überzeugt, dass wir das alles nur zum Wohle des Kindes tun.

Eine solche Sicht der Erziehung resultiert aus einem instinktiven Hochmut, über den wir uns immer mehr verwundern, je tiefer wir jenes Phänomen begreifen, das so große Auswirkungen auf das individuelle und soziale Leben hat.

Auf der einen Seite glauben wir, alles für das Kind tun zu müssen, und wenn wir alles für das Kind getan haben, dünken wir uns als seine Schöpfer, Wir wollen seine Intelligenz schaffen, seine Gefühle, seinen Charakter. Diese Wahnvorstellung steht nicht nur in krassem Gegensatz zu dem, was wir gewöhnlich erreichen, sondern sie widerspricht auch allen unseren Lebenserfahrungen und unserem Wissen. Wir können nichts schaffen, sondern nur dem Leben helfen. Und dem Leben helfen, heißt nicht es unterdrücken, sondern seine Entfaltung erleichtern und es vor jenen Gefahren beschützen, die es einengen und schmälern könnten. Nur Gott allein kommt die Macht zu, etwas zu schaffen und hervorzubringen, und nur ihm ist die Vorsehung eigen, das Leben zu erhalten; uns Menschen obliegt es nur, dem Leben liebevoll beizustehen und ihm Hilfe zu leisten. Es ist deshalb notwendig, dass wir als erstes *das Kind* betrachten, es von den zahllosen Hindernissen befreien, die seiner Entwicklung im Wege stehen, und ihm helfen zu leben. Wenn wir uns dieses grundlegenden Prinzips eingedenk sind, dann muss es zu einem fundamentalen Wandel in der Einstellung des Erwachsenen zum Kind kommen.

Seine Sorge für das Kind darf nicht abnehmen, aber sie muss vernünftiger und durchdachter werden. Der Erwachsene muss dem Kind helfen, alles von sich aus zu machen, wozu es in der Lage ist. Statt es anzuziehen, muss er es lehren, sich selbst anzuziehen; statt es zu waschen, muss er ihm beibringen, wie es sich selber wäscht; statt es zu füttern, muss er ihm zeigen, wie man allein isst. Und zwar immer vollkommener, etc., etc.

Sobald man der Entwicklung freien Lauf lässt, zeigt uns das Kind eine überraschende Aktivität und die Fähigkeit, seine eigenen Tätigkeiten auf verblüffende Weise zu vervollkommnen. Aber die Dinge in seiner Umgebung sind gewöhnlich seinen Kräften und seiner geringen Körpergröße so wenig angemessen, dass diese „Umgebung" sogleich eine Barriere für seine Betätigung darstellt. Wenn der Erwachsene aufhört, sich an die Stelle des Kindes zu setzen, und wenn das Kind beginnt, von sich aus zu handeln, dann wird sogleich die Notwendigkeit sichtbar, ihm eine angemessene Umgebung vorzubereiten. Die kleinen Stühlchen, der kleine Frühstückstisch, die kleinen Kleiderständer, ein kleines und farbenfrohes Waschbecken, ein niedriges Bettchen, kleine und leicht bewegliche Teppiche, einfach zu handhabende Kleidungsstücke, Teller zum waschen, Väschen für Blumen und tausend andere Dinge, die für das Kind als „Mittel" dienen, mit deren Hilfe es eine geordnete und auf ein vernünftiges Ziel gerichtete Bewegung ausüben kann. Ein Zweifaches muss also im Umfeld des Kindes verändert werden: Die Zuwendung des Erwachsenen und die Umgebung.

Wenn wir diese Erkenntnis in das gemeinsame Zusammenleben der Kinder übertragen, also an jenen Ort, den wir *Schule* nennen, dann verändert sich auch dort ein Zweifaches: Die Lehrerin und die Umgebung. Die Ursache für diese Veränderung und der maßgebliche Faktor bei dieser Umgestaltung ist ein und derselbe: Das Kind. Unsere Aufgabe ist es, seine Persönlichkeit in den Mittelpunkt zu stellen – es tätig werden zu lassen –, ihm zu erlauben oder besser ihm zu erleichtern, *sich frei und harmonisch gemäß den Gesetzen seines Lebens zu entwickeln.*

Der Stolz der neuen Lehrerin muss also darin bestehen, dem Kind zu helfen, ohne an seiner Statt zu handeln; den Weg zu bereiten, auf dem es spontan vorwärts schreiten kann; die hauptsächlichen Hindernisse niederzureißen, die es aufhalten könnten; und ihre Seele gleicht auf diese Weise immer mehr jener wirklich ehrenhaften Demut des Hl. Johannes des Täufers, der gesagt hat, *er* müsse abnehmen, damit *jener* zunehme.

b) Das Wunder des Kindes (1951)

Maria Montessori hielt diesen Vortrag am 4. April 1951 in einem Ausbildungskurs für Montessori-Erzieher und –Erzieherinnen, der von der Opera Nazionale Montessori (Nationale Montessori-Gesellschaft) in Rom unter der Leitung von Mario M. Montessori durchgeführt wurde und

*den ihr Sohn zwei Tage zuvor eröffnet hatte. Bereits in hohem Alter ste-
hend und von einer schweren Augenoperation gezeichnet, ruft sie ihre
Erinnerungen an das römische Kinderhaus-Experiment von 1907 zurück
und gibt ihnen aus der Rückschau eines halben Jahrhunderts eine reichlich verklärende Deutung, der es nicht nur an der einer Wissenschaftlerin
gut anstehenden Bescheidenheit mangelt, sondern die dem von ihr erlebten „Wunder" einen kaum nachvollziehbaren Einmaligkeitscharakter
zuspricht. Dabei lässt sie ihre wissenschaftliche Vorbereitung und ihren
akademischen Hintergrund völlig beiseite und setzt den Beginn ihrer
pädagogischen Arbeit erst bei der Entdeckung von San Lorenzo an. Bemerkenswert erscheint, dass sie hier zwar von einer „Methode" spricht,
den Begriff aber nicht in dem Sinne einer vermittelbaren „Erziehungsmethode" gebraucht. Im Gegenteil: Ausdrücklich erklärt sie, keine Erziehungsmethode der Welt hätte bewirken können, was ihr diese Kinder offenbart haben. Außerdem räumt sie ein, dass sie selber gar nicht die Zeit
gehabt hätte, sich erzieherisch um diese Kinder zu kümmern, und
schließlich gesteht sie, gewiss zur Überraschung der Zuhörenden: „Ich war
und ich bin keine Pädagogin." Einer sorgfältigen Interpretation bedürftig
scheint ihre Definition der Erziehung als einer „Hilfe zu leben" (aiuto
alla vita) zu sein. Unverkennbar steht dahinter ihr bis zu ihrem Tode
konstant gebliebenes und von Grund auf evolutionistisches und biologisches Denken.*

*Der Text erschien in italienischer Sprache erstmals in der Zeitschrift
„Vita dell'Infanzia", n.7, 1998, und wurde erneut abgedruckt in* Maria
Montessori: Il metodo del bambino e la formazione dell'uomo, *a cura
di Augusto Scocchera, Roma 2002, S. 21-31. Übersetzung ins Deutsche
von Winfried Böhm.*

Ich möchte zuerst den anwesenden Autoritäten dafür danken, dass sie
mich zu dieser neuen Arbeit eingeladen und ermutigt haben, und
zwar mit einer Aufmerksamkeit, welche mich ehrt, weil sie aus jenem
Gefühl von Verständnis und Größe rührt, welches allen Dingen eignet, die in Rom ihren Ursprung haben.

Diese Gesellschaft, welche Frau Jervolino mit so viel Geschick leitet und welche auch Seine Exzellenz Vischia in mannigfacher Form
unterstützt, hat eine lange Geschichte, die aber nur bis zu einem gewissen Punkt bekannt ist und verstanden wird. Aber es ist eine Geschichte, die ihren Anfang ohne Zweifel in Rom genommen hat, zu
einer Zeit, als sich diese Stadt gerade erst anschickte, die Hauptstadt
Italiens zu werden.

Es handelt sich um eine alte Geschichte, und sie reicht zurück bis in
die Zeit, als meine Mutter geboren wurde. Alle großen Gedanken und

Ideale, die zu außerordentlichen Zielen führen, benötigen bisweilen eine Reifezeit, die über mehrere Generationen reicht, ehe sie zu ihrem vollen Erfolg gelangen und neue Wegweisungen geben können.

Ich hoffe mit ganzem Herzen, dass diese Gesellschaft, die ihren Anfang in Rom und just in dieser Stadt genommen hat, bald von großem Erfolg gekrönt werden wird, damit jene Ideen, die unsere Bewegung in Italien und im Ausland geleitet haben, der Schule und der Erziehung eine heilsame Neuorientierung geben können.

Ich möchte jetzt darüber sprechen, was meinem Denken seine Beständigkeit verliehen hat. Was immer ich studiert habe, wofür ich je gekämpft habe und auf welche Kontinente ich auch gereist bin, es gab in meiner Seele stets ein „Licht" und eine „einzigartige Erinnerung". Meiner ganzen Arbeit liegt ein Bezugspunkt zugrunde, der in meiner Erinnerung immer wieder zurückkehrt. Ohne diese Erinnerung wäre ich gar nicht in der Lage, die Essenz meines Werkes deutlich zu machen. Diesen unauslöschlich festen Bezugspunkt möchte ich vor Ihnen vergegenwärtigen, damit er als ein Teil der Geschichte erhalten bleibt.

Ich spreche von der Erinnerung an eine kleine Gruppe bejammernswerter Kinder, denen ich in meinem Leben glücklicherweise begegnet bin. Diese Begegnung war der Ursprung meiner ganzen Arbeit und der Anfang meiner Mission.

Ganz allgemein gesagt, haben durchaus nicht alle die Bedeutung meines ersten Experiments erkannt, und so gab es darüber viele erbitterte Diskussionen. Ich begrüße es daher, dass ich mich vor Ihnen über diesen Punkt auslassen und Ihnen das Phänomen dieser Kinder erläutern kann, von denen die ganze Welt sprach und die unter meiner Führung zu einer Art Wunder wurden. Es waren Kinder von Analphabeten, Kinder von vier bis sechs Jahren. Mir liegt es am Herzen, an jene wunderbaren Kinder zu erinnern: Wunder an Charakter und Wunder an Intelligenz.

Man konnte sehen, wie diese Kinder ihren Charakter veränderten. Sie zeigten sich nicht nur in ihrer Freiheit diszipliniert, sondern sie waren es auf eine ganz außergewöhnliche Weise. Sie waren freundlich und aufgeschlossen für Schönes; sie waren liebenswürdig und gefällig zu jedermann, obwohl sie niemand dazu erzogen hatte, denn sie waren Kinder armer Leute, vernachlässigt und an soziale Beziehungen nicht gewöhnt. Sie waren gehorsam und zeigten einen Gehorsam, der zu Opfern bereit war und sich durch Geduld, Eifer und Interesse auszeichnete.

Ich merke, dass ich mich gerade zur Lobrednerin dieser Kinder mache, aber ich vermag die Frage einfach nicht zu unterdrücken: Wer war in der Lage, ihnen eine solche Erziehung zuteil werden zu lassen?

Ihre Eltern nicht; auch nicht ihre Lehrerin. Ich auch nicht, denn ich hätte gar keine Zeit dazu gehabt; ich war ja Ärztin. *Ich war und ich bin keine Pädagogin.* Es gab überhaupt niemanden, dem es eingefallen wäre, den Kindern Lesen und Schreiben beizubringen, und dennoch lernten sie es schnell und gut. Wer war also der Schöpfer dieses Wunders?

Ohne das Fragezeichen hinter dieser Frage könnte man den wirklichen Wert und die Bedeutung meines Experiments überhaupt nicht erklären. Aber um dem großen Triumph und der Bestätigung meines Prinzips auf die Spur zu kommen, ist es notwendig, dass man sich die Tatsachen so erklärt, wie ich sie mir erklärt habe: Die Kinder haben sich so entwickelt, wie niemand es sich vorgestellt hätte, dass sie werden könnten. Und zwar von selbst, ohne unsere direkte Einwirkung.

Man kann daher den Gegenstand meines ersten Experiments, die spontane Entwicklung der kindlichen Persönlichkeit, gar nicht als ein pädagogisches Problem betrachten, auch nicht als ein Problem der Schule. Es machte einen so gewaltigen Eindruck, weil es mehr als ein Wunder war.

Dabei habe ich noch gar nicht von dem anderen Teil meines Experiments, der intellektuellen Entwicklung, gesprochen. Diese Kleinen von drei Jahren (ich rede jetzt von einer Zeit, die ein halbes Jahrhundert zurückliegt) lernten Lesen und Schreiben auf eine Weise, die damals, als die Lehrerinnen noch mit Qual an die Vermittlung der ersten Kulturtechniken herangingen – und das soll sogar heute noch vorkommen –, ganz und gar ungewöhnlich war, nämlich mit einer „wunderbaren" Schnelligkeit. Worin gründete dieser Unterschied?

Das ist ein anderer Punkt, den ich gerne klären möchte, so wie er klar und fest in meinem Geiste und in meinem Herzen verankert ist, auch wenn ich eine Person bin, die durch wissenschaftliche Studien reichlich abgehärtet ist.

Jene Kinder eroberten sich das Alphabet mit großer Freude; sie sprangen und tanzten mit den Buchstaben herum, als handelte es sich um Puppen oder um Kreisel. Mit diesen Buchstaben veranstalteten sie richtige Jubelprozessionen. Und kaum hatten sie die Buchstaben, die wir sie lehrten, gelernt und sich zu eigen gemacht, kamen sie, von der Neugier und dem Willen, mehr zu lernen, angetrieben, auch schon auf uns zu und baten: „Lasst uns auch die *anderen* Buchstaben des Alphabets kennen lernen!"

Woher aber konnten sie wissen, dass es noch andere Buchstaben des Alphabets gab, wenn doch noch niemand darüber gesprochen hatte? Woher rührte diese befremdliche Leidenschaft in einem so zarten Alter? Wer inspirierte sie? Was gab ihnen diese Kraft zum Lernen, eine Kraft, die sie schließlich zu ihrem Triumph führte?

Es handelte sich wirklich um einen Triumph, der aus einem außergewöhnlichen Impuls herrührte, den noch niemand je gesehen hatte und den in diesem Ausmaße vielleicht niemals mehr jemand sehen wird. Denn es dürfte schwer sein, Kinder zu finden, die sich im alltäglichen Leben spontan dem Lernen zuwenden, ohne dass sie von außen dazu gedrängt werden. Gewöhnlich stellt man den Kindern von sechs oder sieben Jahren in der Schule die Aufgabe, eine Seite zu schreiben, und am nächsten Tage sind es dann zwei oder drei Seiten und so fort. Genau darin besteht in der Schule die Pein der Kindheit.

Warum aber begannen jene anderen Kinder, ohne dass ihnen jemand diese Mühe aufgebürdet hätte, auf Anhieb leidenschaftlich und unermüdlich zu schreiben, zu schreiben und zu schreiben? Und am folgenden Tage noch und noch und immer noch? Und wenn das Papier ausging, schrieben sie auf die Wände, auf die Fenster, auf den Boden? Alle diese Fragen habe ich mir mit Verwunderung und mit großem Interesse wieder und wieder vorgelegt, denn es handelte sich um ein spontan auftretendes intellektuelles Phänomen.

Was hatten wir getan, um dieses Ergebnis zu erzielen? Herzlich wenig. Und ich sagte zu mir selbst: „Das ist übermenschlich; das ist nicht normal. Was aber ist es dann?" Ich wiederhole es: *Es war kein Sieg der Pädagogik.* Denn mit den normalen Mitteln hätten wir nie und nimmer einen so stürmischen Enthusiasmus entzünden können. Was also war es?

Ein „Wunder". Es war wirklich ein Wunder, die Einstellung der Kinder zu ihrer Arbeit zu sehen. Diejenigen, die etwas geschrieben hatten, betrachteten ihre Arbeit mit Freude und Begeisterung. Wenn sie sich von ihrem Platz entfernen mussten, baten sie ihren Nachbarn: „Pass bitte auf, dass niemand zerstört, was ich gerade gemacht habe, denn ich muss einmal hinausgehen." Und der Nachbar war aufmerksam und betrachtete die Arbeit des anderen mit demselben Gefühl, mit dem ein Künstler auf sein Kunstwerk blickt.

Ich finde nichts, womit sich das Gefühl vergleichen ließe, welches die Persönlichkeit jener Kinder erfüllte und veränderte und sie froh und selbstsicher machte. Das ist es, warum „die Welt" begeistert reagierte. Ich bestehe dabei auf dem Wort Welt, denn es ist mir eine Genugtuung, mich an jene vergangenen Zeiten zu erinnern und die Begeisterung und den Triumph von damals erneut heraufzubeschwören.

Ich sage nichts Banales, wenn ich behaupte, dass die ganze Welt, insbesondere die sog. zivilisierte Welt, England, Australien, Nordamerika, Indien, die Kolonien, angesichts meines Experiments und seiner bewundernswerten Ergebnisse in Aufregung geriet, so dass man zu sagen begann: Eine neue Hauptdarstellerin ist auf die Bühne der Welt getreten! Eine neue Methode ist auf die Welt gekommen!

Viele Ausländer kamen nach Rom, dieser unserer Stadt, um die Kinder unseres Volkes zu sehen. Sie überquerten Meere und Ozeane, um sie zu beobachten und kennen zu lernen, und sie sagten: Rom hat jetzt nicht mehr nur seine Monumente, seine Altertümer, seine Kunstwerke… Es hat jetzt auch „diese Kinder". Ich erinnere mich, wie ein Pädagogikprofessor aus Boston, der eigens deshalb nach Rom gekommen war und, nachdem er mir seine Bewunderung für das Gesehene ausgesprochen und die außerordentliche Bedeutung meines Experiments für die Kindererziehung betont hatte, mich bat: Erklären sie mir bitte diese fabelhafte Methode.

Ich fühlte mich angesichts dieser Frage in großer Verlegenheit und antwortete ihm: „Haben Sie nicht begriffen, dass nicht ich diese Ergebnisse hätte erzielen können, selbst wenn ich Inhaberin sämtlicher Pädagogiklehrstühle der Welt wäre? Begreifen Sie nicht, dass nie und nimmer eine „Methode" solche Wunder hervorbringen könnte? Ich habe nichts anderes getan, als diesen Kindern die Buchstaben des Alphabets in die Hände zu geben, und nicht einmal alle, denn einige kannten sie bereits." Der Professor war überrascht und reagierte beleidigt, denn er glaubte, ich hätte ihm nur mein Geheimnis nicht preisgeben wollen.

In Wirklichkeit erklärt sich alles aus einer einzigen Tatsache. Es gibt viel höhere „Manifestationen" des kindlichen Geistes als die uns vertrauten, und diese haben nur selten Gelegenheit, sich zu offenbaren. In der Psyche des Kindes sind „große Möglichkeiten" verborgen, und mir war das Glück vergönnt, sie zu entdecken und Licht auf sie zu werfen. Tag für Tag habe ich versucht, durch meine Vorlesungen und Vorträge dieses Licht zu verbreiten, aber man hat so gut wie nichts verstanden, und ich glaube, dass man nicht einmal heute viel davon versteht.

Man hat noch immer nicht eingesehen, dass es im Menschen große Energien gibt, die lange Zeit verborgen und deshalb unbeachtet geblieben sind, sehr zum Schaden der gesamten Menschheit, die dadurch eines großen Reichtums beraubt worden ist. Es handelt sich dabei um ein seelisches Problem des Menschen, um ein universales anthropologisches Problem.

Dem Kinde ist ein reiches geistiges Sein eigen, das wir oft nicht verstehen und deshalb unterdrücken, und auf diese Weise löschen wir in ihm Lebensenergien aus und machen aus ihm einen mutlosen Menschen ohne Selbstvertrauen, geistig verwirrt und vor allem ohne moralische Stärke – einen Menschen der Beliebigkeit. Dieser spürt in sich eine Kraft, die ihn immer höher emporheben könnte, aber wenn diese erstickt wird, dann entwickelt er sich nicht mehr weiter und schreitet nicht mehr fort, sondern sinkt immer mehr hinab. Wenn aber ein Wesen, das gemäß einem natürlichen Entwicklungszyklus voranschreiten sollte, nicht mehr voranschreitet, verliert es sein vitales Gleichgewicht, und es stellen sich schwere Erschütterungen und psychische Deviationen ein. Wir tun nicht genug für die Menschheit, und zwar gerade deshalb, weil wir dieses Problem unterschätzen und nicht versuchen, es vollständig zu lösen.

Erlauben Sie mir ein Beispiel. Ich möchte gerne an die Anekdote von den berühmten „gehäuteten Fröschen" erinnern. Für die Küche bestimmt und auf einem eisernen Geländer aufgespießt, begannen sie ganz unerwartet sich zu bewegen und wurden so zum Anlass für die Entdeckung der Elektrizität. Der Mann, der dieses Phänomen interpretierte, hätte sagen können: „Meine Augen haben mich getäuscht; oder kann es sein, dass die Toten auferstehen?"

Aber der Wissenschaftler, dem das widerfuhr, verhielt sich wie ich angesichts der römischen Kinder. Ich dachte also: Hier muss eine unbekannte Energie am Werke sein, die man entdecken und zum Leben erwecken muss. Das ist der Grund, warum ich nicht von meiner „Methode" gesprochen habe und auch nicht von einem Wunder, das *ich* hervorgebracht hätte. Denn ich habe mir nie ein Verdienst anmaßen wollen, das ich nicht habe.

Die Tatsachen haben mich so sehr betroffen gemacht, dass ich mir zu sagen hatte: Ich möchte wissen, was sich wirklich ereignet hat, wie man jene außerordentlichen Phänomene reproduzieren, verfestigen und wiederholen kann und wie sie für die Wissenschaft und für das Wohl der Menschheit ausgewertet werden können.

Das Phänomen mit den Fröschen zeigte sich einer Person, die großes Interesse an der Natur und ihren verborgenen Kräften hatte. Seine Liebe zur Wahrheit ließ ihn erkennen, dass eine neue Kraft – die Elektrizität – die Frösche in Bewegung versetzt hatte und nicht irgendein Magier oder etwas anderes. Dieses kleine Ereignis ließ ihn begreifen, dass in der Welt eine wirkliche Energie existiert, die in unterschiedlichen Weisen in Erscheinung tritt und die man nicht begrenzen kann, weil sie in der Umgebung grundsätzlich unbegrenzt sind, und das gilt auch heute noch. In der gleichen Weise sind auch die kindlichen Kräfte in jener anderen Umwelt unbeschränkt, und zwar in der anderen Atmosphäre einer Menschheit ohne Grenzen. Wir müssen den größten Respekt für diese kindlichen Energien aufbringen und für ihre bestmögliche Ausnutzung Sorge tragen.

Leider muss ich sagen, dass unbeschadet des großen menschlichen Fortschritts der Mensch in seinen sozialen Beziehungen eher verwirrt geworden ist. Heute ist es alltäglich geworden, sich bei Psychologen Rat über Normen des menschlichen Zusammenlebens einzuholen, aber deren Antworten können nicht immer überzeugen. Ist es dies, was ich zu meinem materiellen Vorteil tun soll, oder ist es jenes? So fragt sich der unschlüssige Mensch, der seine eigenen psychischen Kräfte nicht kennt, noch sie zu nutzen weiß. Die großen Kräfte der Menschheit stocken, weil der Mensch sich selbst nicht kennt.

Man hat lange und breit über das komplexe Phänomen des Analphabetismus nachgedacht. Es gibt viele Typen von Analphabeten, Kriminellen und Verzweifelten. Es ist eine soziale Pflicht, diesen verirrten Menschen zu helfen, ihre fehlgeleiteten Energien zurückzugewinnen und diese Erwachsenen, die Opfer eines zu harten Lebens geworden sind, wiederaufzurichten.

Zum Beispiel bemühen wir uns heute alle darum, die Analphabeten in die zivilisierte Welt einzugliedern, und es sind deren Millionen und Millionen. Aber das ist ein viel zu weit gefasstes Problem, denn man muss dabei daran denken, dass es nicht genügt, nur die gewöhnlichen Analphabeten, die nicht lesen und schreiben können, zu erfassen, sondern man muss alle Formen von Analphabetismus einbeziehen. Wir wissen, dass es wissenschaftliche Analphabeten und Analphabeten im Bereich der Kultur gibt. Und dabei geht es um Energien, die die Menschheit einfach ungenutzt lässt.

Bedenken Sie einmal, wie wichtig unser Wissen darüber ist, welche überreichen Energien im Kindesalter bereitstehen, die es dem Kinde erlauben, die Kultur mit Begeisterung in sich einzusaugen, ohne dabei zu ermüden. Und denken Sie einmal darüber nach, wie wichtig es für das menschliche Leben ist, die latenten Kräfte der Kinder auszunutzen.

Was mein Experiment betrifft, so komme ich darauf zurück, dass nicht ich es war, die jene wunderbaren Ergebnisse hätte erzielen können, welche mein Experiment so berühmt gemacht haben. Zumindest habe ich nicht alles getan…, nur „etwas".

Ich habe den Kindern eine Umgebung bereitgestellt, in der sie frei handeln konnten. Und ich habe ihnen eine Menge wissenschaftlich vorbereitetes Material zur Verfügung gestellt, um auf diese Weise indirekt jene Ergebnisse zu befördern, die in den psychischen Fähigkeiten des Kindes ihren Ursprung haben. Wir haben auf diese Weise jenem „verborgenen" und „geistigen" Leben Beistand geleistet, das der Schöpfer in den Menschen hineingelegt hat. Wir haben diese „Reaktionen" unterstützt, gelenkt und wachgerufen. Wir haben „dem

Leben geholfen", indem wir eine Umgebung geschaffen haben, welche der vollen Entfaltung des intellektuellen Lebens des Kindes günstig war. *Genau das müssten alle Erzieher tun.*

Nie habe ich, wie mir auf üble Weise unterstellt worden ist, gesagt, dass es notwendig wäre, das Kind sich selbst zu überlassen. Stets habe ich ein Zweifaches angeraten: Die wissenschaftlichen Theorien aus dem Gebiet der Psychologie zu benutzen, um sich darüber zu vergewissern, wie sich der Mensch entwickelt, welches seine natürlichen Bedürfnisse sind, welches seine spezifischen Charakteristika. Mit anderen Worten: Ich habe immer dafür gehalten, dass der Erzieher den Menschen, das Leben, die Bedürfnisse des Lebens kennen muss, um jenes Insgesamt an Tatsachen, die wir „Erziehung" nennen, auf das Ziel hinzulenken, *dem Leben zu helfen.*

Gleichzeitig gilt es klar zu machen, dass Erziehung nicht das ist, was wir aufgrund unserer Affekte oder unseres Interesses für das Kind erfunden haben. Erziehung ist nicht die Summe der Ideen dieses oder jenes Pädagogen, sondern sie hängt auf das engste von der Wirklichkeit der menschlichen Natur ab, jener Wirklichkeit, die es zu erforschen gilt und die noch immer nicht erforscht ist.

Die Erziehung, auf die ich mich hier beziehe, muss an „der Basis des Lebens" ansetzen, so wie Gott „im Zentrum der Religion" steht. Liebe, Verständnis und Wohlwollen gegenüber der Menschheit müssen die Norm für das Handeln des Erziehers sein, und sein Ziel muss es sein, dem Leben zu helfen. Erziehung ist also „Lebenshilfe" (*aiuto alla vita*). Und das ist nicht nur wahr für das Kind, sondern für die Menschheit insgesamt, denn das menschliche Leben erstreckt sich von der Geburt bis zum Tode. Man wird nicht als Erwachsener geboren. Die Menschen kommen nicht als (fertige) Menschen zur Welt. Sie werden als Kinder geboren, so wie alle Lebewesen. Aber was ist das Kind, das geboren wird? Nun, es ist ein Mensch!

Man kann den Menschen nicht erst erziehen wollen, wenn er schon sechs Jahre alt geworden ist. Aber genau das tut man gewöhnlich. Vor diesem Alter unternimmt man nichts von Wert, nichts Praktisches, während das Leben selbst in dieser Periode schon wunderbar gewirkt und „gehandelt" hat, indem es alle Fähigkeiten des Kindes wachruft. Diese Tatsache müssen wir uns vergegenwärtigen, nicht um des Fortschritts der Schule willen – das ist weniger wichtig –, sondern um den Menschen zu erziehen. Dazu müssten wir wissen, wie er sich entwickelt, von der Geburt bis zu dem Zeitpunkt, da er quasi erwachsen wird.

Wir dürfen das Kind nicht nur tun lassen, was wir wollen, also das, von dem wir glauben, dass es das Kind tun kann. Das wäre ein schweres Verschulden, das man auch nicht mit unserer Ignoranz gegenüber dem, was ein Kind ist, rechtfertigen könnte. Um zu einer gcnauen Kenntnis des Kindes zu gelangen, genügt es aber nicht, Psychologie zu studieren; es genügt auch nicht, neue Reformschulen zu gründen, das Klassensystem zu differenzieren oder Klassen mit einer neuen Ausrichtung einzurichten. Die Erziehungsmission stellt eine Verantwortung gegenüber der Menschheit dar. Und deshalb wird sie gerade in unserer Zeit eine moralisch belangvolle Tatsache und eine Sache unseres Gewissens.

Es gibt viele verschiedene Wachstumsperioden des Menschen, die von höchstem Interesse sind. Wir kennen sie nicht; wir sagen stattdessen, die Kinder seien klein und ohne Verantwortung. Und deshalb überlassen wir sie dem Müßiggang und kümmern uns nicht um sie. Die Erziehung in Familie und Schule muss endlich als eine soziale Verpflichtung begriffen werden. Man muss und man kann Intelligenz an die weniger Intelligenten weitergeben. Wir müssen dem Leben helfen, indem wir es sich „frei entfalten" lassen; wir könnten dann reichlichere Früchte ernten als das, was wir säen.

Heute nimmt man auf dem Felde der Erziehung zu Recht das Verhältnis zwischen Ursache und ihrer unmittelbaren Wirkung in den Blick. Man wendet damit ein typisch wissenschaftliches Konzept an. Ich erkläre das an einem Beispiel. Wenn dieser Schüler nichts hat lernen können, so heißt das, dass ich schlecht unterrichtet habe. Das ist das Prinzip der Kausalität, welches das Prinzip sämtlicher Wissenschaften darstellt: Dies ist die „Ursache", sehen wir nach den „Wirkungen". Eine Wissenschaft, die sich auf das Prinzip von Ursache und Wirkung gründet, ist eine Naturwissenschaft. Ein embryonales Konzept: es betrachtet alles auf der Basis von Ursachen.

Alle Lebewesen tragen aber auch eine Finalität in sich, ein Ziel, das sie erreichen sollen. Es liegt deshalb auf der Hand, dass auch die psychische Entwicklung des Menschen zielgerichtet verläuft. Diese Finalität gilt es zu studieren. Und dann werden wir entdecken, dass es im Kinde verschiedene Entwicklungsperioden gibt und nicht bloß Kontinuität.

Wir sehen dann, dass das Kind von seiner Geburt bis zu seinem sechsten Lebensjahr eine fast schwindelerregende Entwicklung erlebt, und zwar physisch und intellektuell. Ein unermessliches und großartiges Wunder, kraft dessen das menschliche Wesen in kurzer Zeit nicht wiederzuerkennen ist. Voller Hoffnung und Hingabe folgen wir dieser wunderbaren Transformation des kindlichen Lebens in seiner ersten Altersstufe. Der wichtigste Altersabschnitt des Menschen ist jener von der Geburt bis zum Ende des zweiten Lebensjahres, denn in dieser Zeit verläuft die Entwicklung besonders schnell. Aber auch die nachfolgenden Altersstufen sind sehr wichtig, beispielsweise jene von drei bis sechs Jahren, denn in ihr manifestieren sich die Deviationen psychologischer Natur.

Auf dem Felde der Medizin erinnert man sich gewiss Sigmund Freuds, des Begründers der Psychoanalyse. Er hat diese Wissenschaft ausgebaut, um psychisch kranke Erwachsene zu heilen, und dabei stellte er fest, dass deren Krankheiten ihren Ursprung alle in der Kindheit hatten, gewöhnlich in dem Alter zwischen drei und sechs Jahren. In der frühen Kindheit muss man also die Ursachen für die vielen psychischen Schwächen und Deviationen suchen. Das macht uns die Bedeutung der ersten Lebensperiode deutlich, denn hier bilden sich in kürzester Zeit die Charaktereigenschaften aus und hier verfestigen sich auch die Anomalien, die in der Folge Ursache von vielen physischen und geistigen Störungen werden.

Diese Entwicklungsanomalien stellen sich ein, wenn die im Kleinkindalter latenten Energien und Fähigkeiten nicht angemessen gebraucht werden. Die Folge sind dann Regressionen und Repressionen in der kindlichen Entwicklung. Dann haben wir dem Kind nicht geholfen zu leben, sondern wir haben seine Entwicklung deformiert und irregeleitet, oftmals auf irreparable Weise. Und deshalb ist es unabdingbar, dass der Erzieher jene Gesetze kennt, welche die kindliche Entwicklung von der Geburt bis zum Ende des zweiten Lebensjahrs regeln, denn dies ist, wie gesagt, die wichtigste und entscheidendste Periode im menschlichen Leben.

Es ist eine unleugbare Tatsache, dass ein zweijähriges Kind schon auf embryonale Weise den fertigen Menschen enthält, mit Charaktereigenschaften, die später kaum noch zu verändern sind.

Mit zwei Jahren spricht das Kind, läuft es, erkennt es uns, aber es durchläuft eine dramatische Periode, denn der Bildungs- und Transformationsprozess, der sich in ihm vollzieht, ist schwierig. Es bedarf daher aller unserer weisen Hilfe, aller unserer Liebe, aller unserer Sorge und allen unseres Respekts, damit es auch die folgenden Entwicklungsphasen seines Lebens durchstehen kann und am Ende ein Mensch wird – gesund, selbstsicher, körperlich und geistig eins mit sich selbst.

c) Über die Paidologie (1903/1905)

Dieser 1905, also zwei Jahre vor Eröffnung des ersten Kinderhauses, in der Zeitschrift La Nuova Scuola, *1(1905), Nr. 5, S. 20-22, veröffentlichte kleine Beitrag ist ein Auszug aus Montessoris 1903 an der Universität Rom vor den Studierenden der Philosophischen Fakultät gehaltenem Vortrag über „L'Antropologia Pedagogica" (gedruckt: Milano 1903), in dem sie in groben Strichen ihr Konzept einer Pädagogischen Anthropologie skizziert und dessen Kernstück dieser kurze Auszug darstellt. Nachdem sie die Frage nach dem Menschen zunächst als ein großes Rätsel bezeichnet hat, erklärt sie ihre Beantwortung hier zu einer der vordringlichsten Aufgaben der modernen Wissenschaft. Als ihre maßgeblichen Bezugsautoren benennt sie Thomas Huxley, Ernst Haeckel, Ludwig Büchner und „die anderen Philosophen einer zoologischen Biologie". Von ihnen und vom Beitrag der experimentellen Wissenschaften vom Menschen erwartet sie eine konkrete Antwort auf die Frage: Wie kann die neue Erziehung einen neuen Menschen schaffen? Die abstrakten Aussagen von Philosophie, Theologie und einer alten Pädagogik sind für Montessori hinfällig und von einer „biologischen Philosophie" überholt worden. Ebenso ist ihrer Überzeugung nach in der Anthropologie die Frage nach der Natur des Menschen obsolet geworden, und an die Stelle einer abstrakten Allgemeinidee des Menschen sind „die Menschen in den verschiedenen Rassen" in ihrer konkreten Individualität getreten. Die Pathologie hat es schließlich übernommen, die Menschen in normale und „degenerierte, anormale und kranke" zu unterscheiden, und so ist am Ende – wie Montessori erklärt – „die Pädagogik in ein leeres Loch gestürzt".*

Ein Anker, an den sich Montessori in dieser Situation klammert, ist die hier vorgestellte „Pedologie" (wörtlich zu übersetzen als „Kindwissenschaft") von Eugène Blum, wobei Montessori unverkennbar vor allem von dessen Labor-Paidologie fasziniert war. Von dieser Idee einer Labor-Paidologie rührte sicherlich auch ihr Wunsch her, des erste Kinderhaus nicht so zu benennen, wie es heute heißt, sondern „Labor für das Studium der kindlichen Entwicklung", ein Wunsch, mit dem sie sich aber 1907 gegen die tatsächlichen Gründer dieser Einrichtung nicht durchsetzen konnte.

In dem Maße, in dem sich Montessori von den „metaphysisch denkenden Pädagogen" abzugrenzen versucht, gewinnen bei ihr physiologische und sensitive Aspekte der Erziehung an Gewicht. Ihr Interesse an der Paidologie erwuchs aber gewiss auch aus ihrem eigenen Forschungsziel heraus, mit Hilfe quantitativer Forschungsmethoden den „normalen Menschen" im buchstäblichen Sinne zu „ermitteln" und den von allen Abweichungen („Deviationen") freien „mittleren" Durchschnittsmenschen zu rekonstruieren. In dem hier anstehenden Vortrag von 1903 bezeichnet sie ihr Projekt als die Konstruktion einer „aufgeklärten physiologischen Erziehung" (una illuminata educazione fisiologica), die ihr einziges Ziel in der „Ökonomie der normalen menschlichen [Entwicklungs-] Kräfte" (economia delle forze umane normali) hat. (Druckfassung Milano 1903, S. 13.) Die deutsche Übersetzung stammt von Cristina Amplatz und Waltraud Harth-Peter.

Der Autor, der als erster den Gesamtkomplex der experimental-wissenschaftlichen Forschung, die der modernen Pädagogik ihre Grundlage geben könnte, präzisiert und eingegrenzt hat, war Eugène Blum. Der neu entstehenden Wissenschaft hat Blum den Namen „pedologie" gegeben, eine Bezeichnung, die 1897 zum ersten Male von dem vorab in Jena weilenden Chrisman in Amerika gebraucht wurde. Er unterteilt die Pädologie in drei Bereiche: 1. Allgemeine Pädologie; 2. Labor-Pädologie; 3. Introspektive Pädologie.

Erstens: Die *Allgemeine Pädologie* erfasst schnell, umfassend und überschaubar die gesamte psycho-physische Persönlichkeit des Zöglings, indem sie auch das genetische Potential in Augenschein nimmt. Diese mit der tatsächlichen Biographie übereinstimmende klinische Seite des Individuums könnte man auch als den diagnostischen Teil der Pädologie bezeichnen. Sie unterscheidet das normale von dem anormalen Individuum, indem sie zwischen verschiedenen Typen von Normalität und Anormalität differenziert. Für solche Untersuchungen wird eine Pädologische Klinik für Erwachsene und für Kinder notwendig sein, in der sich die Patienten stationär aufhalten. Dort ist – wie in einem Krankenhaus – Ausgangspunkt und Ziel der pädologischen Bemühungen. Aus ihr heraus und um sie herum haben sich viele Wissenschaftszweige konstituiert. Durch die Anamnese hat sie die Ursachen der Krankheiten aufgedeckt; von da aus entstanden die Hygienischen Institute, die diese Krankheiten bekämpfen. Daraus entstanden spezielle Therapien. Manchmal wurden durch pathologische Untersuchungen die letzten Beweise gesucht; so entstand die pathologische Anatomie. Durch sie vermehrten sich die diagnostischen Fragestellungen und medizinischen Bereiche. Ihre Ergebnisse wurden auch für die Allgemeinmedizin fruchtbar gemacht.

So könnte es auch für die Pädagogik geschehen; um die Pädologische Klinik herum werden sich einzelne wissenschaftliche Gebiete herauskristallisieren und sich verschiedene Speziallehren abspalten. Aus diesen Spezialdisziplinen werden ständig neue Beiträge zur weiteren Klärung der gesamten Studien der Klinik hinzukommen.

Um eine solche Spezialklinik zu gründen, braucht man nicht darauf zu warten, bis sich die pädagogischen Wissenschaften verästelt haben. Im Gegenteil. Praktisch gesehen, werden diese sich aus den klinischen Befunden ergeben. Sie ist somit, obwohl sie synthetisch ist, die erste praktische Anwendung der Pädologie.

Zweitens: *Das Labor der Pädologie* beinhaltet den gesamten experimentellen Teil, der ohne einheitliches Ziel, aber mit großem Eifer sich seit einigen Jahrzehnten in der ganzen Welt entwickelt: in der Psychologie, in der Hygiene und in der Physiologie, wo man mit komplizierten und zahlreichen Instrumenten Pädometrie betreibt, d.h. Kinder vermisst. Neben umfangreichen individuellen Untersuchungsmethoden werden in diesen Forschungsstätten auch spezielle Methoden für die physische, physiologische und sensitive Erziehung entwickelt sowie hygienische Richtlinien geschaffen, die für die gesamte Didaktik maßgebend sein sollen, um die traurigen Folgen der schulischen Überlastungen zu vermeiden und um konstruktive Vorschläge für Unterrichtseinheiten in den einzelnen Fächern zu unterbreiten, und zwar mit dem Ziel, die menschlichen Kräfte sinnvoll einzuteilen.

Drittens: Die *introspektive Pädologie.* Dazu gehören nicht mehr experimentelle Untersuchungen, sondern das ist die traditionelle Psychologie des Seelenlebens, die einzige Leitlinie der metaphysisch denkenden Pädagogen: sie bezieht sich auf das Subjekt, seine Eindrücke, Gefühle und seelische Verfasstheit. Aber auch hier wurde die Methode den pädologischen Methoden angeglichen: sie erfasst das Seelenleben durch direkte, individuelle Beobachtung.

Aus der experimentellen und aus der introspektiven Pädologie kann man die Gesamtpersönlichkeit eines Subjektes rekonstruieren, so dass man aus der Analyse Erkenntnisse für die Allgemeine Pädologie ableiten kann.

Es wird behauptet, dass die Pädologie bereits heute schon die Praxis verändert: In den Schulen werden biographische Zeugnisse eingeführt. Was gut ist, – aber wo wird gelehrt, wie sie ausgefüllt werden? Ebenso behauptet man, dass die körperliche Ertüchtigung einen breiteren Raum in den Schulen einnimmt. Auch das ist richtig, aber nach welchen physiologischen Kriterien und pädagogischen Absichten?

Die Pädologie will mit der körperlichen Ertüchtigung dorthin gelangen, wohin die Erziehung in ihrer Gesamtheit harmonisch tendiert: zur Moral. Auch heute ist die körperliche Ertüchtigung die Grundlage der moralischen Erziehung. Sie ist jedoch in den Schulen weitgehend unbekannt. Sie dient der inneren Vervollkommnung des Individuums und soll zum schwersten Sieg führen: dem Sieg über sich selbst. Sie ist der notwendige Ausgangspunkt für die gesamte moralische Erziehung. Körperbeherrschung ist die Voraussetzung für die willentliche Kontrolle.

Nach den Studien von Lange, Jaimes und Ribot über die Symptome der inneren Reaktionen neigt man dazu, diese Symptome physiologisch zu bremsen und das Individuum seine Emotionen überwinden zu lassen. Das ist die Grundlage der körperlichen Erziehung.

Einem Choleriker oder Sanguiniker werden wir nicht nur umsonst Geschichten gegen seine Charaktereigenschaften erzählen, sondern auch dem Spott der Klassenkameraden aussetzen, denn seine Blutgefäße reagieren immer noch nach derselben Weise, wenn nicht physische Übungen entgegenwirken, um die Natur zu korrigieren. Es ist eine Tatsache, dass der Zorn oder die Angst an den Kräften des normalen Menschen zehren, seine intellektuellen Fähigkeiten mindern und so fast als Ursachen seines körperlichen Verfalls gelten können.

Um ein präziseres Bild über jene positive erzieherische Methode zu zeichnen, nenne ich ein Beispiel aus einem anderen Gebiet der körperlichen Ertüchtigung, das dem Buch „Die Pubertät" von Masso entnommen ist: Zwei Menschen gehen am Ufer eines reißenden Gebirgsbaches entlang, der am Fuß eines steinigen Gebirges dahin fließt. Plötzlich bemerken sie, dass sich eine Lawine lösen und direkt auf sie zurollen will. Der eine ist im Weitsprung geübt, nimmt Anlauf und springt über den Bach; der andere aber, der weder Übung im Laufen noch im Springen hat, unterliegt in dem existentiellen Moment der Angst. Wie in einem Alptraum sieht er die Todesgefahr, kann ihr aber nicht entfliehen. Er bricht tot zusammen, aber nicht getötet von der Lawine, sondern von einem Herzinfarkt. Wenn er wie sein Begleiter trainiert gewesen wäre, hätte ihn die Angst nicht derart gelähmt, und das Wissen um die Möglichkeit eines rettenden Sprungs hätte ihm das Leben gerettet.

Die physischen Symptome der Angst sind wie die des moralischen Schmerzes: Parese der Muskeln, d. h. der Körper wird schlaff; periphäre Gefäßverengung, Folge sind Blässe, Verfeinerung der Gesichtszüge und Schrumpfung der Hände, der Herzschlag ist herabgesetzt. So wie man durch Schreck verstummt, verstummt man auch vor Schmerz. Stimmbandlähmungen oder Ergrauen der Haare können die Folge sein.

Die Pädologie wird all diese Symptome mit geeigneten Übungen mildern müssen, genau wie in der Schrecksituation das Muskeltraining körperliche Lähmung verhindert. Der Starke in körperlichen Gefahren wird oft auch der Starke gegen innere Schmerzen sein.

Man gründet Unfallversicherungen, um das Eigentum zu schützen; das ist eine soziale Maßnahme. Sollte man nicht auch eine Versicherung gegen den Verlust und damit gegen die Unfälle der körperlichen Kräfte haben?

Das ist die Aufgabe der Pädologie: durch sie, so ein Vorschlag Fambris, wird in die Erziehung eine weltweite, einheitliche militärische Gymnastik eingeführt. Es ist die Gymnastik der Spartaner oder Römer oder die der alten Schotten, die sich wie Gämsen in den Bergen bewegten. Männer und Frauen sollten körperliche Geschicklichkeit üben. Diese Körperübungen stärken die Individuen und machen sie erhaben über die sie schwächenden Gefühle. Die Frau wird nicht mehr zu ihrem Schutz die männlichen Kräfte beanspruchen. Sie wird ebenfalls im Kampfe geübt sein wie die spartanische Frau, die neben ihrem Mann ihre „Frau" steht.

Durch die Pädologie entsteht eine soziale Vision, so, wie ein neues, wirklich menschliches Bewusstsein. Nicht mehr die eigenen Schmerzen und Schwächen, sondern die sozialen Missstände, die sozialen Leiden und Notwendigkeiten, die kollektiven Ungerechtigkeiten werden die sensible Seele der neuen, guten und starken Menschen bilden; Menschen, die gefestigt in ihren Gefühlen und Helden kraft ihrer Willensstärke sind.

d) Von der Agrikultur zur Homokultur (1951)

Dieser ein Jahr vor Maria Montessoris Tod veröffentlichte Text fasst zum einen Montessoris herbe Zeitkritik und vor allem auch ihre radikale Schulkritik zusammen – beide haben sich übrigens vom Beginn ihrer Arbeit bis zum Ende kaum verändert – und will Vorschläge für eine mögliche Verbesserung machen. Unterschwellig zieht sich durch den Text die Spannung zwischen einer wissenschaftlich angeleiteten „Agrikultur" und einer (nach Montessoris Einschätzung) immer noch fehlenden „Homokultur", die auf einer vergleichbaren wissenschaftlichen Grundlage zu beruhen hätte. Dieses Grundthema des Textes haben wir durch den geänderten und aussagekräftigeren Titel hervorheben wollen. Brisant erscheint die Übersetzung des im englischen Text gebrauchten Schlüsselwortes „cultivation". Wenn man Agrikultur als Bodenbewirtschaftung *im Sinne einer wissenschaftlich betriebenen Pflanzenzüchtung übersetzt, dann drängt sich als analoge Übersetzung für Homokultur durchaus* Menschenzüchtung *auf, was dem Text dann eine hohe politische Bedeutung verleiht. Bezieht man diesen Text auf Montessoris Vorlesungen über Pädagogische Anthropologie zurück, die sie im ersten Jahrzehnt des Jahrhunderts in Rom gehalten hat, dann könnte eine solche Übersetzung nicht einmal als abwegig erscheinen. Dort nämlich bezieht sie sich breit auf die Rassenlehre ihrer Zeit und erklärt als das zentrale Forschungsziel der Pädagogischen Anthropologie (in ihrem Sinne) die Ermittlung des Durchschnittsmenschen, der – wenn er erst einmal erforscht wäre – dann auch die Zielvorstellung aller erzieherischen Unternehmungen zu sein hätte. In der hier gebotenen deutschen Übersetzung wurde eine solche Deutung nur vorsichtig angedeutet, um sie den kritischen Lesern und Leserinnen selbst anheim zu stellen.*

Der Text erschien unter dem Titel „The Ministry of the Race" („Das Ministerium für die [menschliche] Rasse) im zweiten Band des gewichtigen Sammelwerkes „Where Theosophy and Science Meet. A Stimulus to Modern Thought", Madras (India) 1951, und im gleichen Jahr und am gleichen Ort auch als ein spezieller Separatdruck des Theosophical Publishing House. Dieser Entstehungskontext äußert sich auch in einigen Bezügen, die Maria Montessori offenbar auf die gesellschaftliche Lage und die Situation der Schule in Indien nimmt. Übersetzung aus dem Englischen von Klaus Hünig und Winfried Böhm.

Unsere Gegenwart zeichnet sich zwar durch einen erstaunlichen Fortschritt aus, es fehlt ihr jedoch etwas, was ein wesentlicher Zug von Zivilisation ist, und man könnte dies mit „Kultivation" (*cultivation*) des Menschen bezeichnen. Während auf dem Gebiet der Agrikultur viel Mühe aufgebracht und großartige Leistungen erzielt worden sind, etwa bei der Züchtung neuer und besonders schöner Blumen und Fruchtsorten, steht es in auffallendem Widerspruch dazu, dass ein vergleichbarer Versuch auf dem Gebiet der „Homokultur" fehlt.

Als die Agrikultur einen wissenschaftlichen Weg einschlug und Maschinen und mechanische Hilfen zur Steigerung der Bodenerträge einführte, setzte zur gleichen Zeit eine Aufklärungsaktion durch entsprechende Fachleute ein. Sie wurden von den Regierungen auf die Bauernhöfe geschickt, wo sie theoretisch und praktisch zeigten, wie man Verbesserungen einführt, die zu größeren und besseren Ernten verhelfen und auf diese Weise ihren Wohlstand erhöhen könnten.

Nichts Vergleichbares ist für den Menschen geschehen. Man spricht zwar viel über Kindesmisshandlung, über Krankheiten, die ihren Ursprung in schlechten Familienverhältnissen haben, über Kindersterblichkeit; aber es gibt keine Einrichtung, die von den Regierungen eingesetzt wäre und etwas Ähnliches in den Familien für die Verbesserung des Lebens der Kinder unternähme. Wo so etwas besteht, geht es zurück auf private soziale Einrichtungen und reicht überhaupt nicht aus; und dabei gibt es doch keinen größeren Schatz als die menschlichen Kräfte selbst, denn sie sind es, die letztlich allen Wohlstand schaffen.

Es sollte das oberste Interesse eines jeden Staates sein, eine kräftige, intelligente und „kultivierte" Bevölkerung zu haben. In unserer gegenwärtigen Demokratie, wo das Volk auf dem indirekten Wege der Wahl an der politischen Zusammensetzung der Regierungen beteiligt ist, verlangt niemand einen besseren Schutz der Kinder oder die Schaffung neuer Einrichtungen zur Verbesserung ihrer Lebensbedin-

gungen, während man die Notwendigkeit einer neuen Brücke, eines
Deiches oder einer neuen Eisenbahnlinie intensiv verspürt.

Man könnte zu dem Schluss gelangen, dass der Gesellschaft immer
noch ein Bewusstsein für das Kind abgeht; ebenso fehlt ihr die Erkenntnis, dass Frieden und Verständigung zwischen den Völkern
heutzutage unmöglich sind, wenn die Menschen dieser Völker nicht
darauf vorbereitet sind und die Notwendigkeit eines solchen Bewusstseins nicht verspüren.

Der Mensch scheint alle seine Kräfte auf die Verbesserung seiner
Umwelt zu konzentrieren, doch er vergisst, sich selbst zu verbessern.
Die einzige Einrichtung, die die fortgeschritteneren Nationen für
Kinder geschaffen haben, ist die allgemeine Schulpflicht. Dafür ist ein
Ministerium ins Leben gerufen worden, das Erziehungsministerium,
dem auch die höheren Bildungseinrichtungen unterstehen.

Dieses Ministerium befasst sich jedoch keineswegs mit der Wohl-
fahrt der Kinder und mit ihren Lebensbedürfnissen. Es sorgt lediglich
dafür, dass alle gezwungen werden – und das sogar unter Androhung
von Strafen –, den gleichen Bildungsgang zu nehmen und einem
willkürlich festgelegten Lehrplan zu folgen. Schüler werden gezwungen, in die Schule zu gehen und das zu lernen, was dort gelehrt wird,
und sie müssen mehr oder weniger alle dasselbe tun. Diese Art von
Schule ist die gleiche für Kinder der Primarstufe wie auch für die
Schüler höherer Schulen und selbst für die Studenten der Universität.
Sie alle müssen zuhören und in ihrem Gedächtnis speichern, was ihnen gelehrt worden ist. Es gilt als feststehendes Prinzip, dass alle, die
dieselbe Klasse besuchen, mehr oder weniger dasselbe Alter haben
und Jahr für Jahr entsprechend ihrem Jahrgang gemeinsam aufrücken
müssen, als wären sie Vierzig- oder Fünfziglinge. Man könnte die verschiedenen Unterrichtsstufen in den aufeinanderfolgenden Schulty-
pen wie in einem Kaleidoskop sehen: Etwas, das sich nie verändert.
Die jüngeren Kinder haben einen jungen und wenig erfahrenen Lehrer; in den höheren Klassen der Primarschule sind die Kinder größer,
und auch der Lehrer ist älter und erfahrener. Dann besuchen die jungen Menschen die mittleren Schulen; diese werden von einem jungen
Mann geleitet, der gerade sein Lehramtsexamen abgelegt hat. Die höheren Schulen werden von ausgewachsenen Jünglingen bevölkert und
stehen in der Obhut etwas älterer Männer von zirka vierzig Jahren,
und an der Universität schließlich befinden sich erwachsene Studenten. Auch sie besuchen das Kolleg, wie es die Kinder tun, und ihre
Professoren sind alt und weißhaarig, doch das Bild und die Wirklichkeit haben sich nicht geändert. Die Schüler sitzen, und vom Pult
spricht ein Lehrer zu ihnen mit all seiner Autorität. Für alle werden

Prüfungen abgehalten, und in diesen müssen sie zeigen, dass sie sich an das erinnern, was man sie gelehrt hat. In diesen Einrichtungen vermisst man lebendige Menschen, auch fehlt es an Freundschaft zwischen den Studenten und an Liebe zwischen Lehrern und Schülern. Es herrscht entweder Gleichgültigkeit oder Rivalität. Man fühlt sich zu einem Lernen nicht innerlich hingezogen, welches in den ersten Schuljahren durch Strafen und auf den oberen Stufen durch Wettbewerb und persönlichen Eigennutz fremdmotiviert wird.

Die Psychologen sprechen heute viel von „Repressionen" bei Kindern, aber zieht man die Einförmigkeit der Unterrichtsweise auf allen Stufen in Betracht, muss man zu dem Ergebnis kommen, dass nicht allein Kinder, sondern auch Jugendliche und Erwachsene als Schüler Repressionen erfahren, wenn sie unter Zwang lernen müssen. Sie werden deformiert, d. h. in ihrer Persönlichkeit geschwächt. In den öffentlichen Erziehungsinstitutionen wird deshalb ein Geschlecht seelischer Zwerge gezüchtet, in denen die höheren menschlichen Fähigkeiten erstickt wurden. Tatsächlich zeigt jede Art von Schülern ihre eigenen Reaktionen der Unterlegenheit und ihre spezifischen Erscheinungsformen der Abnormität. Die freche Widersetzlichkeit, die Unordnung und der Lärm in der Grundschule, die gemeinsam ausgeheckten Streiche gegen den Lehrer in der höheren Schule und die Studentenstreiks in der Universität sind Symptome für Formen abnormen Lebens. Alles, was die Schüler unmittelbar berührt – ihre Leiden, ihre Familienverhältnisse, ihr Gesundheitszustand, ihre Leidenschaften und ihre Laster –, all das berührt die Schule nicht. Es werden keine erhabenen und vorbildlichen Gefühle geweckt, die im einzelnen Vertrauen und Verantwortlichkeit schaffen könnten. Die Schüler aus ärmsten Verhältnissen verlassen die Schule nach Abschluss der Volksschulzeit, die besser Situierten hören mit der höheren Schule auf, und nur die Reichen können es sich leisten, an der Universität zu studieren; ihre individuellen Fähigkeiten werden so gut wie überhaupt nicht berücksichtigt.

Das ist der Beitrag, den die Regierungen zur Bildung der Gesellschaft beisteuern, und so kommt es, dass die menschliche Gesellschaft nicht aus „kultivierten" Menschen besteht, sondern aus solchen, die man Institutionen ausgeliefert hat, welche überhaupt keinen bestimmten Plan zur Förderung und Verbesserung der Menschheit verfolgen. Diese „Halbmenschen" wachsen in geistiger Verwüstung auf; sie werden zur Arbeit gezwungen, als wären sie dazu verurteilt oder als wären sie Sklaven, denen nichts anderes als blinder Gehorsam zusteht. Die Schüler verbringen Jahre, ja eigentlich sogar ihre ganze Jugend in der Welt der Schule; doch keiner kennt sie, keiner

hat sie studiert, ihre Namen stehen in den Schülerlisten; doch der
Mensch, der diesen endlosen Weg entlang ging, bleibt unbekannt.
Wenn er die Schule verlässt, kann er sich nicht zurechtfinden, denn
es fehlt ihm die Vorbereitung auf das soziale Leben seiner Zeit; er
wurde weder auf seine Aufgabe als Staatsbürger, noch auf die eines
Weltbürgers vorbereitet; er hat es nicht einmal gelernt, mit Verantwortung eine Familie zu gründen.

Anstatt „kultiviert" zu werden, muss er sich selber formen. So bleiben die Menschen[1], und selbst die höchst zivilisierten, unvorbereitet
und genügen den Erfordernissen ihrer Zeit nicht. Sie sind viel weniger bereit, ein soziales Gebilde aufzubauen, und neigen viel eher zu
Unordnung und Rebellion; sie haben keinen festen Charakter und
sind von ihrer eigenen Meinung nicht überzeugt. Sie verwirklichen
sich nach ihren persönlichen Bedürfnissen, aber sie sind unfähig, von
ihren eigenen Kräften wirklich Gebrauch zu machen. Es bleibt alles
mehr oder weniger dem Zufall überlassen, wenn sie in einer langen
Reihe von Versuchen und Irrtümern ihre endgültige soziale Bestimmung finden. Man könnte hier ein Gleichnis aus der Bibel anführen:
„Mancher Same fällt auf steiniges Erdreich, mancher auf sandigen
Grund, mancher wird von den Vögeln des Himmels aufgepickt, und
nur derjenige, der in gutes Erdreich fällt, trägt reiche Frucht". Alles
bleibt Zufall, und es findet sich keine Hilfe, die Erlösung brächte und
die guten Dinge der Erde allen anböte.

Nach allgemeiner Ansicht begann die Zivilisation in vorgeschicht-
licher Zeit, als die Menschheit mit der Kultivierung des Landes und
mit dem gezielten Ackerbau anfing und dabei Gewächse zu züchten
vermochte, die den ursprünglichen Pflanzen überlegen waren. Heute,
wo die Zivilisierung bis zu einem Grad von Super-Zivilisation fortge-
schritten ist, wird eine andere Bewirtschaftung notwendig: die „Kultivierung des Menschen". Ohne sie werden wir alle in eine Form der
Barbarei zurückgedrängt. Unsere Umwelt zeigt heute eine höhere
Form, und es ist beinahe unglaublich, was sie leistet und hervor-
bringt, im Gegensatz zum Menschen. Der Mensch ist ein Barbar,
heute noch mehr als in früherer Zeit, denn er wird unterdrückt und
bleibt ein geistiger Sklave während der ganzen Zeit seiner Bildung als
Individuum, d. h. seine ganze Schulzeit hindurch,

Es gibt jedoch für unsere Zeit nichts Wichtigeres als die Höher-
züchtung des Menschen. Dem Menschen haben wir allen Wohlstand

---

1 Maria Montessori spricht hier von der Menschheit („humanity") im ganzen; die
deutsche Übersetzung wird klarer, wenn wir hier an Stelle von Menschheit von
den einzelnen Menschen sprechen. (Anmerkung der Übersetzer)

und alle Wunder der heutigen äußeren Zivilisation zu verdanken. Man beginnt aber schon einzusehen, dass der Mensch unvorbereitet und unfähig ist, das auch nur zu bewahren, was er selbst geschaffen hat. So wie wilde Tiere in der Gefangenschaft oft ihre Jungen töten, so ist die unterdrückte Menschheit bereits dabei, das Werk ihrer eigenen Hände zu zerstören.

Die Kultivierung des Menschen ist eine Wissenschaft, genauso wie die Fortentwicklung der Umwelt auf der Wissenschaft beruht. Die Wissenschaft, die den Menschen studieren und kennen will und die die besten Lebensbedingungen aufzeigen kann, damit „die höheren Lebenskräfte auf dem guten Erdreich keimen", müsste heute eine der am weitesten fortgeschrittenen Wissenschaften sein. Medizin und Psychologie haben bereits wertvolle Beiträge geliefert. Auch unsere eigene langjährige pädagogische Erfahrung hat ihren Teil zum Fortschritt des menschlichen Lebens beigetragen. Doch was fehlt, ist ein waches Bewusstsein für die Notwendigkeit, die Entwicklung des Fortschrittes in Richtung auf den Menschen selber hin zu steuern. Dieser Fortschritt darf nicht auf private Initiativen beschränkt bleiben; er sollte als eine Notwendigkeit von öffentlichem Interesse vorangetrieben und in seiner Entwicklung gefördert werden. Dies betrifft nicht allein eine Reform der Schule; noch ist es der Sache angemessen, den Aufgabenbereich des Erziehungsministeriums einfach zu erweitern. Es sollte vielmehr ein neues Ministerium geschaffen werden, das „Ministerium für die menschliche Rasse", dessen Aufgabenbereich sich nicht auf Lehre und Berufsausbildung beschränkt, sondern auch den Schutz des menschlichen Lebens, ein gesichertes Wissen um die Bedürfnisse der Bevölkerung und schließlich die bewusste Führung und Lenkung des Fortschritts der Menschheit umspannt.

Es ist erstaunlich, dass angesichts der offenkundigen Unordnung, die in der Welt herrscht, diese Schutzmaßnahme noch nicht in Betracht gezogen worden ist. Stattdessen wird für jedes neu aufkommende unwichtige Bedürfnis ein neues und besonderes Ministerium geschaffen. Sobald die Menschen Schreiben gelernt haben und versuchen, auf diese Weise ihre Freunde in der Ferne zu grüßen, wird ein Postministerium ins Leben gerufen. Wenn die gegenseitigen Beziehungen weiter ausgedehnt und mit den Mitteln, die zu diesem Fortschritt notwendig sind, auch schneller werden, wird ein Transportministerium gegründet.

Was aber das viel kompliziertere gesellschaftliche Leben mit einer steigenden Anzahl vernachlässigter Kinder, einer steigenden Anzahl Geisteskranker und mit einer rasant anwachsenden Jugendkriminalität anbetrifft, bleibt die Regierung untätig. Kein Ministerium wird dafür eingerichtet, den Menschen bei der Anpassung an die neuen Lebensformen zu helfen, die durch den äußeren Fortschritt hervorgerufen werden. Stattdessen entstehen immer mehr „Sozialwerke", immer mehr Asyle, immer mehr Privatkliniken, immer mehr Krankenhäuser, die alle in ihrer Zielsetzung unabhängig sind und nicht unter einer Leitung stehen, die sie koordiniert; und ebenso wenig besitzen sie einen offiziell anerkannten Status.

Diese privaten Einrichtungen bedeuten für eine kranke Gesellschaft zwar eine Erleichterung, aber sie zielen nicht auf Mittel und Wege, diese Krankheiten zu beseitigen und die Gesundheit der Gesellschaft abzusichern. Heute wird viel von der „Einheit" (*unification*) der Gesellschaft gesprochen, aber das bleibt nur ein Wunsch oder besser die emphatische Feststellung einer Notwendigkeit, und es wird nichts getan, um diese vage Hoffnung zu erfüllen. Aber es leuchtet doch ein, dass man, um die Gesellschaft zu „einen" (*unify*), zuerst den Menschen dafür vorbereiten muss. Deshalb ist es notwendig, dass ein Teil des Reichtums, der durch die menschliche Arbeit angehäuft worden ist, für die Erweiterung des menschlichen Lebens und seines Wohlergehens aufgewandt wird.

Heute bemüht man sich ohne System und nur auf Grund privater Initiative um das Wissen über die Entwicklung der menschlichen Persönlichkeit und über die verschiedenen Bereiche der Psychologie der Altersstufen. Es ist dies ein „Fortschritt", der nur auf dem Gebiet der wissenschaftlichen Literatur Interesse findet, aber es handelt sich hier um eine sehr dringliche Angelegenheit, und es ist deshalb sehr notwendig, ihre ungeheure Bedeutung anzuerkennen, ihre Entwicklung zu erleichtern und sie mit allen zu Gebote stehenden praktischen Mitteln zu organisieren.

Nehmen wir zum Beispiel die Schulen. Nehmen wir sie rein als Erziehungsinstitutionen, als eine umfassende Mobilisierung von Kindern und Jugendlichen bis zum Erwachsenenalter. Die ganze Menschheit ist dort in ihrer formativen Periode versammelt. Was für eine großartige Gelegenheit, sie zu studieren, die wirklichen Bedürfnisse aller zu erkennen und zu erfahren, welchem Übel die größte Aufmerksamkeit entgegengebracht werden muss. Was für eine Gelegenheit, die Entdeckungen der Wissenschaft auf die menschliche Entwicklung anzuwenden, und was für eine Gelegenheit, die Erfahrungen und ihre Anwendung zu erweitern.

Alle Menschen werden durch Gesetz an Plätzen versammelt, die für sie in Form der Schulen eingerichtet worden sind; alle Kinder und Jugendlichen sind immer da, Tag für Tag, Jahr um Jahr, ihre ganze Jugendzeit hindurch. Warum wird hier nichts für die Verbesserung der Menschheit getan, warum richtet man sie nicht aus auf die ersehnten Ideale von Einigkeit und Harmonie, die sie zu universeller Verständigung führen würden?

Wird diese zivilisierte Menschheit in ihrer formativen Periode vielleicht etwa nicht zusammengeführt, um ein praktisches und hilfreiches Geschäft zu vollführen, indem sie dem nützlichen Einfluss des Fortschritts ausgesetzt wird, so wie die Pflanzen dem Einfluss der Sonne ausgesetzt sind?

Einen Menschen im Kampf gegen das Analphabetentum auszubilden oder ihn ein Handwerk oder einen Beruf gemäß den wirtschaftlichen Verhältnissen lernen zu lassen, ist grundverschieden von der Absicht, eine wirkliche Verbesserung in das Leben zu bringen!

Es sollte stattdessen das Ziel sein, die Menschheit, d. h. jeden Menschen von seiner Geburt an, in den Blick zu nehmen und seine Entwicklung zu fördern – das bedeutet: die wesentlichen Bedürfnisse in den verschiedenen Wachstumsperioden zu befriedigen, der Intelligenz und dem Geist Nahrung, der Erweiterung des Bewusstseins freien Raum und schließlich der Anpassung an die Gesellschaft Führung und Orientierung zu geben. Letztes Ziel der Erziehung sollte es sein, dem größten aller Schätze eine „geistige Führung" zuteil werden zu lassen – dem Menschen selbst.

2. Zu Methode und pädagogischer Praxis

a) Die Grundprinzipien der Methode (1914)

Dieser kleine Aufsatz erscheint für das Verständnis von Maria Montessoris Pädagogik deshalb sehr wichtig, weil er auf knappem Raum sowohl den zentralen Begriff der Freiheit *im Denken Montessoris verstehen macht als auch Andeutungen dazu liefert, welchen Stellenwert das sogenannte „didaktische Material" einnimmt und wie es – soweit von Montessori selbst entwickelt und nicht von anderen übernommen – von ihr erarbeitet und erprobt wurde. Mit unverhohlener Klarheit präsentiert sie (nach einigen bei ihr ganz selten zu findenden Hinweisen auf andere Pädagogen) ihren Freiheitsbegriff als einen zutiefst biologischen, nämlich als* Entwicklungsfreiheit. *Ein moralisches Verständnis von Freiheit, also Freiheit als Wahl- und Entscheidungsfreiheit, schließt sie ausdrücklich aus. Dem entspricht es dann, dass sie auch das bis heute hartnäckig tradierte Missverständnis ihres Materials als eines* didaktischen, *also als eines Lehrmaterials zurückweist und es prinzipiell als* Entwicklungsmaterial *charakterisiert. Diese Charakterisierung unterstreicht sie dann zusätzlich noch durch die andeutungsweise Beschreibung der experimentellen Methode, deren sie sich bei der Gewinnung und Ausarbeitung dieses Materials bedient hat. (Diese Methode wäre für die Klärung eines moralischen Freiheitsbegriffs völlig untauglich!) Diese Beschreibung deckt sich schließlich auch mit Angaben, die Montessori andernorts im Hinblick auf die Vielzahl der gar nicht von ihr selbst erarbeiteten, sondern von anderen übernommenen Materialien macht. Nicht zu übersehen ist auch Montessoris aufschlussreiches Eingeständnis, die dem Kind gewährte Entwicklungsfreiheit laufe letztlich auf das Ziel Disziplin hinaus.*

Der bemerkenswerte Text erschien erstmals unter dem Titel „I principi fondamentali del metodo" in der Rassegna del Movimento di Coltura *vom 31. Dezember 1914, S. 1013-1015. Übersetzung aus dem Italienischen von Waltraud Harth-Peter.*

Der Begriff der Freiheit ist ein altes Ideal in der Pädagogik. Man findet es bereits bei Rousseau, Pestalozzi, Fröbel und Herbart. Später haben Tolstoi und der amerikanische Philosoph John Dewey versucht, dieses Ideal mit Hilfe zweier Konzepte in der Praxis umzusetzen, die alle nachfolgenden neueren Versuche geprägt haben. Tolstoi entwirft die „Freie Schule" als Werk des Lehrers, der, nachdem er sich von Lehrplänen und anderen Vorschriften gelöst hat, die Bedürfnisse des Kindes erkennt und erfüllt. Dewey geht den umgekehrten Weg; er überlässt die Freiheit in der Schule den Kindern, indem er auf deren gegenseitige Kontrolle untereinander und auf das eigene Verantwortungsgefühl der Kinder baut. Aber auch in diesen beiden fundamentalen Richtungen gibt es keine genauere Bestimmung der Freiheit, denn sie wird jeweils nur einer gewissen „Begabung" für sie anvertraut, die jedoch sowohl auf Seiten des Lehrers als auch bei den Kindern fehlen könnte. In der Tat ist die in der Schule Tolstois entstandene Anarchie der Beweis dafür, dass der Lehrer der schweren Aufgabe unmöglich gewachsen sein kann, die Natur des Kindes jeweils von Fall zu Fall zu interpretieren und die notwendigen Mittel und Wege für ihre Entwicklung zu improvisieren.

Jener Satz, den man immer wieder hört: „Freiheit ja, aber bis zu einer gewissen Grenze!", enthält die Ahnung einer tiefen Wahrheit. Sie bedeutet, dass die Freiheit nicht nur in der Erfahrung einer passiv erlebten Befreiungshandlung besteht, sondern ein aktives Handeln erfordert, das sie begleiten muss und das jener Sache entspricht, die im allgemeinen Verständnis die Freiheit begrenzt, in Wahrheit aber die Freiheit bestimmen muss. Schließlich hat man auch den tiefgreifenden Unterschied zu bedenken, der zwischen Vernachlässigung und Freiheit besteht. Diese beiden Zustände sind die Extrempunkte auf einer Skala – im gesellschaftlichen Leben vergleichbar etwa der Stellung eines von der Gesellschaft ausgestoßenen Menschen und der eines freien Bürgers in einem freien Volke. Zwischen dem einen und dem anderen Pol spannt sich der ganze Fortschritt einer großen gesellschaftlichen Organisation. Die modernen Richtungen der positiven Wissenschaft haben gewissermaßen eine neue Ära für den Begriff der Freiheit des Schülers eröffnet. Die Hygiene, die Pädagogische Anthropologie und die experimentelle Psychologie haben eindrucksvolle Entdeckungen gemacht. So wissen wir heute, dass die in der Schule herrschenden Bedingungen beim Schüler Krankheiten erzeugen können.

Man kann vor allem drei Hauptformen von organischer Schwächung beobachten: die Skoliose, das heißt die Verkrümmung der Wirbelsäule, die durch das lange Sitzen auf der Schulbank hervorgerufen wird; die Kurzsichtigkeit aufgrund der Anpassungsleistungen der Augen beim Lesen und beim Schreiben; und schließlich eine generelle Depression des gesamten Nervensystems, dessen Erscheinungsformen unter den Bezeichnungen „schulische Überforderung" bzw. „schulische Überbürdung" zusammengefasst werden. Die gleichen Wissenschaften haben festgestellt, dass die Lehrerinnen anfällig für Lungentuberkulose werden wegen der ständigen Überanstrengung der Lungen durch fortwährend lautes Reden, also durch pausenloses Unterrichten. Diese wissenschaftlichen Befunde transportieren das Problem der Freiheit auf ein anderes Gebiet, auf das *Feld des Sozialen*; denn wenn die Leiden einer gesellschaftlichen Schicht, sei es die der Sklaven, der Arbeiter oder der Frauen, bereits soziale Probleme erzeugen, dann erst recht die Leiden der ganzen zukünftigen Generation während der entscheidenden Periode ihrer Entwicklung.Deshalb ist die Frage der Schule heute nicht mehr Sache von ein paar Fachleuten, sondern des allgemeinen Bewusstseins der gesamten Bevölkerung.

Es erscheint als interessant, sich die Antworten der experimentellen Psychologie und der sogenannten wissenschaftlichen Pädagogik in Bezug auf mögliche Verbesserungen der Schule anzusehen. Dabei mag es an dieser Stelle genügen, lediglich Claparède zu zitieren, der gesagt hat: „In der modernen Pädagogik müsste die Absicht im Vordergrund stehen, dem Schüler nicht schaden zu wollen, obwohl es freilich unmöglich ist, ihn zu unterrichten, ohne ihm dabei Schaden zuzufügen." Die jüngsten Reformen, die auf den Erkenntnissen der positiven Wissenschaften aufruhen, bestehen tatsächlich darin, die Schulstunden zu verringern, die Lehrpläne zu entrümpeln und lange Ruhepausen zwischen kurze Arbeitsphasen einzuschieben. Das ist der gegenwärtige Stand der Schulreform. Wir scheinen eine von der Schule her drohende Verderbnis der zukünftigen Generation zu befürchten, und die einzig mögliche Rettung vermeinen wir darin zu sehen, dass wir die Heranwachsenden ein wenig verdummen, und das in einer Epoche der Zivilisation, in der sich die individuelle Bildung und die Fertigkeiten für Arbeitsprozesse immer mehr intensivieren müssten, um den Notwendigkeiten unserer Arbeits- und Fortschrittsgesellschaft zu entsprechen. Das ist ein schwer wiegender gesellschaftlicher Sachverhalt, in dem die Freiheit des Schülers nicht mehr nur als eine Frage der Schule zu diskutieren ist, sondern ein wissenschaftliches Problem darstellt, das es praktisch zu lösen gilt. Zur Lösung dieses praktischen Problems habe ich meinen bescheidenen Beitrag geleistet.

Das Problem der Freiheit schließt das der Selbsterziehung notwendig mit ein – aber Selbsterziehung nicht im moralischen Sinne oder im Sinne der Eigenverantwortlichkeit genommen, wie man sie bisher in der Pädagogik allgemein verstanden hat, sondern Selbsterziehung als psychische, das heißt intellektuelle, auf spontanen Tätigkeiten des Individuums begründete *Entwicklung*. Um diesen Zweck zu erreichen, ist es notwendig, dass das Kind ein angemessenes *Entwicklungsmaterial* zur Verfügung hat, das heißt eine Reihe von Gegenständen, die seinen Bedürfnissen nach intellektueller Entwicklung unmittelbar entsprechen. Dieses Material ist nicht jenes „didaktische Material" für Unterricht und Unterweisung, wie es heute in den Schulen gebraucht wird, denn es soll ja nicht der Lehrerin zur Objektivation und Illustration ihrer Legegenstände dienen; es soll im Gegenteil dem Kinde als eine Art Übungsplatz für seine geistige Gmnastik bereitgestellt werden. Man könnte dieses *Entwicklungsmaterial* besser mit den sogenannten Tests vergleichen, die man in der experimentellen Psychologie verwendet, um individuelle psychische Reaktionen zu untersuchen. Tatsächlich erreicht man mit diesen Materialien eine ganz charakteristische Reaktion auf Seiten des Kindes: eine intensive *Polarisation der Aufmerksamkeit* und die *mehrmalige Wiederholung der gleichen Übung*, – bei einem dreieinhalbjährigen Kind 30 oder 40 mal, bei einem sechsjährigen Kind 100 und sogar 200 mal: die spontan auftretende Ausdauer bei der gleichen Beschäftigung reicht von einer halben Stunde bei einem kleineren Kind bis zu zwei Stunden und mehr bei einem Kind von etwa sechs Jahren. Damit sich diese Reaktion beim Kinde einstellen kann, ist es notwendig, dass der Gegenstand vollständig mit den seinem Alter entsprechenden inneren Bedürfnissen korrespondiert. Ein Gegenstand zum Beispiel, mit dem ein dreieinhalbjähriges Kleinkind die Übung bisweilen öfter als 40 mal wiederholt, erzeugt nur etwa acht Wiederholungen bei einem sechsjährigen Kind, wohingegen dieses Kind mit einem ihm angemessenen Gegenstand eine sich bis zu 200 Wiederholungen steigernde Ausdauer zeigen kann, eine Beharrlichkeit, wie sie das kleinere Kind nicht erreichen kann.

Wenn man eine Vielzahl solcher Reaktionen beobachtet und studiert, kann man mit geduldigen und langwierigen Experimenten zur Bestimmung· der für die kindliche Entwicklung wichtigen Gegenstände samt ihrer Eigenschaften wie Farbe, Form, Dimension usw. gelangen. Gibt man zum Beispiel einem dreieinhalbjährigen Kind ein paar Plättchen, die einen Durchmesser von ca. drei Zentimetern haben, so fesseln diese die Aufmerksamkeit des Kindes nicht. Durch Versuche kommt man dann zu dem Ergebnis, dass diese Plättchen einen Durchmesser von circa acht Zentimetern haben müssen, damit das Kind die Übung wiederholt. Ein anderes Merkmal dieses Entwicklungsmaterials ist, dass es eine *immanente Fehlerkontrolle* enthält, das heißt: das Material muss den Fehler so klar zeigen, dass ihn das Kind unmöglich übersehen kann; und die Konstruktion des Materials muss so sein, dass sie auch die Korrektur des Fehlers nahelegt und erleichtert. Jeder Fehler, den das Kind macht, stellt ein Hindernis in seinem Tätigsein dar. Das Kind hat also ein Problem vor sich, das es interessiert und das es lösen kann. Jede Übung stellt somit die Entfaltung aller geistigen Fähigkeiten dar. Das Experimentiermaterial muss auch quantitativ bestimmt werden, denn die Erfahrung hat bewiesen, dass das Kind ab einer bestimmten Entwicklungsstufe nach mehrmaligem Wiederholen der Übung zu einer spontanen Generalisierung von Ideen und auch zu Abstraktionen in der Lage ist. Nachdem das Kind eine Zeit lang mit dem Sinnesmaterial geübt hat, wird es spontan zum Beobachter, sogar zum Erforscher seiner Umgebung, und es hat den Eindruck, fortgesetzt Entdeckungen zu machen, die es mit Befriedigung und Freude erfüllen. Es bemerkt, dass der Himmel blau ist, dass die Fenster Rechtecke sind, dass der Teller ein Kreis ist usw. Oder nach einer Übung, bei der es Gegenstände zählt, geht es, dem Gesetz der Minimalanstrengung spontan gehorchend, plötzlich zum Kopfrechnen über und führt etwa 60 und mehr arithmetische Operationen durch. Wenn das Material für die Erreichung dieses Reifegrades ungenügend ist, wird das Kind auch nie spontan zur Generalisierung und zum Abstrahieren übergehen; dies muss die Lehrerin genau wissen, denn sie ist es ja, die es schließlich zu dieser Stufe hinführen soll. Ist dagegen das Material zu schwierig, dann kann es sein, dass das Kind, das gerade zu höheren psychischen Tätigkeiten fortschreiten will, an diesen Gegenständen hängen bleibt und immer mehr von ihnen haben will, sich gleichsam wie im Kreise drehend, so wie jemand, der den hehren Zweck des Lebens nicht gefunden hat und an Nichtigkeiten gefesselt bleibt, von denen er unersättlich immer mehr begehren wird, ohne sich dadurch jemals befriedigt zu fühlen. Auf diese Weise lässt sich ein Material bestimmen, das die Selbsterziehung – gemeint im Sinne seiner natürlichen Entwicklung – des kleinen Kindes ermöglicht, indem es vom Einfachen zum Komplizierten und vom Konkreten zum Abstrakten übergeht, und zwar auf einem *normalen Wege*, d.h. ohne direkten Eingriff der Lehrerin und nur dadurch, dass das Kind in seinem Tätigsein frei gelassen wird.

Die entstehenden psychischen Konstellationen sind von großem Interesse, denn nach der Polarisation der Aufmerksamkeit manifestiert sich im Kinde eine Arbeitshaltung, die es im Vergleich zu anderen Kindern zu einem „Frühreifen" hinsichtlich seiner intellektuellen und kulturellen Entwicklung macht; damit entsteht eine *innere Ordnung*, die sich in einem Zustand der Ruhe und Heiterkeit zeigt, der wiederum zu einer *spontanen Disziplin* führt. Diese Disziplin stellt sozusagen den größten Erfolg meiner Methode dar, über die ein großer italienischer Wissenschaftler sagte, dass sie die Kinder *über die Freiheit zur Disziplin* führe.

b) Praktische Ratschläge für die Montessori-Erzieherinnen
(1928)

Dieser kurze Text, der zuerst in englischer Sprache in der in Amsterdam erschienenen Zeitschrift The Call of Education. *Psycho-pedagogical* Journal. *International Organ of the Montessori-Movement abgedruckt wurde, wird hier nach der deutschen Version in* Das Kind. *Halbjahreszeitschrift für Montessori-Pädagogik, Heft 18, 2. Halbjahr 1995, S. 6-10 wiedergegeben, wobei wir der klareren Bezeichnung wegen den ursprünglichen Titel durch das adjektiv „Praktische" erweitert haben. Diese deutsche Übersetzung ist der Reihenschrift* Das Kleinkind, *Band 78, Wien 1928, S. 584-587 entnommen und stammt von Lili E. Roubiczek, einer der Psychoanalyse sehr nahe stehenden prominenten österreichischen Erzieherin, die das erste Montessori-Kinderhaus in Wien leitete, das sich besonders durch seine – für die Montessori-Pädagogik ungewöhnliche – Musikpflege und Musikerziehung auszeichnete. Lili E. Roubiczek war als engagierte Erzieherin sehr stark an der praktischen Seite der Montessori-Pädagogik interessiert, und so verwundert es nicht, dass sie gerade diese praktischen Ratschläge Montessoris publik machen wollte. Der Text liefert einen recht plastischen Einblick in die Kinderhaus-Arbeit und vermittelt eine sehr bildhafte Vorstellung von ihr.*

Ich möchte Ihnen heute einige praktische Ratschläge geben, die sich auf Fehler beziehen, die ich in verschiedenen Kinderhäusern sah. Diese Fehler erscheinen vielleicht geringfügig, und eigentlich sind sie es auch; und doch sind sie es, die die vollkommene und harmonische Entwicklung, die jede Lehrerin in ihrer Gruppe erreichen will, verhindern. Eben weil sie unbedeutend erscheinen, sind sie so schwer zu entdecken und auszumerzen. Ich will heute von vier Dingen sprechen und teile daher meine Ausführungen in vier Abschnitte.

1. Umgebung

Die Lehrerin darf sich nicht ein für allemal damit zufrieden geben, in ihrem Kinderhaus eine hübsche Umgebung vorbereitet zu haben. Sie muss *dauernd* an diese Umgebung denken, denn ein Großteil ihres Erfolges hängt von ihr ab. Daher muss die Lehrerin: Das Entfaltungsmaterial in tadelloser Ordnung halten. Tut sie dies nicht, so ist das Material nicht anziehend für die Kinder und damit sinnlos; denn die Montessori-Methode ist auf der selbsttätigen Arbeit des Kindes aufgebaut, die durch sein *Interesse* für die Dinge hervorgerufen wird. Sie muss Sorge tragen, dass jeder von den Kindern benützte Gegenstand einen bestimmten Platz hat, zu dem die Kinder leicht gelangen können. So müssen z. B. die bunten und schwarzen Bleistifte, das Papier, Scheren und Bürsten so aufbewahrt werden, dass die Kinder alles bequem und ohne Hilfe der Lehrerin nehmen können. Die Ordnung, die im Kinderhaus herrscht, vermittelt den Kindern den Begriff der Ordnung. Die Lehrerin muss sich daher mehr mit der Umgebung als mit dem Kinde selbst befassen und es der Umgebung überlassen, das Kind zu belehren. Um ein Beispiel zu geben: wenn es für den Besen einen Ständer gibt, der verhindert, dass die Haare den Boden berühren und dadurch geknickt werden, so wird das Kind sofort lernen, den Besen so aufzubewahren. Wenn es für jedes in Gebrauch stehende Wischtuch einen besonderen Haken gibt, so dass die nassen Tücher so aufgehängt werden können, dass sie leicht trocknen usw., so wird sich das Kind für diese Ordnung interessieren und sie sich zu eigen machen.

2. Übungen aus dem praktischen Leben

Für alle Kinder sollte die Möglichkeit zu Übungen aus dem praktischen Leben vorhanden sein, zu leichten und schwierigen, einfachen und komplizierten, wie sie dem verschiedenen Alter der Kinder entsprechen. Jede Lehrerin soll sich daher damit beschäftigen, festzustellen, welche Arbeiten in ihrer Umgebung möglich und für die Kinder anziehend sind und ein Verzeichnis derselben anlegen. Denn während das didaktische Material vollkommen ausgearbeitet ist, sind dies die praktischen Arbeiten nicht. Sie ändern sich mit den verschiedenen Möglichkeiten der Umgebung, bilden aber immer einen überaus wichtigen Teil der Gesamtarbeit. Die Übungen des praktischen Lebens sollen daher anziehend sein und genügend Schwierigkeiten bieten. Sie sollen dann gemacht werden, wenn sie notwendig sind (wann immer dies eintritt) und nicht nach einem festen Stundenplane. So z. B. sollen sich die Kinder die Hände waschen, wenn sie schmutzig sind; sie sollen auskehren – wenn Schmutz am Boden ist usf. Viele werden entgegnen, dass die Kinder, wenn ihnen dies erlaubt ist, fast nichts anderes tun werden als solche praktischen Arbeiten, doch entspricht dies nicht der wirklichen Erfahrung. Wenn es geschieht, so liegt es nur daran, dass die Lehrerin es nicht genug verstanden hat, das Entfaltungsmaterial anziehend anzubieten, oder weil die Arbeit, die sie den Kindern gegeben hat, für diese zu leicht oder zu schwer war. *Die Lehrerin darf nicht versuchen, dies dadurch gut zu machen, dass sie die praktischen Arbeiten verbietet oder nur zu einer bestimmten Tageszeit erlaubt.* Sie muss die Kinder gewähren lassen, auch wenn sie den ganzen Tag über sich mit diesen Arbeiten beschäftigen. Sie kann sich nur bemühen, die Arbeiten mit dem Sinnesmaterial möglichst anziehend zu gestalten.

Sie muss keineswegs ängstlich sein, wenn die Kinder sich einige Tage hindurch ausschließlich einer Sache widmen, denn diese restlose Hingabe an eine bestimmte Arbeit, die mit ganzer Seele getan wird, bringt immer die besten Erfolge.

Die Lehrerin muss sich selbst gründlich mit den praktischen Übungen befassen, um zu lernen, wie sie am besten ausgeführt werden, und um sie dem Kind gut anzeigen zu können. Sie muss jede Einzelheit mit größter Klarheit anzeigen, dann aber das Kind sich selbst überlassen und es auch nicht verbessern, wenn es etwas schlecht macht – nur so kann es sich allmählich vervollkommnen. Wichtig ist, dass das Kind die Arbeit selbständig ausführt, ohne ein Wort, eine Hilfe, ohne einen Blick der Lehrerin. Sie soll durch ihre Unterweisungen den Samen pflanzen und dann verschwinden; beobachten und zuwarten, aber nicht eingreifen.

3. Die Verwendung des Materials entsprechend den verschiedenen Altersstufen

Um die Kinder zu fesseln, muss das Entfaltungsmaterial den geistigen Kräften und daher dem Alter der Kinder entsprechen.

Ist das Material imstande, das Kind zu fesseln, so wiederholt dieses die Übung, und durch die Wiederholung bildet es nicht nur seinen Geist, sondern auch seinen Charakter. Nicht nur das Können, sondern auch die Ordnung der Klasse hängt daher vom Interesse der Kinder an der Arbeit ab. Die Lehrerin muss stets das Alter der Kinder bedenken und wissen, welche Stücke des Materials den verschiedenen Altersstufen entsprechen. Nur so kann sie für jedes Kind die Arbeiten vorbereiten, die es wirklich zu interessieren vermögen. Sie muss diese Ordnung und die Stufenfolge des Materials kennen, aber sie darf sie nicht immer einhalten. Wenn z.B. ein älteres Kind später in das Kinderhaus eintritt, so muss sie ihm das Material geben, das seinem Alter entspricht und nicht das Anfangsmaterial; wenn es sich an dem, was es interessiert, geistig gesättigt hat, wird es von selbst zu den Anfangsübungen zurückkehren.

4. Eingreifen der Lehrerin

Viele Lehrerinnen greifen ein, tun den Kindern Einhalt, geben ihnen Ratschläge oder loben sie, wenn sie dies nicht tun sollten, und halten sich zurück, etwas zu tun, wenn ihr Eingreifen notwendig wäre.

Die Lehrerin darf sich niemals in eine Handlung des Kindes einmischen, wenn der Antrieb, der diese hervorgerufen hat, gut war. Sie darf dies weder mit ihrem Beifall noch mit ihrer Hilfe, noch mit einer Unterweisung oder Verbesserung. Durch ihr Eingreifen zerstört sie den Impuls des Kindes oder bewirkt zumindest, dass das wahre „Ich" des Kindes verborgen bleibt. Wie sich die Schnecke bei Berührung in ihr Haus zurückzieht, so wird sich das Kind in sich selbst zurückziehen.

Ich will hierfür einige Beispiele anführen:

a) Ein Kind läuft einem Besucher entgegen und umarmt ihn herzlich aber unhöflich. Nimmt die Lehrerin dies zum Anlass, um das Kind zurechtzuweisen und ihm zu zeigen, wie man grüßen soll, so wird sie das Kind beschämen oder zumindest verwirren; es wird, solange sie es bisher unterlassen hat, den Kindern ein schönes Grüßen anzuzeigen und sich vorbereitet, um einige Zeit später eine lebendige und fröhliche Lektion über die verschiedenen Arten des Grüßens zu geben, dann wird jenes Kind sich nicht getroffen fühlen und wahrscheinlich mit Freude, ohne seine natürliche Herzlichkeit einzubüßen, lernen, wie man höflich grüßt.

b) Ein Kind versucht einen Tisch abzuwaschen; es weiß nicht recht wie und macht es daher schlecht. Die Lehrerin benützt die Gelegenheit, um ihm anzuzeigen, wie es das Waschen richtig machen soll. Das Kind verliert das Interesse, scheuert zwei-, dreimal nachlässig mit der Bürste, schaut dabei herum und lässt schließlich die Arbeiten stehen. Hätte die Lehrerin gewartet, so hätte das Kind vielleicht selbst entdeckt, wie der Tisch richtig zu waschen sei. Aber jedenfalls hätte die Lehrerin für ihre Lektion einen anderen Augenblick wählen müssen. Sie hätte eine Gelegenheit abwarten sollen, bei der nicht die Gefahr bestand, einen guten Impuls des Kindes zu zerstören.

c) Ein Kind ist erst seit kurzer Zeit im Kinderhaus. Es ist noch klein und sehr schüchtern. Bis jetzt hat es sich noch gar nicht gerührt, es hat sich nur umgesehen, aber an nichts teilgenommen. Heute steht es auf und geht ganz langsam und leise, fast als wollte es sich verstecken, und holt sich seine erste Arbeit. Die Lehrerin sieht es, geht ihm voll Freude entgegen und ermutigt es mit ein paar Worten. Das Kind sieht sich entdeckt, es ist beschämt und fast so erschrocken über den Beifall der Lehrerin, als ob diese es gescholten hätte. Es wird rot, kehrt eilends zu seinem Tischchen zurück und legt den Gegenstand, den es sich geholt hat, hin, ohne ihn weiter anzurühren. Einen ganzen Monat vielleicht wird nun das Kind nichts machen. Es wird sitzen bleiben, sich umsehen und trauriger und verschüchterter sein als vorher.

d) Ein für gewöhnlich brutales und unfreundliches Kind erweist einem anderen Kind eine Freundlichkeit. Die Lehrerin hat es merkt, zeigt dem Kind ihren Beifall und ermutigt es, auf dem guten Wege weiter zu schreiten. Das Kind aber empfindet eine Art von Scham darüber, dass es freundlich war. (Vielleicht erscheint ihm Freundlichkeit als Schwäche.) Es wird sein Möglichstes tun, um diese zu überwinden und zu verbergen und wird gröber werden, als es früher war. Wenn die Lehrerin hingegen so tut, als sähe sie nichts, so wird das Kind ein wahres Vergnügen daran finden, die kleinen verborgene Gefälligkeiten zu tun, und wird so seinen Charakter entwickeln.

Die Lehrerin muss eingreifen und die Kinder *jedes Mal* aufmerksam machen, wenn sie unordentlich und unhöflich sind und Dinge tun, die keinem guten Antriebe entspringen und die sie daher nicht weiter führen. So z. B. wenn sie:

a) An jemanden anstoßen, ohne sich zu entschuldigen;
b) die Sessel schleifen, statt sie zu tragen;
c) die Türen zuschlagen;
d) Papier auf die Erde statt in den Papierkorb werfen;
e) nach einer Arbeit Unordnung auf dem Tisch hinterlassen.

Niemals soll die Lehrerin eine solche Handlung unbemerkt hingehen lassen: „Wenn man an jemandem vorbeigeht, so muss man sich entschuldigen", oder „So trägt man ein Stühlchen". Später zeigt man diese Dinge in Kollektivstunden einer Kindergruppe an – besonders bei kleinen Kindern.

Die Lehrerin soll nicht erst dann eingreifen, wenn Unordnung herrscht, sondern noch bevor diese entsteht. Das heißt, sie soll jene Handlungen unterdrücken, die, ohne ungeordnet zu sein, doch sinnlos sind; denn auch diese führen zur Unordnung. Z.B.: Zwei Kinder machen zusammen Dummheiten. Greift die Lehrerin nicht ein und lenkt ihre Aufmerksamkeit auf etwas Anziehendes und Vernünftiges, so werden nach ein paar Minuten andere Kinder mittun, und es wird große Unordnung entstehen. Oder ein Kind spritzt mit Wasser, anstatt sich zu waschen. Greift die Lehrerin nicht ein, so wird das Kind bald anfangen, seine Kameraden anzuspritzen, diese werden den Scherz nachahmen und bald wird die ganze Klasse in Unruhe geraten.

Diese Beobachtungen, die ich hier und dort bei verschiedenen Gelegenheiten und verschiedenen Personen gemacht und ihnen erklärt habe, haben oft wesentlich zur Besserung beigetragen, zum großen Erstaunen der Lehrerinnen, die mir manchmal berichteten, sie hätten sich niemals vorgestellt, dass solche Kleinigkeiten eine so große Wirkung haben könnten. Aber gerade die kleinen Dinge sind es, die aus einer mittelmäßigen Arbeit einen Musterdruck machen können.

c) Die Methode des Schreibunterrichts (1908)

In diesem frühen Aufsatz – ein Jahr nach Eröffnung des ersten Kinderhauses erschienen – gibt Montessori eine sehr illustrative Beschreibung eines Bausteins ihrer dort erprobten „Methode". Dabei erscheint gerade dieses Beispiel sowohl aufschlussreich für die Genese des Materials und für die konkrete Art der praktischen „Anwendung". Nicht überlesen sollte man dabei, dass Montessori erklärt, sie habe einen Großteil des sog. Montessori-Materials anderswo „ausgewählt" und „zusammengefaßt". Nicht weniger bemerkenswert erscheint ihre Aussage, das erste Kinderhaus habe ihr die Gelegenheit gegeben, sich dort mit der „didaktischen Organisation" zu beschäftigen. Da es nicht Aufgabe dieses Buches und auch nicht dieser Textauswahl sein kann, mit der konkreten Handhabung des Montessori-Materials oder gar mit der Praxis der Montessori-Pädagogik vertraut zu machen – dazu wäre der Besuch eines Montessori-Ausbildungskurses notwendig –, soll dieser Text vor allem dazu dienen, in beides lediglich eine erste Einführung zu geben.

Der hier abgedruckte Aufsatz erschien unter dem Titel „Metodo per insegnare la scrittura" in der Zeitschrift L'Educazione dei Sordomuti, fasc. 5 (maggio 1908) und als Separatdruck in Siena 1908. Übersetzung aus dem Italienischen von Gisela Kunert und Winfried Böhm.

Die in den Kinderhäusern angewandte Methode zum gleichzeitigen Erlernen von Lesen und Schreiben stellt die äußerste Vervollkommnung einer Methode dar, die ich bereits seit 1899, als ich die Gelegenheit hatte, während der ersten zwei Jahre (1898–1899) ihres Bestehens die *Scuola Magistrale Ortofrenica* zu leiten, gedanklich fixiert hatte. Diese Schule war als Folge eines von mir im Auftrag des Ministeriums in den drei *Scuole Normali*[1] in Rom gehaltenen Vortragszyklus über die besondere Erziehung geistig zurückgebliebener Kinder in Rom gegründet worden.

---

1 Scuole Normali (Einzahl: Scuola Normale) hießen die damaligen Höheren Schulen für die Ausbildung künftiger Lehrer und Lehrerinnen. Die Scuola Magistrale Ortofrenica in Rom bildete spezielle Lehrer und Lehrerinnen für geistig zurückgebliebene Kinder aus. (Anmerkung der Übersetzer.)

Ich hatte schon damals ausführlich die didaktischen Materialien studiert, die nach der Methode Séguins [siehe dazu Näheres im ersten Teil dieses Buches] in dem berühmten Institut Bicêtre für geistig zurückgebliebene Kinder, das unter der Leitung von Bourneville[2] stand, angewandt wurden; ebenso hatte ich in den Sonderklassen für geistig zurückgebliebene Kinder der Elementarschulen in London und in den wichtigsten Privatinstituten, die sich in der Umgebung der englischen Hauptstadt befinden, solche Studien angestellt.

Dabei lernte ich noch eine ganze Reihe anderer didaktischer Materialien kennen, die in den genannten Einrichtungen und Instituten auf Grund langer und beständiger Erfahrung tradiert wurden, außerdem solche, die sich aus dem technischen Fortschritt von der Zeit Séguins bis heute, z. B. Projizieren, Maschinen usw., ergeben haben. Und so beschritt ich diesen didaktischen Weg bei den geistig behinderten Kindern; ich war dafür nicht nur durch ein eingehendes Studium der klassischen Methode[3] vorbereitet, sondern auch durch breite Erfahrungen, die ich im Ausland gesammelt hatte und die mir die Möglichkeit gaben, eine Serie von didaktischen Hilfsmitteln *auszuwählen* und sie in einer einzigen Methode *zusammenzufassen*. Da es aber nicht mein Ziel war, einfach von anderen zu übernehmen, sondern auf Grund von Versuchen und möglicherweise durch die Vervollkommnung schon angewandter Methoden zu experimentieren (übrigens ein Ziel, das sich fast alle Erzieher geistig behinderter und anormaler Kinder gesetzt haben), glückte mir neben anderen besonderen didaktischen Reformen auch diese, eine neue Methode zum Erlernen des Schreibens einzuführen.

Aus Übungsheften, die man ja immer am Anfang des Schreibenlernens verwendet, hatte ich, wie auch schon Voisin[4], bemerkt, daß die geistig behinderten Kinder zwar die Seiten mit geraden Strichen beginnen, sie dann aber in einer Reihe von Kurven von der Form des C auslaufen lassen, wobei diese immer mehr c-förmig werden, je

---

2 Désiré Bourneville (1840-1919), französischer Arzt und Psychologe, befasste sich in seiner praktischen Arbeit als Leiter des weltberühmten Krankenhauses in Bicêtre (Seine) und in zahllosen Schriften mit der medizinischen und der pädagogischen Behandlung von idiotischen und degenerierten Kindern. (Anmerkung der Übersetzer.)

3 Hier bezieht sich der Methodenbegriff wohl auf Montessoris Beherrschung der empirischen Forschungsmethoden, wie sie diese in den Naturwissenschaften und in der Medizin als „klassisch" kennen gelernt hatte. (Anmerkung der Übersetzer.)

4 Auguste Félix Voisin (1829-1898), französischer Arzt, schrieb eine Reihe bedeutender Arbeiten über Geisteskrankheiten, wirkte am Krankenhaus in Bicêtre, später an dem ebenfalls weltberühmten Hôpital Salpêtrière in Paris, einer psychiatrischen Klinik, an der auch der große Jean-Marie Charcot (1825-1893), der Mitbegründer der modernen Neurologie, tätig war. (Anmerkung der Übersetzer.)

mehr man sich dem Ende der Seite nähert. Das brachte mich auf den
Gedanken, dass der Strich nicht das leichteste und spontanste Zeichen für das Kind ist und folglich nicht die erste Schreibübung darstellen soll. Tatsächlich findet man auch bei normalen Kindern als
spontane Zeichnung niemals eine Reihe von kleinen Geraden; sondern wenn das Kind z. B. mit einem kleinen Stock irgendwelche Zeichen in den Sand malt, sind diese zum großen Teil breitkurvig und
sehr verschlungen, so als lägen dem Kind von Natur aus einfache graphische Zeichen fern. Wenn man dann über die geometrische Gestalt
der Linien nachdenkt, bringt man leicht heraus, dass eine gerade Linie viel schwerer zu zeichnen ist als eine gebogene, weil die Gerade
nur eine einzige Richtung hat und deshalb darin vorbestimmt ist,
während die gebogene Linie jede beliebige Richtung außer der geraden haben kann.

Da geistig behinderte Kinder nur geringerer Aufmerksamkeit fähig
sind, wurde in ihren Schreibheften jener methodische Fehler sehr
deutlich sichtbar, den normale Kinder dank ihrer Intelligenz gut zu
verdecken wussten.

Nachdem also der allgemein gewohnte Anfang mit Strichen ausgeschlossen war und fest stand, dass die spontane Zeichnung des Kindes
mehr komplex als einfach ist, erwog ich, ob es nicht möglich wäre,
den Schreibunterricht unmittelbar vom Alphabet her aufzubauen.
Und um zu erreichen, dass die Kinder die *Form* des Buchstabens besser erkennen könnten, dachte ich daran, die Methode Séguins anzuwenden, jene Methode also, die er benutzte, um im Bewusstsein des
Kindes die *Form* der Gegenstände allgemein zu befestigen, wobei er
die Kinder lange Zeit die Konturen der Gegenstände nachfahren ließ,
wie es die Blinden tun.

Mit diesem Vorgehen hätte man zweierlei erreichen können: erstens, die Form des Buchstabens mit Hilfe des Tastsinns dem Gedächtnis des Kindes besser einzuprägen, zweitens, dadurch unmittelbar die *Schreibbewegungen* vorzubereiten.

Deshalb verfuhr ich folgendermaßen: zuerst ließ ich die Kinder
mit der Fingerspitze die Umrisse der Buchstaben in Schreibrichtung
nachfahren. Dann ließ ich sie in einer zweiten Übung mit Hilfe eines
Holzstäbchens, das wie ein Bleistift gehalten wurde, die Buchstaben
nachziehen. Und von da aus ging ich dann über zum freien Schreiben
eines ganzen Buchstabens auf der Schiefertafel. Als ich diese Methode
den Lehrern mitteilte, ließ ich deutlich werden, dass es wünschenswert wäre, ein sozusagen negatives Alphabetarium zu haben, das an
Stelle des Buchstabens eine Vertiefung hätte, in die das Kind den
zum Nachfahren der Buchstaben verwendeten Stab einführen und

dem Zeichen, oder besser der Vertiefung, in Schreibrichtung folgen könnte. Denn dadurch hätte das Kind einen „materiellen Führer" zur erwünschten Schreibbewegung.

Séguin selbst war, angeregt durch die Schwierigkeiten, welche die geistig behinderten Kinder bei dem Ziehen der Striche hatten, auf eine Reihe von Notlösungen gekommen, darunter auch jene Methode, einen dem Strich entsprechenden Hohlraum aus einem Holzbrett auszukratzen, das man dann auf das Papier legt, damit die Hand des geistig zurückgebliebenen Kindes bei seinen ersten Schreibversuchen eine gute Hilfe hat.

Die von mir zwei Jahre lang bei geistig zurückgebliebenen Kindern angewandte Methode hatte mich zu neuen und außerordentlich erstaunlichen Ergebnissen geführt. Es war mir nämlich geglückt, diese Kinder alle Buchstaben des Alphabets und bald auch Wörter schreiben zu lassen, wobei ich eine solche Form der Schriftzeichen und eine solche Sauberkeit der Hefte erreichte, dass sie mich selbst überraschten. Und meine Überraschung war so groß, dass ich mir überlegte, mit wie viel größerem Erfolg diese Methode bei normalen Kindern angewandt werden könnte.

Da ich tatsächlich Gelegenheit gehabt habe, mich mit der didaktischen Organisation der „Case dei Bambini" zu beschäftigen, habe ich versucht, diese Methode dort anzuwenden. Meine Erfahrung damit hat mir einige Modifikationen nahegelegt, und diese waren geeignet – hier schmeichle ich mir selbst! – ein neues Verfahren, des Schreibenlernens bei normalen Kindern aufzustellen.

Übungen, die auf das Schreiben vorbereiten

Ich gehe von den aus Eisen hergestellten Einsätzen aus, wie sie in dem Lehrgang für manuelle Arbeit am Riformatorio S. Michele in Rom verwendet werden. Aus ihnen habe ich die einfachsten geometrischen Formen ausgewählt (Kreis, Ellipse, Quadrat, Rechteck, Dreieck usw.); ich habe sie nur etwas in den Farben verändert (Rot für den Rahmen, Blau für die eingelegten Formen). Außerdem habe ich in der Mitte der Einlegeform zum besseren Anfassen einen Knopf angebracht.

Diese quadratischen Plättchen von ca. 10 cm Breite sind leicht zu handhaben, und man kann sie gut auf ein Zeichenblatt legen. Das Kind umreißt mit einem Bleistift die geometrische Form, indem es dem inneren Rand des Rahmens entlangfährt; legt man nun den Einsatz auf die mit dem Bleistift gezogene Figur und umfährt ihn außen, wiederholt man dieselbe Zeichnung.

So entsteht auf dem Papier eine einfache geometrische Figur, deren Linien doppelt gezogen wurden. Und damit die beiden Zeichnungen noch besser zur Geltung kommen, werden sie mit verschiedenen Farben nachgezeichnet. (Das Kind war bei den vorhergegangenen Sinnesübungen bereits mit den Einsätzen in Berührung gekommen und war inzwischen gewohnt, die Umrisse der geometrischen Formen mit der Fingerspitze nachzufahren). „Durch diese Übungen lernt das Kind, Linien zu ziehen mit Hilfe einer eisernen Linie, und es gelangt vor allem zu der Idee, dass ein graphisches Zeichen eine Form einschließen kann[5]."

In einer zweiten Phase malt das Kind mit einem Bleistift, der wie beim Schreiben gehalten wird, die geometrische Figur aus, wobei es aufpassen muss, dass es nicht über den Rand hinausfährt.

Am Anfang füllt das Kind die Zeichen gewöhnlich mit den verschiedensten Farben aus, die es frei nach seinem ästhetischen Empfinden auswählen kann. (Anwendung der Übungen des Farbensinnes). Nachdem es die Form zweimal umfahren und sie dann ausgemalt hat, gebraucht es ein und dieselbe Farbe und reproduziert so die Form des Einsatzes als Ganzes. „Durch diese Übung lernt das Kind die freie Führung des Schreibinstrumentes (Bleistift); und zugleich erfasst es noch stärker, dass das graphische Zeichen eine Form einschließen kann (d. h. den Raum abgrenzen, den das Kind ausmalt)".

(Das alles geschieht jedoch, ohne dass das Kind selbst mit freier Hand eine Figur zeichnet, denn *ein Instrument handhaben* und *eine Figur zeichnen* sind zwei ganz verschiedene Dinge, die man deshalb auch getrennt lernen sollte). Solche Zeichenübungen, die zur Vorbereitung des Schreibens dienen, werden auch nach dem Beginn des eigentlichen Schreibunterrichtes fortgeführt.

Das gleichzeitige Erlernen von Lesen und Schreiben

Man gibt dem Kind kleine glatte Kärtchen von quadratischer Form, die genauso groß sind wie jene Rahmen. Auf diese Karten ist irgendein Buchstabe des Alphabets aufgeklebt, der ungefähr so hoch ist wie

---

5 Bei diesem und den folgenden Zitaten handelt es sich um Stellen aus Edouard Séguins Buch „Traitement moral, hygiène et éducation des idiots et des autres enfants arriérés", Paris 1846, ohne dass Montessori die Seitenzahlen nachweist, was sie übrigens auch sonst so gut wie nie tut. (Anmerkung der Übersetzer.)

die geometrischen Figuren der Einsätze (8 cm). Dieser Buchstabe ist aus Schmirgelpapier ausgeschnitten.

Zuerst werden dem Kind gleichzeitig zwei Buchstaben von verschiedener Form vorgelegt, z. B. O und I.

Der Lehrvorgang selbst erfolgt in drei Stufen:

1. Stufe (Der Sinneseindruck durch Sehen und Fühlen)
Wenn die Lehrerin dem Kind die Gegenstände vorlegt, soll sie ihre Tätigkeit und ihre Worte auf das kleinstmögliche Maß beschränken, denn alles Überflüssige würde die Aufmerksamkeit der Kinder vom eigentlichen Zweck, nämlich dem Lernen, ablenken. Die Lehrerin soll also in unserem Fall einfach auf die betreffenden Gegenstände hinweisen und nur sagen: „Das ist O. Das ist I!" Unmittelbar danach soll die Lehrerin den Buchstaben wie beim Schreiben nachfahren lassen und dabei nichts weiter sagen als: „Berühre es, fühle O, fühle I!" Dabei soll sie den Finger des Kindes mitführen, um am Anfang die erwünschte Bewegung zu erleichtern.

2. Stufe (Das Wiedererkennen)
Das Kind soll die Formen vergleichen und erkennen können, ohne sie noch zu benennen. Zu diesem Zweck soll die Lehrerin, wenn das Kind die zwei Figuren auf dem Tisch liegen hat, einfach zu ihm sagen: „Gib mir O, gib mir I!"

Manchmal kommt es vor, dass das Kind vom Hinsehen allein die Figuren nicht unterscheiden kann, während es sie durch das Berühren sofort erkennt; deshalb sollte die Lehrerin das Kind immer, wenn es unsicher wird, auffordern, die Buchstaben zu berühren. Wenn das Kind aber auch dann den richtigen Buchstaben noch nicht herausfindet, soll sie für den Moment nicht weiter darauf bestehen, die Übung zu wiederholen oder fortzuführen.

3. Stufe (Die Sprache)
Nun lässt man das Kind den Vokal benennen. Während die Lehrerin ihm die Karte zeigt, fragt sie: „Was ist das?"

Diese drei Lehrstufen müssen unmittelbar aufeinanderfolgen und sind Teile einer einzigen Lektion.

Die Methode erleichtert das Einprägen der Bilder, denn wenn das Kind bei der ersten Stufe die Figur des Buchstabens *betrachtet* und gleichzeitig *berührt,* prägt sich das Bild gleich durch zwei Sinneseindrücke ein.

Die Methode führt außerdem gleichzeitig zum Lesen und Schreiben, denn während das Kind den Buchstaben betrachtet, bereitet es sich auf das Lesen vor, und indem es ihn berührt, erlernt es die Schreibbewegung.

Wir gehen dann dazu über, Formen darzubieten, die nach Möglichkeit einander ähnlich sind, ohne dass freilich dieser Gesichtspunkt über den anderen die Oberhand gewinnt, nämlich den der Überwindung der graduellen Schwierigkeiten, die bei der Aussprache und Syllabation [Silbentrennung] der Konsonanten auftreten. Ähnlich werden dann die anderen Vokale und Konsonanten vorgelegt, letztere aber ausschließlich durch die phonetisch-syllabische Methode. Wenn man also den Konsonanten vorlegt, muss dabei der *Klang* ausgesprochen werden, niemals der Name. Und unmittelbar danach muss denn ein Vokal angefügt werden, der seine Aussprache im Gesamtklang der so entstehenden Silbe erleichtert. In den drei aufeinanderfolgenden Stufen der Lektion aber muß die Lehrerin den Klang des Konsonanten angehen und sich auf diesen beschränken, ohne ihn durch einen Vokal zu unterstützen.

Diese punktuelle Übung der stummen Aussprache wird der Lehrerin durch die Schwierigkeiten, die das Kind hat, die Mängel oder individuellen Unvollkommenheiten der kindlichen Sprache aufzeigen. Diese Unterrichtsmethode muss nicht durch das ganze Alphabet hindurch angewandt werden, noch ist es notwendig, erst alle Vokale abzuschließen, bevor man zu den Konsonanten übergeht. Es ist im Gegenteil notwendig, gleich weiterzugehen zur Zusammensetzung der *Wörter*, wobei man mit den zweisilbigen beginnt, die das Kind ja spontan zuerst in seiner Sprache gebraucht.

Hier beginnen zwei verschiedene Übungen, die auch zwei verschiedene didaktische Hilfsmittel erfordern; wir haben sie folgendermaßen zusammengestellt:

1. Die Karten zur Vorbereitung der Schreibbewegung
Diese bestehen aus glatten Kartonkärtchen, auf die verschiedene Buchstaben aus Schmirgelpapier aufgeklebt sind. Sie sind geordnet nach der Ähnlichkeit der Form der Buchstaben. An diesen Kärtchen üben sich die Kinder darin, *die Buchstaben in der Schreibbewegung nachzufahren.*

2. Die Kästchen mit beweglichen Buchstaben
Wir haben sehr einfache Kästchen aus Karton gebaut, die Gruppen von Buchstaben enthalten, die wir entweder nach der Ähnlichkeit des

Klanges und der Schwierigkeit der Aussprache oder nach dem Grad
der Möglichkeit, Silben zusammenzusetzen, geordnet haben.

Auf dem Boden jedes Faches ist ein Buchstabe aufgeklebt, und in
dem Fach liegen übereinander mehrere Exemplare des gleichen Buchstabens, die aus farbigem Karton ausgeschnitten sind. Aus diesen beweglichen Buchstaben setzt das Kind auf seiner Bank die Wörter zusammen.

Das Kind soll aus dem Kästchen den Buchstaben, den es braucht,
wählen und nach Beendigung der Übung dorthin zurücklegen. Bei
jedem Wort, welches das Kind zusammensetzt, übt es sich auf diese
Weise dreimal im Erkennen jedes Buchstabens, der zur Bildung des
Wortes notwendig ist, und dabei erscheint die ganze Übung als Spiel.
Durch die Wiederholung solcher Übungen wird das Kind fast unmerklich auf das Schreiben vorbereitet, denn es bilden sich alle dafür
notwendigen Voraussetzungen, bevor sich überhaupt nur ein Wil-
lensakt des Kindes auf das Schreibenlernen richtet.

In der Tat ist es so:

1. Das Kind kennt die Bedeutung der eine Form abgrenzenden
Linie;

2. es verfügt über den Mechanismus der Muskeln, das Schreibin-
strument (den Stift) frei zu handhaben;

3. es kennt die graphischen Zeichen und die jeweilige Bedeutung
der Buchstaben des Alphabets als Darstellung von sprachlichen Klängen, und es kennt auch ihre Zusammensetzung zu Wörtern;

4. schließlich, und das ist hier die fundamentale Erkenntnis, hat
sich das Kind die jeweiligen Bewegungen beim Schreiben des ihm
bekannten Buchstabens eingeprägt und vollzieht sie fast schon mechanisch; und das Gedächtnis für diese Bewegungen hat zweifellos
eine Hilfe in den Tastbildern (Schmirgelpapier), die es ständig verwendet hat.

Das Kind ist auf diese Weise auf das Schreiben vorbereitet worden,
ohne daß es selbst bisher geschrieben hat. Wir können aber sagen, daß
wir im Kind eine große Anzahl von Bewegungen eingeprägt haben,
durch die nunmehr eine motorische Tätigkeit erfolgen kann, die unter Umständen zum Schreiben eines Wortes führt, von dem schon
unzählige Vorstellungen intellektueller Art sich im Kind gebildet haben. Deshalb erwarten wir jetzt von ihm den freiwilligen, spontanen
Ausbruch, der es zum Schreiben führt! Und tatsächlich geschieht es,
daß das Kind, entweder auf Grund eines emotionalen Stimulus oder
durch Nachahmung in einem bestimmten Augenblick eine Kreide
oder einen Bleistift ergreift und *schreibt.* Es schreibt dann ein Wort,
das für das Kind zweifellos einen Begriff darstellt. So gewinnt die

Entwicklung der geschriebenen Sprache bemerkenswerte Ähnlichkeit mit jener der gesprochenen Sprache.

Es gibt in der Biographie des Kindes den Augenblick, in dem es zum ersten Mal geschrieben hat. Erst wenn das Phänomen spontan zu einer Vollendung gelangt ist, d. h. wenn sich im Kind die geschriebene Sprache entwickelt hat, soll die Arbeit der Lehrerin einsetzen, um zu ermuntern und den weiteren Ablauf dieser Entwicklung zu lenken. So kann sie das Kind auffordern, auf die Tafel zu schreiben, kann ihm helfen, die Orientierung der Zeichen im Raum zu finden, die dimensionalen Proportionen der Buchstaben beizubehalten, indem sie horizontale Linien auf die Tafel zieht und zulässt, dass das Kind, das ganz von allein die Lehrerin nachahmt, von sich aus die Linierung vorbereitet, die zum regelmäßigen Schreiben notwendig ist.

Wenn das Kind beim Schreiben nicht das richtige Zeichen für den Klang, den es ausdrücken will, findet, oder die Form des Buchstabens mangelhaft ausfällt, soll die Lehrerin eingreifen, aber nur, um die Aufmerksamkeit des Kindes wieder auf das Zeichen zu lenken oder um ihm den Rat zu geben, noch einmal die notwendigen vorbereitenden Übungen zu wiederholen (d. h. den Buchstaben auf dem Karton erkennen und berühren). Wenn das Kind ausreichende Sicherheit im Schreiben erreicht hat, kann ihm die Lehrerin ein liniertes Heft und einen Stift und nach einiger Zeit Tinte und Feder anbieten, aber nur, wenn sie sich gewiss ist, dass das Kind klar und richtig schreiben können wird.

Weitere Erläuterungen über unsere Methode

Die Erfahrung hat unsere Methode fest begründet, die Erfahrung hat auch ihre überraschende praktische Effektivität gezeigt. In der Tat, das Kind wird zum Schreiben geführt durch eine Reihe von unterhaltsamen Übungen und Spielen, die sich als sehr geeignet erwiesen, die Aufmerksamkeit und das Interesse des Kindes wachzurufen und sogar noch zu steigern. Wir können sagen, dass wir alles ausgeschaltet haben, was bisher an mühsamer Anstrengung und Langeweile beim Erlernen der geschriebenen Sprache erforderlich war. Und außerdem glauben wir, dass es uns gelungen ist, neben den unnötigen Anstrengungen den Kindern auch eine beträchtliche Menge Zeit zu ersparen; denn bei einer Gegenüberstellung waren unsere Kinder, obwohl sie jünger waren, den Kindern der ersten Klasse weit überlegen, und zwar sowohl im Hinblick auf die aufgewendete Zeit als auch hinsichtlich der Vollkommenheit der geschriebenen Zeichen und der Schnelligkeit beim Lesen.

Außerdem meinen wir, eine Methode erprobt zu haben, mit der man in einem früheren Alter das Schreiben lernen kann, als es gewöhnlich angesetzt wird.

Tatsächlich werden von unseren vorbereitenden Zeichenübungen, die noch viel leichter sind als die von Fröbel empfohlenen, und von unseren Spielen mit den beweglichen Buchstaben, aber ebenso auch von den attraktiven Übungen, die rauen Buchstaben auf der glatten Unterlage zu berühren, die vierjährigen Kinder spontan angezogen.

Wir werden wohl – und das erscheint bemerkenswert – das Erlernen des Alphabets zeitlich vorverlegt haben.

Dass unsere Methode in kürzerer Zeit ihr Ziel erreicht, ist leicht zu erklären, wenn wir an die Reihenfolge jener Tätigkeiten denken, die das Schreiben vorbereiten.

Wir haben diese Tätigkeiten analysiert und lehren jede von ihnen gesondert und intensiv, z. B. die Führung des Schreibinstrumentes und die zum Schreiben eines Zeichens notwendige Muskelbewegung. Nun, wenn man bei den herkömmlichen Methoden dem Kind die gleichzeitige Ausführung dieser zwei Tätigkeiten abverlangt, indem es sie zu gleicher Zeit lernen soll, werden gleich zwei Kraftanstrengungen erfordert, die nicht in direktem Zusammenhang miteinander stehen; denn einfach die Hand in Schreibrichtung zu bewegen, erfordert die synergische Koordinierung von Muskelgruppen, die von jenen verschieden sind, die beim mechanischen Handhaben des Schreibinstrumentes von Seiten der Finger betätigt werden.

Die komplexe Koordinierung solcher Bewegungen ist deshalb mühsamer und weniger vollkommen. Außerdem liegt die Anzahl der gesamten Übungen, die in der herkömmlichen Methode durchgeführt werden, weit unter der Zahl jener, die durch unsere analytische Methode gleichzeitig durchgeführt werden. Tatsächlich hätten die Zeichen, die sich beim Ausmalen der geometrischen Formen ergeben (Handhabung des Schreibinstruments), und die ständig wiederholten Bewegungen beim Berühren der Buchstaben unter der Führung eines taktilen Stimulus ganze Seiten gefüllt, wenn man sie hätte als graphische Schriftzeichen sammeln können. Deshalb haben wir durch Analyse der Bewegungen die Übungen zugleich vereinfacht und vervielfacht. Die psycho-sensorialen Vorstellungsbilder sind ebenfalls durch unsere Methode vervielfacht worden, indem wir nämlich bei jeder Übung mehrere Sinne beteiligten; so haben wir z. B. das Seh- und Tastvermögen mit der Darstellung der graphischen Zeichen verbunden.

Aber was noch direkter zum Ziel führt und sozusagen die Grundlage der Methode darstellt, ist die direkte Vorbereitung der Schreibbewegung, einer Bewegung, die in der herkömmlichen Methode die lange und mühsame Anstrengung der Hand erfordert, wenn sie das nachahmen soll, was das Auge sieht, während doch zwischen der visuellen Wahrnehmung (Buchstabe) und der motorischen Tätigkeit (Schreiben) keine direkte zentrale Beziehung besteht, wie sie z. B. schon immer erbmäßig zwischen der gehörten und der gesprochenen Sprache existiert.

Was die Anwendung unserer Methode in einem Alter betrifft, das vor dem bisher aus pädagogischer Gewohnheit für das Erlernen der geschriebenen Sprache als geeignet angesehenen liegt, und was auch immer scheinbar im Gegensatz zu den bisher aufgestellten Kriterien stehen kann, so glauben wir, doch versichern zu können, dass die Erfahrung sehr deutlich den Erfolg erwiesen hat.

Man müsste sich aber noch die Frage vornehmen, ob die geschriebene Sprache selbst den Anforderungen des kindlichen Alters entgegensteht oder nur die Schwierigkeiten, die eine vielleicht zu rationale Methode erst schafft. Nach unserer Erfahrung hat sich in der Mehrheit der Fälle das Alter von vier Jahren als günstig erwiesen, mit der Schreiberziehung zu beginnen. Wenn wir bedenken, dass das normale Kind mit drei Jahren die Ausbildung der gesprochenen Sprache nahezu beendet hat, würde zwischen diesem Zeitpunkt und jenem, der günstig für die Entwicklung der geschriebenen Sprache ist, ein Jahr liegen; dieses könnte wirksam für die Entfaltung der Sinne und der gesprochenen Sprache verwendet werden. Wenn dann das Kind vier Jahre alt wird, ist es schon geschickt genug, verschiedene Gegenstände (Erziehung der Sinne) zu erkennen und auf Grund einer entsprechenden Erziehung daran gewöhnt, die Klänge der menschlichen Sprache gut zu unterscheiden und die wichtigsten Bewegungen der Stimmbildungsorgane (Erziehung der Sprache) auszuführen. In eben dieser psychologischen Periode aber, in der das Kind durch seine Neugierigkeit, die so charakteristisch für dieses Alter ist, zur höheren Erziehung drängt, kann es beginnen, die gehörte (phonetische) Sprache durch die geschriebene zu vervollständigen. Ich würde sogar behaupten, dass es das nicht nur kann, sondern auch tun *muss*, weil dadurch seiner seelischen Entwicklung auf vernünftige Weise geholfen wird.

Nun bietet unsere Methode dem Kind eine Reihe von Gegenständen, die von denen, die das Kind schon von seinen Spielen her kennt, nicht allzu verschieden sind. Das Erkennen, die Wahl und das Ordnen der Buchstaben in den Kästchen sind für das Kind ebenfalls unterhaltsame Übungen, die auch sein psychisches Leistungsvermögen keineswegs übersteigen. Gerade durch solche Übungen, bei denen es diese Dinge benennt, analysiert, vervollkommnet, verfestigt oder korrigiert das Kind die eigene gesprochene Sprache. Man kann daher behaupten, dass diese Reihe von Schreibspielen ein praktisches und wirksames Mittel darstellt, die im vorhergegangenen Jahr begonnene Spracherziehung zu ergänzen und die notwendige Vervollkommnung weiterzuführen. Über die Zusammensetzung der Wörter, die durch das bewegliche Alphabet sowohl in ihren graphischen Zeichen als auch in ihren Klängen analysiert worden sind, kann man sagen, dass sie in diesem Alter dieselbe Funktion erfüllt, welche die Mathematik auf den Geist des Erwachsenen ausübt.

Sie erfordert die Aufmerksamkeit des Kindes in einer besonderen Intensität, weil aus dem zusammengesetzten Wort eine Idee hervorgeht; und die Zeichen, mit deren Hilfe das Kind es zusammensetzt, könnten in ihrer Wahl und ihrer Stellung verglichen werden mit den Größen einer Aufgabe oder mit den Gliedern einer Gleichung, durch die der Erwachsene in der Lösung oder der Darlegung unbekannte und neue Ergebnisse erhält, von denen er fühlt, dass sie aus der Arbeit seiner eigenen Intelligenz hervorgegangen sind. Und es ist gerade diese gestellte und auch gelöste Aufgabe, die das Kind so sehr begeistert, wenn es sich durch unsere Methode mit der Bildung der Wörter beschäftigt. Wenn dann das Kind das Lesen und Schreiben gelernt hat, hält es in seinem Geist viel besser die Ideen fest, die in gewisser Weise seine Sprache konkretisieren, welche mehr als die gesprochene Sprache an die realen Dinge gebunden und auch eher geeignet ist, den Vorstellungen des Kindes zu folgen.

Wenn also das Erlernen der geschriebenen Sprache wie bei unserer Methode auf ein angenehmes Spiel reduziert wird und wenn alle materiellen Schwierigkeiten dabei eliminiert werden, nimmt man eine überaus bedeutsame Aufgabe sowohl hinsichtlich der Entfaltung der Sprache als auch hinsichtlich der gesamten psychischen Entwicklung des Kindes in Angriff. Und vielleicht werden die kommenden Generationen unsere Behauptung als wahr erweisen, indem sie ihren überraschenden Erfolg auf die Probe stellen.

3. Grundbegriffe

a) Der absorbierende Geist (1949)

Der folgende Text gibt den dritten von vier Vorträgen wieder, die Maria Montessori auf dem Achten Internationalen Montessori-Kongress gehalten hat, der vom 22. bis zum 29. August 1949 aus Anlass ihrer endgültigen Rückkehr nach Europa in San Remo stattfand und unter dem anspruchsvollen Rahmenthema „La formazione dell'uomo nella ricostruzione mondiale" (Die Bildung des Menschen angesichts der Neugestaltung der Welt) stand. Montessoris Anliegen war es dabei, eine Summe ihres pädagogischen Denkens, ihrer Forschungen und ihrer Erfahrungen zu ziehen und ihre Erkenntnisse für einen Neuaufbau der Welt nach den Schrecken des Zweiten Weltkriegs fruchtbar zu machen. Ihre Botschaft vom Kind als „Heiland" der Welt verdichtet sich vor allem in diesem dritten ihrer vier Vorträge. Der schöpferische Geist des Kindes absorbiert instinktiv seine Umgebung und offenbart sich auf diese Weise als „älter" denn die Erwachsenen – heute ebenso wie früher. Seine Ontogenese wird bestimmt von uranfänglichen natürlichen „Befehlen", die jenseits von Zeit und Raum gründen. So wie das Kind der vorgeschichtlichen Zeit die „Spuren" seiner Altvorderen absorbiert hat, nimmt es heute jene seiner Zeitgenossen auf. Die Aufgabe der Erziehung besteht folglich darin, diejenigen „Eindrücke" zu ermöglichen, die für das Kind jene gesunde Nahrung darstellen, die es für seine normale und ungestörte Entwicklung bedarf. Man könnte also sagen, dass es nicht so sehr notwendig ist, das Kind zu kennen, als vielmehr zu wissen, wessen es zu welchem Augenblick seiner Entwicklung natürlicherweise bedarf. Das dürstende Kind trinkt – um es in einem Bilde zu sagen – das Wasser, das es in seiner Umgebung vorfindet. Ob dieses Wasser rein, verschmutzt oder gar vergiftet ist, liegt an den Erwachsenen. Von der Art der Nahrung, die wir ihm anbieten, hängt ab, wer es werden wird – ein friedliebender oder ein kriegerischer, ein wohlwollender oder ein hasserfüllter, ein roher oder ein kultivierter Mensch. In einer dem Kongress voran geschickten Botschaft schrieb Maria Montessori: „Die Kinder sind ihrer Natur nach weder Faschisten, noch Bolschewisten, noch Demokraten. Sie werden mehr oder weniger das, was die umgebenden Verhältnisse ihnen darbieten." Übersetzung aus dem Italienischen von Sandra Ellena.

Instinktiv neigen alle Menschen, von den bescheidensten und einfachsten bis hin zu den intelligentesten und höchst gebildeten, spontan dazu, die Natur zu bewundern, ihre eindrucksvollen Phänomene zu beschreiben, ihre Gesetze zu erkunden; das Gleichgewicht der Sterne am Himmel, die harmonische Blumenpracht, die Intelligenz der Insekten sind Gegenstand von Dichtung und Meditation.

Alle diese wunderbaren Dinge sind Ausdruck jener gewaltigen Macht, die das Universum lenkt und leitet, und sie wecken in uns tiefe Emotionen und beflügeln unseren Geist. Die Schauspiele der Natur und aller ihrer geheimnisvollen und vollkommenen Gesetze haben berühmte Wissenschaftler zu Poeten werden lassen und sind der Quell lyrischer Inspiration für Dichter und Künstler geworden. Es ist deshalb unverständlich, dass die wunderbare schöpferische Kraft des Kindes so lange nicht beachtet worden ist. Der Mensch, über alle anderen Kreaturen erhaben, ist lange *das unbekannte Wesen* geblieben. Das Kind, ausgerechnet das kleine Kind, dessen Schwäche uns rührt, dieses Kind, das lange Zeit außerhalb unserer Lebensvorstellungen stand, bietet uns den Schlüssel, mit dem wir zu dieser Erkenntnis gelangen können.

Ich möchte einige Worte verwenden, um auf die Manifestationen und Phänomene hinzuweisen, die uns von dem wunderbaren Wesen des Kindes überzeugen können; ich werde Ihnen nur so viel sagen, wie nötig ist, um eine Orientierung für die Erforschung der Kindheit zu geben und das Problem seiner Erziehung aufzuwerfen.

Die modernen Psychologen bemerkten und bestätigen, dass diese Manifestationen keineswegs verborgen, sondern offenkundig sind. Es ist jedoch eine Tatsache, dass sie der Mensch in seiner Blindheit und in seinem Hochmut bisher ignoriert hat und der Offenbarung der Größe des Kindes fast gleichgültig gegenüberstand. Ich habe in diesem Zusammenhang bei den Menschen eine beinahe mysteriöse Verhaltensweise festgestellt, eine Blindheit, die fast schon ein Fluch zu sein scheint.

Heute jedoch lassen Ergebnisse von Studien, die über die frühe Kindheit angestellt wurden, keinerlei Zweifel mehr zu. Was den psychischen Bereich angeht, so hat man erkannt, dass die ersten beiden Lebensjahre besonders wichtig sind, weil das Kind in jener Lebensphase vom Zustand der Unwissenheit und eines fehlenden Wahrnehmungsvermögens (*insensibilità*) nach der Geburt zur Vollendung seiner vitalen Fähigkeiten gelangt. Um einen praktischen Vergleich anzuführen, könnte man sagen, dasselbe geschehe mit einem armen und bedürftigen Menschen, der von der Mittellosigkeit zum Besitz vieler Reichtümer gelangt und zum Millionär wird.

Es ist jedoch offensichtlich, dass der Übergang vom Nichts, von der Passivität unmittelbar nach der Geburt zum Erwerb der geistigen und körperlichen Fähigkeiten des zukünftigen Menschen nur ein erster Schritt ist; man muss auch an die Nutzung dieser Kräfte und an ihre Entwicklung denken. Diese ersten Entwicklungsjahre des Kindes sind von größter Wichtigkeit für die Prägung des Menschen, für seine Evolution, denn sie stellen einen Schatz von Energien und Fähigkeiten dar, denen man notwendigerweise zu ihrer gesunden Ausbildung verhelfen muss, damit sie nicht in falsche Bahnen geraten und irreparable Schäden erleiden.

Bekanntlich entstehen in dieser Lebensphase sowohl die positiven als auch die negativen Eigenschaften, die dann in ihrer Gesamtheit den späteren Erwachsenen ausmachen.

Die moderne Psychologie und vor allem die Psychoanalyse, derzeit eine Modewissenschaft, hält sich an die Methode, Nachforschungen in der Seele des Erwachsenen anzustellen, wobei sie, so könnte man fast schon sagen, eine Sonde verwendet, um die tiefgründigen Ursachen in der fernen Kindheit aufzuspüren, die seine gegenwärtigen Charakterfehler, seine Störungen, seine physischen und psychischen Unausgeglichenheiten ausgelöst haben.

Um den Menschen zu heilen, gedachte man also zu untersuchen, wie er als Kind gewesen ist, denn im Kinde bilden sich jene Defekte heraus, welche die Persönlichkeit des Erwachsenen fast immer unwiederbringlich schädigen.

Die moderne Wissenschaft hat das bestätigt, was ich schon seit vielen Jahren immer wieder bekunde, dass man nämlich den Erwachsenen nur verstehen und ihm helfen kann, wenn man die Fähigkeiten des Kindes erforscht, welches geradezu einen vitalen und dynamischen Nukleus darstellt. Eine gründliche Untersuchung des Problems verdeutlicht uns natürlich die Notwendigkeit, genau umgekehrt vorzugehen wie bei dem soeben angesprochenen Verfahren.

Es ist stets gesagt worden, dass die Menschheit dem Kind zu helfen habe, jenem schwachen Wesen ohne Intelligenz und bar aller Kräfte. Wir aber sind der Meinung, dass sich die Menschheit dem Kind zuwenden muss, um sich von ihm helfen zu lassen, um sich zu orientieren, um den richtigen Weg zu finden. Nur das Kind kann der Menschheit dabei helfen, eine große Menge sozialer und individueller Probleme zu lösen.

Das Kind ist nicht arm und schwach; das Kind ist der Vater der Menschheit und der Zivilisation, es ist unser Lehrer, auch was seine eigene Erziehung betrifft. Dies ist keine maßlose Überbewertung der Kindheit; es ist eine große Wahrheit.

Es ist schwierig, in der Unmenge von Dingen eine Wahrheit zu erkennen, aber wenn es uns gelingt, sie herauszufinden, sind wir von ihrem Licht geblendet. Nun habe ich gerade im Kind dieses Licht entdeckt, das für die ganze Menschheit von Bedeutung ist.

Betrachten wir einen Moment lang das Wunder der Geburt und der Präsenz des Kindes im Leben der Familie. Unmittelbar nach der Geburt ist das arme Menschenkind ein Nichts, es ist sogar den Jungen der höheren Tiere unterlegen. Denn neu geborene Zicklein und Kälber können schon laufen, herumrennen, die Mutter erkennen, deren Stimme und Sprache nachahmen. Das Menschenjunge aber ist stumm und versteht die Erwachsenen um es herum nicht. Auch wenn wir uns ihm mit allen uns zu Gebote stehenden Möglichkeiten mitteilen wollten, so wäre es nicht imstande, uns zu verstehen, weil es noch nicht über die Sprache verfügt, und selbst wenn es über sie verfügte, könnte es sich uns nicht verständlich machen, weil es kein Gedächtnis hat.

Lange Zeit kann sich das Menschenjunge nicht bewegen, kann nicht einmal den Kopf heben und ist deshalb nicht nur geistig, sondern auch körperlich eingeschränkt; die Erscheinung des Menschen in der frühen Kindheit ist dramatisch.

Die Biologen fragen sich nach einer möglichen Bedeutung dieser langen Handlungsunfähigkeit in der frühen Kindheit. Es ist wahrscheinlich, dass sie eine biologische und eine kosmische Funktion hat; mit Sicherheit verfolgt sie einen Zweck. Es ist nicht denkbar, dass sie sinnlos wäre. Es liegt also auf der Hand, dass, falls diese erste Lebensphase des Menschen eine Funktion besitzt, diese auf jeden Fall von fundamentaler Bedeutung sein muss.

Die moderne Wissenschaft deutet heute die Kindheit aus dieser Perspektive. Auf der ganzen Welt widmen sich Ärzte, Biologen und Erzieher mit Hingabe der Lösung dieses Problems, um das Kind verstehen zu können. Nicht in physischer Hinsicht, denn sein kleiner Körper verbirgt keine Geheimnisse mehr, da man ihn schon seit langem erforscht, genauestens misst und ihn in jeder Hinsicht behandelt. Es ist die psychische Existenz des Kindes, die noch unbekannt ist, eine Existenz, die sich schrittweise in einer spontanen Schöpfung entwickelt. Dieses schöpferische Vermögen des Kindes ist beeindruckend und faszinierend. Es ist höchst interessant, das Kind in seiner Entwicklung und in seiner Evolution zu beobachten, und zwar mit dem Ziel, die Entstehung des großen geistigen Potentials zu verstehen und fassbar zu machen, welches den Menschen dann in seiner vollendeten Reife kennzeichnet.

Zwei Beispiele sollen genügen, um dies zu verdeutlichen: das Phänomen der Bewegung und das der Sprache.

Das Kind bewegt sich immer ein wenig mehr, als erwachte es langsam zum Leben. Die Hände beginnen, sich für die Arbeit zu regen, die Füße zum Laufen. Gerade wie ein Schlafender, der langsam aus dem Schlummerzustand auftaucht. Noch außergewöhnlicher ist das Erlernen der Sprache. Alle Kinder können im Alter von zwei Jahren sprechen, und wenn dies nicht so wäre, wären selbst die schlichtesten und einfältigsten Mütter besorgt, denn dies ist ein Naturvorgang. Wie aber kann es einem Kind gelingen, im Alter von zwei Jahren zu sprechen? Die Psychologen untersuchen dieses so komplexe Phänomen mit großer Aufmerksamkeit. Das Kind spricht die sogenannte Muttersprache, und nach zwei Jahren vermag es nicht nur Laute zu bilden, sondern auch die Grammatikregeln einzuhalten, ohne die man einen Gedanken nicht ausdrücken kann. Es handelt sich um eine spontane Tätigkeit, die geistiges Handeln voraussetzt und uns zeigt, dass das psychische Leben des Kindes in dieser Phase sehr rege ist.

Die Sprache ist das Ergebnis einer Leistung, welche die Menschen im Laufe von Jahrtausenden vollbracht haben, indem sie bestimmten Lauten besondere Bedeutungen zuordneten, um sich untereinander zu verstehen; so haben sie durch ein gemeinsames Einverständnis eine stabile Form gegenseitiger Verständigung geschaffen. Die Sprache ist also ein Ergebnis der Übereinkünfte von Menschen, die derselben Gruppe angehören.

Das Kind lernt das Sprechen, indem es der Sprache der Erwachsenen und der Kinder, die dieses Ausdrucksmittel bereits erworben haben, lauscht.

Während sich seine Psyche strukturiert, gibt es die Laute sowie alle sprachlichen Besonderheiten der Gruppe wieder, zu der es gehört; Besonderheiten, die bisweilen sehr komplex sein können, wie es zum Beispiel beim schwierigen Satzbau des Deutschen der Fall ist. Das Kind eignet sich mit Leichtigkeit diese so komplizierten Dinge an, die den Erwachsenen höchste Anstrengungen abverlangen, wenn sie sie lernen müssen; noch bemerkenswerter ist die Tatsache, dass das Kind auf andere Weise lernt als die Erwachsenen: es lernt die Dinge *auf unauslöschliche Weise*, oder besser gesagt: *es absorbiert* sie.

Es ist möglich, sich eine Nation von Analphabeten vorzustellen; dass es aber ein Land von Stummen geben könnte, ist undenkbar. Alle Kinder lernen zu sprechen, weil die Sprache sich im Kind festigt. Mit dem Erwerb der Sprache gestaltet und bildet das Kind in sich selbst den zukünftigen Menschen. Das Wissen, welches sich das Kind später aneignet, setzt sich in seinem Geist nicht auf solch dauerhafte Art fest wie jene Sprachkenntnisse, die es in den ersten beiden Lebensjahren erworben hat, jener Phase also, die so überaus bedeutend und wesentlich für die Formung des Menschen ist.

Man berücksichtigt diesen Gesichtspunkt, der uns eigentlich zum Nachdenken bringen sollte, nicht in ausreichendem Maße. Die Kinder im Römischen Reich sprachen Latein, jenes Latein, das die Schüler von heute sich mit viel Mühe aneignen müssen und das sie häufig fast nicht zu erlernen vermögen. Die Kinder im Alten Rom hingegen sprachen es wie selbstverständlich und beherrschten seine Laute, die wir heute nicht mehr kennen. In Indien sprach man eine äußerst komplexe Sprache, die sich unsere heutigen Gelehrten nur nach langen Jahren eines mühsamen Universitätsstudiums aneignen können: das Sanskrit. Vor Jahrtausenden sprachen es in Indien die kleinen Kinder, auch jene, die in Armut und Elend lebten, fließend und im alltäglichen Leben. Diese Tatsache erscheint fast wie ein Wunder. Aber wir können sie verstehen, wenn wir uns vor Augen halten, dass die Kinder eine andere Geistesform besitzen als die Erwachsenen, eine völlig unterschiedliche Psyche, die mit einem Höchstmaß von Kraft und Feinfühligkeit ausgezeichnet ist, mit Fähigkeiten, die ihm ein unbewusstes schöpferisches Handeln ermöglichen. Ich habe dieser Geistesform den Namen „absorbierender Geist" gegeben. Der Verstand des Kindes nimmt die Dinge jedoch nicht auf wie ein Schwamm das Wasser, der dieses später wieder abgibt; der Geist des Kindes absorbiert auf endgültige Weise, und dadurch erschafft er den Charakter des Menschen.

Der kindliche Verstand nimmt die Dinge aus seiner Umwelt auf und inkarniert sie in sich selbst. Und dies geschieht nicht aufgrund einer Erbanlage, sondern kraft eines schöpferischen Potentials des Kindes. Alle Kinder dieser Erde folgen dieser Gesetzmäßigkeit auf dieselbe Art und Weise, mit derselben Intensität und derselben Kraft. Diese schöpferische Fähigkeit ist nicht das Vorrecht einer bestimmten Rasse, sondern wohnt der Natur des Kindes inne.

Und dies ist der entscheidende Punkt: die psychischen Merkmale, die heutzutage die Menschheit teilen, die Menschen voneinander abgrenzen und viele Kämpfe und Kriege verursachen, sind zwar sehr starr und stabil, aber sie sind nicht unabänderlich; denn es ist das Kind, das sie erst schafft.

Und weil wir die Möglichkeit haben, das Kind zu führen (*guidare*), ist es augenscheinlich, dass die Formung des Menschen in unseren Händen liegt: auf diesem Weg sind wir in der Lage, einen künftigen Weltbürger heranzubilden. Die Erforschung des kleinen Kindes ist deshalb von fundamentaler Bedeutung für den Fortschritt und für den Frieden der Menschheit.

Aber das Kind absorbiert die Dinge nicht durch Zufall; es besitzt selbst einen gestrengen Führer. Es befolgt konstante Gesetze, die nicht nur die Tatsache seiner Entwicklung determinieren, sondern auch die Zeit, in der diese normalerweise verläuft. Im Alter von zwei Jahren beispielsweise sprechen alle Kinder, das schwarze, das indische, das europäische Kind; sie sprechen Englisch, Italienisch, Deutsch oder die indische Sprache. Und anscheinend gibt es dabei keine Lehrer und keine Lehrpläne, denen es zu folgen hätte, und es gibt auch keine Prüfungen. Der unsichtbare Lehrer lässt den Schülern sein Wissen zukommen, ohne dass diese sich dessen gewahr werden; zu einem bestimmten Zeitpunkt unterzieht er sie Prüfungen und „versetzt sie" weiter, ohne dass sie sich dessen bewusst werden. Das ist geradezu wunderbar. Erlauben sie mir, einen ungewöhnlichen, fast schon komischen Vergleich anzuführen. Stellen wir uns vor, wir befänden uns in einer anderen Welt, in der alle Menschen denselben Wissensstand haben und sich in dem gleichen geistigen Entwicklungsstadium befinden. In diesem Volk, das äußerst gebildet ist, findet sich kein einziger Ignorant. Auf unsere Frage: „Welche Lehrer habt ihr in euren Schulen?" könnten die Bewohner dieser Welt antworten: „Wir haben weder Schulen noch Lehrer: das Wissen fließt in uns hinein, ohne dass wir dessen gewahr werden, einfach indem wir leben. Manchmal leuchtet ein Schimmer des Bewusstseins auf, beinahe wie ein kleiner Stern, der uns erleuchtet, und so erfreuen wir uns daran, alles zu wissen". Was ich ihnen bis jetzt vorgetragen habe, mag ihnen wie ein Märchen vorkommen, eine Phantasterei, aber es ist Wirklichkeit, die Wirklichkeit des kindlichen Geistes.

Im Alter von sechs Jahren ist das Kind ein wundersames Phänomen. Es weiß viele Dinge; es verfügt bereits über die Ordnung und Logik der Grammatik; es beherrscht auf perfekte Weise die Regeln der Sprache, derer sich ein Erwachsene mit vielen Schwierigkeiten bemächtigen muss, wenn er eine fremde Sprache lernt. In dieser Lebensphase reichert das Kind seinen Geist mit einer unermesslichen Menge an Wörtern an. Das Kind absorbiert die neuen Wörter mit Begeisterung: es bedarf ihrer, sein Geist hungert danach. Und je schwieriger und fremdartiger das Vokabular ist, desto leichter nimmt er es auf, wie zum Beispiel: Teleskop, Aeroplan, Trapez. Normalerweise bemühen sich die Erziehenden, mit leicht verständlichen Worten zu den Kindern zu sprechen und vermeintliche Hürden in Gestalt von weniger gebräuchlichen Vokabeln zu vermeiden. In Wirklichkeit aber gibt es für die Geistesform des Kindes „Leichtes" und „Schwieriges" überhaupt nicht. Für das Kind ist alles gleich. Nur indem es lebt, lernt es, oder besser gesagt, absorbiert es alles, was sich seiner Aufmerksamkeit darbietet, allem voran „neue Dinge". Beispielsweise ziehen insbesondere neue Automarken, neue Flugzeugtypen seine Neugier an und stimulieren seinen Beobachtungsgeist: viel besser als ein Erwachsener vermag es genau und deutlich eine Marke von der anderen, einen Bautyp vom anderen zu unterscheiden, und zwar lediglich, indem es diese auf der Straße vorbeifahren oder am Himmel vorbeischnellen sieht.

Das Kind begeistert sich auf höchste Weise für die neuen kulturellen Errungenschaften: es selbst wird zu einer Art Bindeglied, quasi zu einer Treppenstufe, welche die verschiedenen Ebenen des menschlichen Fortschritts zugänglich macht, zu einer Straße, welche die Vergangenheit und die Zukunft zusammenfügt. Die Evolution der Menschheit läuft unaufhörlich weiter: und eines der Beispiele dafür ist die Sprache. Die Kraft und die Größe des Menschen liegt gerade in der Fähigkeit, sich fortzuentwickeln und eine Kultur heranzubilden, die auf ihrem Weg zu immer vollkommeneren Formen niemals stehenbleibt.

Aber diese Fähigkeit, der die moderne Welt ihre Errungenschaften verdankt, hat ihren Ursprung im Kind, das keine Schwierigkeit kennt, das, wie ich bereits gesagt habe, aus seiner äußeren Umwelt alles, was es finden kann, *absorbiert*, indem es den natürlichen Gesetzen seiner Entwicklung folgt, und das die so verinnerlichten Elemente zu einem Menschen formt: den Schöpfer unserer heutigen Kultur, die so reich ist an vergangenen und gegenwärtigen Erfahrungen. Die Bewohner der östlichen Welt, vor allem die Hindus, versuchen diesen vitalen Prozess, dieses wunderbare Phänomen zu erklären, indem sie auf den religiösen Glauben an die Wiedergeburt zurückgreifen: sie sind der Ansicht, dass der Mensch viele Leben durchlebt und so die Erfahrung und die Weisheit seiner Vorgänger und Ahnen in sich anhäuft. Ansonsten könne man, so sagen sie, nicht erklären, wie es einem Kind in den wenigen Jahren seiner Kindheit gelingt, diese gesamte Wissensfülle in sich aufzunehmen, welche ihrerseits das Ergebnis einer sehr alten Kultur ist. „Das Kind hat eine alte Seele, die bereits Tausende von Malen wiedergeboren wurde. Deshalb ist ihm nichts neu", so sagen sie.

Tatsache ist, dass dieses Phänomen, welches ich den „absorbierenden Geist" nenne, in der östlichen Welt vielleicht mehr als bei uns Anlass für zahlreiche Studien und Reflexionen gegeben hat.

Die Feststellung, dass ohne das Kind, ohne dieses kleine, schwache und schutzlose Wesen, der kulturelle Fortschritt der Menschheit zum Stillstand kommen würde, ist sicher beeindruckend.

Wir müssen deshalb das Kind ehren, es genau beobachten, denn nur in ihm werden wir das Geheimnis finden, mit dem wir die schwierigsten Probleme der Menschheit lösen können, den Wegweiser, um jene Wunder zu entdecken, die unter dem Mantel Jahrtausende alter Mysterien verborgen sind.

Es besteht jedoch ein großer Unterschied zwischen unserer Art und Weise, die Wirklichkeit des Kindes und sein schöpferisches Vermögen zu beurteilen, und der Haltung der östlichen Menschen, die zwar die Großartigkeit dieses Phänomens anerkennen, aber dessen Verdienst nicht dem Kind zuschreiben.

Für uns Bewohner der westlichen Welt ist dieses Schauspiel lange Zeit unbeachtet geblieben. Dieser vitale Prozess der Absorption und der Schöpfung, der sich in der frühen Kindheit vollzieht, schien ein ganz natürliches Phänomen zu sein, das den Gesetzen der Vererbung zugeschrieben werden musste; man ahnte nicht, dass das Kind in einem aktiven Prozess, der sich bald nach seiner Geburt in Gang setzt, mit Hilfe verborgener Energien seine Persönlichkeit selbst erschaffen kann..

In diesem schöpferischen Entwicklungsphänomen offenbart sich die Macht Gottes, der dem Neugeborenen den Anschein von Schwäche geben wollte, es aber mit allmächtigen übermenschlichen Energien begnadet hat.

In dieser Hinsicht ist das Kind das Instrument Gottes zur Evolution der Menschheit und nimmt damit in den Augen des Erziehers eine Gestalt von Würde, Güte und göttlicher Weisheit an. Es spricht nicht und kann sich deshalb nicht mit den anderen verständigen, aber es lebt und erschafft durch sein Leben die Psyche des Menschen nach einer durch die Jahrhunderte treu befolgten Methode, indem es nämlich seine Entwicklung schrittweise vollzieht, mit immerwährenden konstanten Etappen, in einem Prozess, der in allen Teilen der Welt genau gleich abläuft, in den Hütten der Wilden und in den Palästen der Herrschenden. Es unterweist die Menschheit durch eine universale und permanente Lehre, in der man bedeutsame Wesenszüge finden kann, die von großer Wichtigkeit für den Fortschritt der Menschheit sind.

Wer auch immer einen neuen Weg sucht, um die Menschheit auf eine höhere Ebene zu führen, muss sich an das Kind halten wie an einen neuen Lehrer und Lichtbringer. Als einen solchen haben wir das Kind erkannt und als einen solchen verehren wir es.

Ich werde nicht müde, diese große Wahrheit zu wiederholen und alle jene, denen die Sorge für das Kind obliegt, aufzufordern, es nicht in ein Gefängnis einzuschließen, weil man von der falschen Vorstellung ausgeht, es schützen zu müssen, da es klein und schwach ist, und so jegliche Lebensenergie in ihm erstickt. Man muss es vielmehr freilassen, damit es alles absorbieren und aufnehmen kann, was ihm für seine psychische Existenz nützt, damit es alleine seine Entwicklung, seine Evolution verwirklichen kann.

Zu diesem Thema hätte ich Ihnen noch unendlich viel zu sagen. Da unsere Zeit begrenzt ist, kann ich Sie nur noch auf einige wesentliche Dinge hinweisen.

Die kleinen Kinder in unseren Montessori-Einrichtungen (*scuole montessoriane*)[1] zeigen spontane Verhaltensregungen, Dinge zu tun, die wir sie nie gelehrt haben und deren wir sie nicht für fähig gehalten hätten. Und hier haben wir in der Tat den Beweis für eine geheimnisvolle und in ihrer Psyche verborgene „Weisheit" (*sapienza*).

Im Alter von drei Jahren wird ein Kind, das mit der Montessori-Methode erzogen wurde, zum Herrn über seine Hände und widmet sich mit Freude verschiedenen menschlichen Tätigkeiten. Diese Tätigkeiten bilden in ihm die Fähigkeit zur Konzentration heraus. Wir alle wissen, dass man beim intensiven Nachdenken gewöhnlich etwas mit den Händen tut, zum Beispiel ein Stück Papier aufrollt, das Papier knickt usw. Das Kind denkt, während es arbeitet. Die materielle Arbeit[2] kann bei ihm nicht von der geistigen Aktivität getrennt werden. Die Kultur ist in der Tat eine Synthese, die aus der Arbeit und dem Denken hervorgegangen ist. Der Mensch ist nicht nur mit dem Geist, sondern auch mit der Hand schöpferisch tätig.

Wir haben gesehen, dass das Kind mit Vergnügen zu arbeiten beginnt, man könnte sagen, es stürzt sich wie ein Hungernder auf die Arbeit, wie jemand, dem man nach vier oder fünf Tagen Nahrungsentzug eine Suppe anbietet. Die Engländer besitzen hierfür einen sehr geglückten Ausdruck. Sie sprechen von einer „mental starvation", also von einem geistigen Hungerzustand. Und genau diesen bemerkt man bei den Kindern, die in ihrer Umgebung keine Möglichkeit der geistigen Arbeit finden. Zu dieser geistigen Arbeit muss das Kind jedoch über die manuelle Tätigkeit, über die Arbeit der Hände hingeführt werden.

Jeder, der eine Montessori-Schule gründen und gedeihen lassen will, vollbringt ein Werk, das man mit der Unterhaltung einer Volks-

---

1 Montessori spricht hier und in der Regel auch sonst von „Montessori-Schulen", auch wenn sie nur oder vor allem das „Kinderhaus" meint. Dieser Sprachgebrauch geht wohl auf die romanischen Länder zurück, in denen auch die vorschulischen Einrichtungen oftmals als Schulen bezeichnet werden, z.B. in Italien als „scuola materna", in Frankreich als „école maternelle". (Anmerkung der Übersetzerin)
2 In der Montessori-Pädagogik hat sich dafür auch der Ausdruck Materialarbeit eingebürgert. (Anmerkung der Übersetzerin)

küche vergleichen kann, die den hungernden Kindern aus den Arbeitervierteln Nahrung geben soll.

Durch manuelle Tätigkeit und durch eine angemessen ausgeführte Arbeit wandelt sich der Charakter des Kindes. Die Arbeit beeinflusst die Entwicklung des Kindes, so wie die Speise dem Hungrigen neue Kräfte gibt. Wir bemerken, wie sich im Kind, wenn es mit Dingen beschäftigt ist, die sein Interesse wecken, etwas wie eine Entspannung und eine Erweiterung bemerkbar macht, die unerwartete Eigenschaften zutage fördert: es ist mit seinen Fähigkeiten zufrieden, es ist offen für ein Lächeln und voller Freude und Sanftmut.

In genau diesem Lebensabschnitt formt sich der Mensch aus: der Erzieher muss die Gesetze, die diese Phase regeln, aufmerksam beachten, damit sich der Entwicklungsprozess unter normalen Lebensbedingungen vollziehen kann. Das habe ich vom Kind selbst gelernt, indem ich sein Verhalten und die Veränderungen, die es im Laufe der Jahre vollzieht, beobachtet habe.

Diese direkte Beobachtung hat mich über alle Aktivitäten des Kindes besser aufgeklärt, als es die Bücher der Philosophen und der Erziehungswissenschaftler jemals vermocht hätten.

Ich habe gesehen, wie das Kind lernt, wenn es frei arbeiten darf, wie es immer gelehriger wird, wie es Wissen absorbiert und eigene Erfahrungen macht, die, auf diese Weise erworben, sich in seinem Geist verfestigen, so die wie Samen, die man auf einen fruchtbaren Boden aussät, bald keimen und Früchte tragen.

Man muss die Zeit arbeiten lassen und darf nicht ungeduldig sein. Die englischen Psychologen kennen dieses Geheimnis: jenes berühmte *Unbewußte* gibt es tatsächlich und es muss in Betracht gezogen werden.

Hören Sie dieses Beispiel: jemand, der sich die ganze Nacht an der Lösung eines Problems versucht hat und dieses nicht bewältigte, entschloss sich, das Kopfzerbrechen aufzugeben und schlafen zu gehen. Am nächsten Tag erwachte er und hatte die Lösung klar vor seinem geistigen Auge, gerade als ob sein Geist während des Schlafes für ihn gearbeitet hätte.

Wenn die Kinder unserer Schulen aus den Ferien zurückkehren, wissen sie mehr als am Ende des vorherigen Schuljahres. In den anderen Schulen hingegen gibt man zu Anfang des Schuljahres für gewöhnlich Wiederholungsstunden, um das bisher Durchgenommene aufzufrischen, weil die Kinder „alles vergessen" hätten.

Ich glaube deshalb, dass der Erzieher das Kind als einen Lehrer ansehen und in der Folge sein Verhalten ihm gegenüber ändern muss.

Der Erzieher muss vor allem dafür Sorge tragen, das Kind kennen und lieben zu lernen. Er wird auf diese Weise selbst vieles lernen. Im Erziehenden wird dasselbe vor sich gehen wie bei jemand, der zu einer neuen Religion konvertiert: er wird gewahr werden, dass er ein neues Licht und einen neuen Eifer besitzt; sein alter Hochmut wird von dem Wunsch abgelöst, sich dem neuen Ideal widmen und ihm dienen zu können.

Wenn der Lehrer einmal verstanden hat, dass im Kind geheimnisvolle Kräfte existieren, die sich spontan in seinen Tätigkeiten äußern, wird er gegenüber dem Kind ein anderes Verhalten annehmen, nicht mehr das eines Überlegenen gegenüber einem niedriger Gestellten, denn er wird sich der Tatsache bewusst, einen Schatz zu besitzen, den er in Ruhe gedeihen lassen muss.

Die Menschheit bedarf dringend dieses neuen Typs von Erzieher.

Ich habe gesagt, dass die Menschheit von Geburt an *kultiviert* werden muss; aber die Lehrer müssen dieser großen Aufgabe würdig sein.

Eine Schule, die als *Kultivierungsstätte der Menschheit* konzipiert ist, besitzt ein anderes Erscheinungsbild als die modernen Schulen, in denen die Lehrer ihre ganzen Kräfte darauf verwenden, die Kinder zum Lernen anzutreiben. Die Schule muss meiner Auffassung nach als eine Art Hilfe zur Entwicklung verstanden werden. Der in der Entwicklung begriffene Geist leidet an derselben Unersättlichkeit wie ein ausgehungerter Körper.

Die Kinder wollen alles wissen, sie stellen eine Unmenge von Fragen, und die armen Lehrer wissen normalerweise so wenig.

Wie oft habe ich, in Holland und in Indien, gesehen, wie die Lehrer unserer Schulen in den Museen und Bibliotheken nachforschen, wie sie Rat und Anleitung bei Universitätsprofessoren suchen, um die Fragen fünf- oder sechsjähriger Kinder befriedigend beantworten zu können, die von bestimmten Unterrichtsthemen gefesselt waren, ihr Wissen vertiefen und ausweiten und eine vollständigere Sicht über diese oder jene Sache erlangen wollten.

Das Kind verlangt nach umfassenden Antworten, die seine Begeisterung hervorrufen und das Bedürfnis nach neuen Nachforschungen und nach intensiver Tätigkeit wecken, welche vom Kind selbst und durch seine Lehrer angestrengt werden. In unseren Schulen bereichern auch die Lehrer ihr geistiges Leben, dringen durch ihre Recherchen in unerforschte Bereiche ein, erschließen sich breitere Horizonte und bemächtigen sich neuer Kenntnisse, deren Existenz sie vordem nicht einmal vermutet hätten.

Sie begeistern sich so für ihre Arbeit und arbeiten fieberhaft Hand in Hand mit den Kindern, mit denen sie sich oft bei ihren Recherchen zusammentun, bei manuellen und wissenschaftlichen Arbeiten und ebenso bei botanischen Exkursionen und Forschungen, um den bereits angelegten Sammlungen neue Exemplare von Blättern und Blüten hinzufügen zu können.

Die Schule wird auf diese Weise zum Leben. Wenn das nicht so wäre, wenn die Erziehung nicht diese Entwicklung vollzöge, was sollten wir uns noch von der Schule erwarten?

Die Schule muss von einem neuen Geist beseelt werden, sie muss durch einen Lehrer belebt werden, der weiser ist als jedes andere menschliche Individuum und der die Gesetze der Erziehung kennt und respektiert.

Man muss wirklich daran glauben, dass jedes Individuum seine geistige Evolution nach einem bereits vorherbestimmten Plan (*disegno prestabilito*) vollziehen kann, wenn es in einer angemessenen Umfeld lebt. Wenn dieser Prozess nicht auf den ersten Blick offenkundig wird, wenn die Ergebnisse zunächst nicht die erhofften sind, muss man trotzdem an diesen Plan und an diese Gesetze glauben. Die Einstellung des Erziehers muss die einer Mutter gegenüber ihrem Kleinen sein: Andere Kinder im selben Alter sprechen bereits, ihres aber nicht. Dennoch ist sie sich sicher, dass ihr Kind, das jetzt noch keine Wörter artikulieren kann, sprechen wird, sobald es das nötige Entwicklungsstadium erreicht hat; sie glaubt an das Kind und ermutigt es, erfreut sich an seinen kleinen Erfolgen, denn sie weiß, dass seine Lippen eines Tages Gedanken ausdrücken werden, die heute noch gar nicht vorhanden sind.

Der Lehrer muss denselben Glauben haben, gleichsam von ihm beseelt sein und mit derselben Hoffnung die Fortschritte des Kindes betrachten, auch wenn sie nur langsam eintreten; und er muss in diesem Falle die Ursachen dafür suchen und die äußeren Umstände verändern.

Der Lehrer muss von einem religiösen Glauben in seine Mission erfüllt sein. Nur so wird es möglich sein, kraft der Erziehung eine neue Welt zu erschaffen. Um aber dieses höchste Ziel zu erreichen, müssen die Erziehungsmethoden grundlegend verändert werden, damit sie eine wirkliche Hilfe für die psychische Entwicklung des Kindes werden; und diese soll durch eine Umgebung erleichtert werden, die man für das Kind gemäß jenen Erkenntnissen schafft, die man aus seiner Beobachtung und aus einschlägigen wissenschaftlichen Untersuchungen schöpft.

b) Deviation und Normalisation (1934)

Dieser Text ist der zweite von vier Vorträgen, die Maria Montessori beim Vierten Internationalen Montessori-Kongreß hielt, der vom 3. bis zum 10. April 1934 in Rom stattfand. Das Thema des „normalen Menschen" hat Montessori seit dem Beginn ihrer wissenschaftlichen Arbeit beschäftigt. Es stellt auch das zentrale Problem ihres wissenschaftlichen Grundwerkes, der „Antropologia Pedagogica", von 1910 dar. In diesem vor einem weniger an wissenschaftlichen Erörterungen als an praktischen Ratschlägen interessierten Publikum gehaltenen Vortrag geht Montessori (leider) nicht auf ihre wissenschaftlichen Grundlagen ein, sondern behandelt die Frage nach Normalisation und Deviation sehr stark nur von ihrer praktischen Seite her. Zu ihren anthropologischen Thesen sei deshalb auf den ersten Teil unseres Buches verwiesen und auf die Arbeit von Christine Hofer: Die pädagogische Anthropologie Maria Montessoris, Würzburg 2001. *Übersetzung aus dem Italienischen von Gisela Kunert.*

Das Wort „Normalisation" ist für das, was wir damit meinen, ein höchst unzureichender Ausdruck; denn es stellt nur die Übertragung eines geläufigen Wortes auf eine neue Idee dar, die, da sie eben neu ist, auch nach einem neuen Begriff verlangt. Wie kann man von gänzlich neuen Dingen sprechen und dafür das alte Vokabular gebrauchen?

Daraus entstehen, wenn auch ungewollt, gewöhnlich eine Menge von Missverständnissen, die dann unversehens zu Urteilen werden; und so mutmaßte man, die von mir beschriebenen Phänomene der „Normalisation" stellten den normalen Menschen selbst dar. Aber wer könnte so etwas sagen, ohne dabei die Grenzen der Wissenschaft zu verlassen? Wer würde es wagen, derart von „Normalität" zu sprechen? Normalität meint etwas Absolutes; aber dieses Absolute kommt in der Wirklichkeit nicht vor. Faktisch nennt man in der Medizin, vom psychischen Standpunkt aus gesehen, jene Menschen normal, die sich der Umwelt anpassen können. Aber es gibt nicht nur einen einzigen Typ, der sich der „psychisch normale" nennen kann; es gibt im Gegenteil sehr viele verschiedene Typen.

Die wissenschaftliche Pädagogik, welche die Erziehung erneuern will, hat sich zum Ziel gesetzt, zuerst die verschiedenen Einzeltypen zu untersuchen, diese zu klassifizieren, und dann erst die Kinder zu einem jedem einzelnen von ihnen angemessenen Ziel zu führen.

Wie viele haben nicht gesagt: „Die Denkweise der Montessori ist so wenig philosophisch, und ihre Art, die Dinge zu betrachten, so ausschließlich, dass ihre Folgerungen gar nicht ernst genommen werden können". Und doch gab es tatsächlich jene so klaren und anschaulichen Phänomene, die sich überall wiederholten. Und so kamen wir dazu, das *Bild des neuen Kindes* zu umreißen, just zu einer Zeit, in der alle behaupteten: „Es gibt keinen abstrakten Typus *des Kindes*; es gibt nur reale Kinder"!

Es wäre unnütz, hier lange Worte verlieren zu wollen. Tatsache ist, dass sich unter bestimmten Bedingungen ein neuer und überaus einheitlicher Typ des Kindes gezeigt hat, der besondere Züge aufwies, welche seine Normalität darstellen. Es waren das ganz andere Kinder, arbeitsame und ruhige, disziplinierte, voll von Liebe und Interesse, explosiv in ihren Eroberungen. Diese Beobachtungen haben sich immer und überall als wahr erwiesen. Und doch wollen wir die ebenso reale Tatsache leugnen, dass die meisten Kinder ihrem äußeren Verhalten nach von jenen, die wir beschrieben haben, recht verschieden sind. Es gibt also zwei verschiedene Naturen des Kindes; diese wirklich normale, die lange Zeit unbekannt war, und jene deviate, die von allen bisher für normal gehalten wurde. Als wir es wagten, eine so grundlegende These auszusprechen, kam sogleich die alte Streitfrage wieder auf: Ist das Kind also von Natur aus gut, oder trägt es moralisch verwerfliche Keime in sich? Wir haben in dieser Sache überhaupt kein Vorurteil; wir haben dazu lediglich klare und experimentell nachgewiesene Tatsachen beigetragen.

Neben der Beschreibung dessen, was man das „normalisierte Kind" nennt, gibt es auf der anderen Seite das „nicht normalisierte Kind". Das also deviate Kind, das in unsere Schulen kam, welche es sich ja zur Aufgabe machen, das Kind zu normalisieren, kam zu uns mit einer Menge von Eigenschaften, man könnte sagen „infantilen Defekten", vielleicht auch mit funktionellen Krankheiten; es verwandelte sich aber in unseren Schulen in einen ganz anderen Typ. Es hat sich die interessante Tatsache gezeigt, dass das Kind, welche Eigenschaften es auch immer hatte und wie unterschiedlich sie auch waren, sich in einen einzigen Typ umwandelte und dabei diese früheren Eigenschaften verlor. Zum Beispiel kamen Kinder in unsere Schule, die offenbar von ihren Müttern oder von ihren älteren Geschwistern ganz und gar abhängig waren; sie konnten sich nicht von ihnen loslösen; sie schienen sogar in extremer Weise von ihnen abhängig zu sein. Die Mütter waren davon gerührt, die älteren Geschwister hielten das für ein Zeichen der Zuneigung, alle bewunderten es, und keiner hätte gesagt: „Das ist ein Fehler". Und doch, es war einer.

Diese Kinder waren nicht nur sehr eng an die anderen Familienmitglieder gebunden, sie ahmten sie auch permanent nach; tat der ältere Bruder etwas, machte es das Kind auch. Nun, einige Zeit, nachdem das Kind in unseren Schulen arbeitete, löste es sich von dieser engen familiären Bindung und wurde ein unabhängiger Mensch. Fast vergaß es die Familienmitglieder, ahmte sie nicht mehr nach, hatte eine eigene Persönlichkeit und folgte seinem eigenen Drang.

Ein anderes Beispiel: Es gab außerordentlich lebhafte Kinder, die von einer Sache zur anderen hin und her sprangen, oder solche, die phantasievoll und intelligent waren und alles personifizierten; aber durch uns verloren sie ihre Unbeständigkeit und banden sich stark an eine bestimmte Art von Arbeit; sie hatten keine so große Phantasie mehr, sondern waren bemüht, sich in die Realität zu finden.

Sprechen wir von einer anderen sehr allgemeinen Erscheinung: Die Kinder neigen dazu, sich untereinander zu streiten; jedes hängt an seinem Besitz und verteidigt ihn mit jedem ihm zu Gebote stehenden Kraftaufwand.

Unter den oben genannten Bedingungen trat dann der Fall ein, dass ein solches Kind gar nicht mehr gewahr wurde, dass es etwas besaß. Der geliebte Gegenstand war dann wie gewichen, fast wie vergessen, als das Kind von einer anderen Sache gefangen genommen wurde, ohne dass es dabei daran dachte, etwas zu besitzen.

Noch ein anderer Fall: es gibt launenhafte Kinder. Launen sind eine weitverbreitete kindliche Eigenschaft, die man aber nicht als normal bezeichnen kann, nicht einmal dann, wenn man darauf hinweist, wie allgemein dieses Übel in den meisten Familien verbreitet ist.

Das Kind ist launisch, weil es gewisse Dinge absolut nur für sich haben will, uneingeschränkt und ohne Rücksicht auf die anderen, auch nicht auf seine Eltern; und die Familien, insbesondere die armen Mütter, wissen dann nicht, was sie tun sollen. Nachdem diese Kinder einige Zeit bei uns waren und gearbeitet hatten, waren sie auf einmal nicht mehr launisch, und das nicht nur in der Schule, sondern auch zu Hause.

Ein anderer kindlicher Charakterzug ist die Schüchternheit. Es gibt schüchterne, ängstliche, zitternde Kinder, die nicht den Mut haben, sich von jemandem loszulösen, der sie beschützt; so berichten Angehörige, dass diese Kinder besonders vor der Dunkelheit und vor dem Alleinsein Angst haben; sie wollen immer jemanden um sich haben, gleichsam um sich von ihm beschützt zu fühlen; sie wollen irgendeine Stimme hören, die ihnen fortwährend Geschichten erzählt. Diese Kinder kamen in unsere Schulen, und ihre Schüchternheit war vorbei. Sie begannen, sich etwas zuzutrauen, auch zu Hause. Was für ein wunderbares Phänomen! Keine Angst mehr zu haben, weder vor Lärm noch vor Dunkelheit.

Noch ein anderes Beispiel: Kinder, die lügen. Lügen gilt als typischer Charakterzug der Kinder: Nun, auch das Lügen verschwand bei uns. Und so ließen sich noch viele solcher Eigenschaften aufzählen, die immer als typisch für die kindliche Natur angesehen wurden. Und es ist erstaunlich, dass alle diese Eigenschaften, ob man sie gut oder schlecht fand, verschwanden.

Wenn nun alle diese Eigenschaften zusammen verschwanden, dann muss das heißen, dass da eine stärkere, tiefgründigere Kraft vorhanden war, die an die Stelle jener Eigenschaften trat. Aber nicht nur psychische Eigenschaften konnten geändert werden, sondern auch physiologische. Zum Beispiel Schlaflosigkeit, Appetitlosigkeit, Stoffwechselstörungen, Schwermut, Langeweile, derentwillen das Kind klagte und häufig sogar die Speise verweigerte. Sein Schlaf wurde dadurch unruhig, und es erweckte insgesamt den Anschein physiologischer Abnormität. Auch alle diese Störungen verschwanden.

Wir erinnern uns auch daran, dass es in jener ersten „Casa dei bambini" nicht wenige anämische Kinder gab. Diese waren wirklich heruntergekommen, und ihre Unterernährung konnte durch die Schule nicht behoben werden, denn es gab damals noch keine Schulspeisung. Es waren auch Kinder dabei, die man eigentlich in ambulante Behandlung hätte schicken sollen, welche damals eigens für sehr arme Familien eingerichtet worden war; aber das war nicht möglich.

Nun, abgesehen von der inneren Freude, erlangten diese Kinder ihre blühende Gesundheit wieder. Es gibt also eine Summe von Merkmalen, von denen man annahm, dass sie typisch kindlich seien, und einige von ihnen hielt man sogar für geeignet und wert, durch die Erziehung weiter entfaltet zu werden; andere hingegen seien ungünstig und müssten deshalb durch sie bekämpft werden. Die einen wie die anderen dieser Charakterzüge verschwanden allesamt, ohne daß man sich mit dem einen oder anderen direkt befasst hätte. Man korrigierte also nicht nur Eigenschaften wie Launenhaftigkeit, Flatterhaftigkeit, Angst, Depression und Nörgelei; denn auch diese verschwanden, ohne dass man ihnen direkt entgegengewirkt hätte. Es waren Charakterzüge, die gar nicht hätten verschwinden können, wenn man direkt gegen sie angekämpft hätte. Wer weiß nicht, was für ein schier unmögliches Unterfangen es ist, Launen- oder Lügenhaftigkeit zu „heilen" oder ängstlichen Kindern wieder Mut zu machen?

Aber noch viel bemerkenswerter ist, dass man bestimmte Eigenschaften auf jeden Fall entwickeln und fördern wollte, weil man sie für nützlich und gut hielt, z. B. Zärtlichkeit, Unterordnung, Phantasie, den Wunsch zu erzählen, die Gewohnheit, viel zu fragen, was ja doch wohl auf ein großes Wissensinteresse hindeuten könnte; alle diese Eigenschaften, die uns so willkommen erscheinen, weil sie sich in der gewöhnlichen Erziehung als nützlich erweisen, verschwanden in unseren Schulen ebenfalls.

Es gibt also eine andere Natur, und in ihr verbirgt sich ein tieferes, harmonischeres und stärkeres Wesen, und wenn dieses sich entwikkeln und schließlich siegen kann, lässt diese andere Natur alle die zahlreichen guten oder schlechten Eigenschaften verschwinden, genau so wie die aufgehende Sonne die Sterne am Himmel verblassen und verschwinden lässt.

Diese normalen Eigenschaften, die zum Teil zurückgehalten und zum Teil für geeignet und wert gehalten wurden, durch die Erziehung gefördert zu werden, treten bei den einzelnen Individuen in unterschiedlichen Mischungen auf, und von daher rühren die verschiedenen Einzeltypen.

Diese variierenden Kombinationen von Eigenschaften ziehen es nach sich, dass wir unterscheiden zwischen starken und schwachen Kindern und zwischen mehr oder weniger begabten. In starken Kindern sind nützliche oder auch gefährliche Eigenschaften enthalten; ganz andere Eigenschaften finden sich bei schwachen Typen.

Lebhaftigkeit der Bewegung, eine blühende Vorstellungskraft, bohrende Fragen, heitere Spiele – alles das sind schöne Dinge; sie können aber, im Ganzen gesehen, auch zu Tricks werden, um Macht zu bekommen und um Gegenstände zu besitzen. Ungezähmte Zerstörungslust, enge Bindung an den Besitz, die notwendig zum Streit mit anderen führt – das und anderes macht das starke Kind aus. Es sind prächtige Eigenschaften, und diese Kinder werden sich durchsetzen, aber auch sie haben Fehler, die korrigiert werden müssen; jedes menschliche Wesen trägt Gutes und Böses in sich; man scheint das Gute entwickeln und das Böse überwinden zu müssen.

Andere Kinder sind schwach, haben eine sehr enge Bindung an die Großen und zeigen Unterwürfigkeit, Schüchternheit, Weichlichkeit, Nachahmungssinn, – eigentlich alles lobenswerte Eigenschaften; aber dann haben sie auch noch Eigenschaften wie Leistungsunlust, Arbeitsunfähigkeit, Verlogenheit; sie nörgeln herum und sind untauglich zum Lernen.

Auch hier sind schätzenswerte und verwerfliche Eigenschaften miteinander verbunden. Und die Erzieher werden wiederum mit dem Vorschlag kommen, die einen weiter zu entwickeln und die anderen zurückzudrängen.

Jedoch – und das ist der entscheidende Punkt – alle diese Kombinationen liegen außerhalb der einen großen *Normalität,* und sie verschwinden allesamt, gute und schlechte; und das tritt ein, wie wir vorhin bereits gesagt haben, *wenn sich die tiefere Natur entwickeln kann und einen Typ von Kind hervor treibt, der allerorten fast der gleiche und vor allem gleichförmig in seinen Charakterzügen ist, die nunmehr von den sich entfaltenden inneren Energien gesteuert werden.* Der Typ des normalen Kindes lässt sich also nicht nur über die für ihn typischen Eigenschaften beschreiben, sondern er ist auch durch die Tatsache bestimmt, dass andere Eigenschaften ganz verschwinden.

Diese These könnte bedeuten, dass sich die in den verschiedenen Eigenschaften enthaltenen Elemente untereinander nicht berühren. Die Persönlichkeit des Kindes stellt jedoch eine Synthese dar, und nur eine solche Synthese kann besiegt werden. Einzelne Eigenschaften für sich genommen sind unbesiegbar. Das aber gerade erleichtert die Erziehung, macht sie einfacher und ihre Praxis einheitlicher. Es ist lediglich notwendig, dass die Kinder eine ihnen angemessene Umgebung und entsprechende Lebensbedingungen vorfinden, und diese stiften das normale Leben. So gesehen ist also das Studium der Erziehung nichts anderes als das Studium der für das Kind notwendigen „normalen" Lebensbedingungen.

Welches sind aber diese Bedingungen, und was muss dafür unternommen werden?

Man muss ausgehen von der wissenschaftlichen *Beobachtung*, die man in den von uns geschaffenen speziellen Schulen anstellen kann. In unseren Schulen wurde kein Kind normalisiert, ohne dass es von sich her die Möglichkeit gehabt hätte, eine bestimmte und an ein Material gebundene Tätigkeit auszuführen; diese Tätigkeit haben wir als *Arbeit* bezeichnet. *Die Normalisation des Kindes ist also nicht das Werk des Erwachsenen.*

Das pädagogische Problem bezieht sich daher nicht nur auf die Art und Weise, *wie* dem Kind zu begegnen ist; es gilt nicht, seinen Fehlern entgegenzuwirken, weder mit Lob noch mit Strafe, noch das Kind zärtlich zu behandeln. Wie viele Menschen haben das schon vergeblich versucht; wie viele haben gemeint, die Lösung des großen Problems der Erziehung sei ganz und gar nur eine Frage der Moral; wie viele waren sogar der Ansicht, diese Lösung sei grundsätzlich abhängig von der liebevollen Zuneigung des Erwachsenen zum Kind; und wie viele Mütter und Lehrer haben sich umsonst bemüht, mit Sanftheit die rechte Lösung zu erreichen.

Die Individualität eines Menschen hängt nicht von der Individualität eines anderen ab, und so kann sie auch dann nicht von der Individualität eines anderen Menschen abhängig sein, wenn sie normal und besser werden soll.

Nur das Individuum, das sich selbst mit Hilfe seiner eigenen Tätigkeit aufbauen und jene wahre, mächtige und von seiner eigenen Natur gewollte Energie wiederfinden kann, lässt seine ursprünglichen normalen Eigenschaften wieder in sich auferstehen.

Das Individuum erwirbt die eigene Normalität durch seine eigene Arbeit; es ist also notwendig, dem Kind eine Tätigkeit zu geben. Durch Arbeit und nicht durch Liebe ist dieses Problem zu lösen.

Die Liebe ist eine große Kraft, welche uns die Natur verleiht; doch diese Liebe wird nur selten in ihrer ganzen Reinheit empfunden; sehr oft ist auch sie getrübt durch Fehler, deren sich der Erwachsene nicht bewusst ist. Man kann also diese reine Liebe gar nicht verwirklichen, wenn man sie noch nicht von jenen Fehlern gereinigt hat. Aber selbst eine reine Liebe würde für die Erziehung nicht genügen; denn *die kindliche Normalität entwickelt sich*: der Mensch kann nicht den anderen Menschen schaffen; jedes Individuum muss sich selbst aufbauen. Und dabei ist es außerordentlich wichtig, ihm Motive und Materialien zur Betätigung in die Hand zu geben.

Und diese Tatsache hat uns schließlich eine weitere psychologische Wahrheit erschlossen, die zuerst gar nicht erkannt worden war, nämlich, dass sich der kindliche Geist nicht allein dadurch von selbst aufbaut, indem er einfach *lebt* und sich wie eine Pflanze *entwickelt*. Man sagt nämlich nur irrtümlicherweise, die Natur habe schon einen fest vorherbestimmten Plan geschaffen, der sich, wenn man das Kind nur ganz sich selbst überlässt, von alleine verwirklicht.

Es ist aber grundfalsch anzunehmen, das Kind könne alles aus eigener Kraft heraus gewinnen und sich auch ganz allein aus eigener Kraft verwirklichen. Das Kind hat beispielsweise die Fähigkeit zu sprechen, aber es besitzt noch nicht die fertige Sprache; es hat die Potenz zu sprechen, aber es muss zuvor seine Sprechorgane und seine Sinne entwickeln und dabei um sich herum Sprechen hören: dann wird es später fähig sein, die Sprache, die es gehört und in sich aufgenommen hat, eigenständig wiederzugeben; anders wäre es dazu verdammt, ein Leben lang stumm zu bleiben.

Diese Aktivierung ist von großer Bedeutung für das Tätigsein des Kindes: es gibt nicht nur eine Aktivität des Denkens, sondern auch eine manuelle Tätigkeit.

Der Geist organisiert sich mit Hilfe der Hand. Es ist geradezu undenkbar, dass sich die so mächtige und eindrucksvolle „normale Kraft" des Psychischen, auf der alle unsere Arbeit beruht, äußern könnte, ohne dass die Hand zusammen mit dem Geist tätig wird.

Die Hand des Kindes muss von seinem Geist geführt werden. Das führt zur Entwicklung. *Die Hand ist das Organ des Geistes!*

Die Hand ist also der unentbehrliche Helfer bei der Entwicklung jener großen Macht, die der normale Mensch verkörpert. Das ist das Ergebnis, zu dem wir durch die Beobachtung unserer Kinder gelangt sind. Also müssen wir sie zwar lieben, aber das genügt nicht; wir müssen ihnen auch reale Dinge geben, damit der Geist angeregt wird und die Hand tätig werden kann. Das ist das Prinzip, mit dem für uns alles beginnt. Das hat aber noch weitere Konsequenzen, und diese sind eng damit verbunden.

Das Kind wird nicht von sich aus tätig werden. Und in dem so wichtigen Augenblick, wo das Kind in seine Tätigkeit, auch in seine rein motorische, ganz versenkt und völlig konzentriert ist, bleibt es relativ bedeutungslos, ob es geliebt wird oder nicht. Oder haben Sie etwa noch nicht bemerkt, dass das Kind, wenn es konzentriert beschäftigt ist, sich in einer solchen Weise isoliert, dass es Personen, die um es herum sind, gar nicht mehr wahrnimmt?

Es gibt im kindlichen Leben Momente, in denen es sich mit zwingender Notwendigkeit isoliert. Der Einfluss eines anderen Menschen, besonders wenn er stärker ist als das Kind selbst, wird in solchen Augenblicken weder wahrgenommen noch aufgenommen.

Das Einwirken eines überlegenen Geistes oder eines Willens, der stärker als sein eigener wäre – das ist sogar eine große Gefahr für die Erziehung.. Deshalb ist es notwendig, dem Eingreifen des Erwachsenen auf das Kind Grenzen zu setzen. An dieser Stelle berühren wir einen Punkt, wo detaillierte Studien notwendig werden und zum Teil auch schon angestellt wurden. Hier handelt es sich um ein Studium, das einen ganz wesentlichen Teil der Erziehung ausmacht. Es ist prinzipiell richtig, dass das Kind, um sich recht entfalten zu können, unabhängig werden muss. Wie oft wurde nicht schon gesagt, angefangen von Rousseau, dass das Kind frei sein soll? Doch das ist ein unklarer Begriff. Was bedeutet er? Wie soll das Kind frei sein, wenn es in einer Umwelt voller Bedrohungen und Gefahren lebt? In mannigfacher Weise ist das Kind von anderen *abhängig*. Das Wort *unabhängig* ist viel klarer, viel praktischer, und es beinhaltet etwas Positives und Messbares; es bedeutet, dass das Kind etwas aus sich heraus tun kann, ohne dabei von der materiellen Hilfe stärkerer Personen abhängig zu sein.

Alle wissen, dass die Erwachsenen dazu neigen, Kindern beständig helfen zu wollen, in der Meinung, diese seien unfähig, etwas von allein zu tun. Das ist aber nicht wahr. Die Erwachsenen helfen dem Kind im Allgemeinen viel zu zu viel. Sie sollen wenig helfen, wenn möglich überhaupt nicht. Ihre Bemühungen sollen allein darauf gerichtet sein, das Leben des Kindes mit seiner Umwelt in Einklang zu

bringen, so dass es immer mehr und bis zum äußerst Möglichen aus
sich heraus tätig werden kann.

Die Loslösung von der Hilfe der Erwachsenen könnte man auch
Unabhängigkeit nennen oder die positiv-praktische Seite der Freiheit.
In der Tat, unabhängig sein von den Erwachsenen heißt geboren
werden, und das Kind, das sich unabhängig macht, wird geistig neu
geboren.

Das ist die Wahrheit: geboren werden bedeutet, sich freimachen
von einem anderen Wesen. Natürlich gilt das nur bei Lebewesen, von
denen jedes einzelne ein Individuum ist; es gilt nicht bei niederen Lebensformen, die man in der Biologie als Kolonien bezeichnet.

Der Mensch ist ohne Zweifel ein Individuum. Dieses Sich-los-
Lösen vom Erwachsenen erfolgt immer nur schrittweise, auch in physischer Hinsicht. Die Mediziner gliedern die physische Entwicklung
des Kindes normalerweise in drei Stufen: die Zahnung, das Laufen
Lernen und das Sprechen Lernen.

Die Ärzte überprüfen diese drei ersten elementaren Eroberungen,
um feststellen zu können, ob das Kind physisch gesund ist oder nicht.
Und Gesundheit bedeutet in diesem Zusammenhang die Erlangung
von Unabhängigkeit. Wenn das Kind läuft, bedarf es nicht mehr der
stützenden Arme des Erwachsenen; bekommt es Zähne, kann es alles
selber beißen; spricht es, kann es seine Gedanken ausdrücken. Und wie
sollte es da möglich sein, dass die Intelligenz des Kindes auf diese physischen Gegebenheiten beschränkt wäre? Auch im Bereich der manuellen
Tätigkeit, die ja die physische Organisation des Kindes mit betrifft,
müssen die Kinder unabhängig werden, nicht nur um stark zu sein,
sondern, wie ich noch einmal sagen möchte, um geboren zu werden.

Wenn das Kind geistig geboren wird, beginnt es, von sich aus zu
handeln, mit seinen eigenen Händen zu arbeiten, sich zu „vervollkommnen": es ist klar, dass der Erwachsene ihm dabei beistehen
muss, niemals aber mit überflüssiger Hilfe.

Ich muss hier auf etwas eingehen, das von sehr großer und sehr
weit reichender Bedeutung ist, nämlich auf das Vermeiden von un-
nötiger Hilfe. Und sofort erhebt sich die Frage erneut, was ein Kind
tun soll, das mit seinen kleinen Händen tätig sein will, wenn es keine
ihm und seinen Bedürfnissen angemessenen Anreize und Gegenstände vorfindet? Der Erwachsene muss diese Mittel in der äußeren Umwelt des Kindes bereitstellen, und dann erst kann das eintreten, was
man auch seine Unabhängigkeit nennen könnte: der Anfang der
normalen psychischen Entwicklung.

Das alles sind ganz schlicht und einfach Tatsachen, welche durch
meine Erfahrung und durch meine Beobachtungen zuverlässig bestä-

tigt werden konnten. So tritt jene wunderbare Aktivität in Erscheinung, deren Bild ich mit groben Strichen gezeichnet habe. Das Kind
in seinem großen Interesse stürzt sich förmlich auf die äußere Umwelt, begierig nach Wissen, interessiert (allerdings nicht in der um-
gangssprachlich so bezeichneten Art und Weise), und zugleich voller
Liebe zu dieser ihm entsprechenden Umgebung.

*Es bestehen also grundlegende Beziehungen zwischen Individuum und
Umwelt, und das sind die ersten Beziehungen überhaupt: der Mensch wächst
psychisch mit Hilfe seiner aktiven Beziehungen zur äußeren Umwelt.*

Das Individuum dringt in diese Umwelt ein, sucht nach Erkenntnis, die ihrerseits im Kinde wieder den Wunsch weckt, noch tiefer
einzudringen, und lässt, scheinbar wie ein sich ganz von allein aus
sich selbst heraus entwickelnder Organismus, immer neue Eigenschaften hervortreten.

Was aber geschieht, wenn der Erwachsene eingreift und so verhindert, dass das Kind von sich aus handelt, wie es ja praktisch auch der
Fall ist, ohne dass er sich bewusst wird, dass er dadurch dem Kind
Schaden zufügt; und was, wenn er es gar in der irrigen Meinung tut,
dem Kind auf diese Weise zu seinem Besten zu verhelfen?

Die größte Gefahr für die Entwicklung eines Kindes besteht darin,
dass die Erwachsenen versuchen, ihre eigenen Anstrengungen an
Stelle der kindlichen Bemühungen zu setzen, oder anders ausge-
drückt, dass sie das Kind dazu zwingen, nach dem Willen des Erwachsenen zu handeln. Dann nämlich tritt eine Überschneidung ein,
die fatale Folgen hat. Man stelle sich ein Kräfteparallelogramm in der
Physik vor; zwei Kräfte treffen sich: die latente, noch potentielle und
deshalb schwache und noch wenig ausgeprägte Kraft des Kindes und
die erstarkte, schon verfestigte Kraft des Erwachsenen. Wenn diese
Kraft mit der Energie des Kindes zusammenstößt, kann die Folge nur
sein, dass das Kind den Weg der Diagonalen einschlägt und so von
der direkten geraden Linie, d. h. von dem normalen Weg der Entwicklung abweicht. Für dieses Phänomen haben wir den Begriff „psychische Deviation" geprägt, die dadurch hervorgerufen wird, dass der
zu starke Erwachsene unbewusst und zur unrechten Zeit auf die Anstrengungen des Kindes, die eigentlich unantastbar sein sollten, ein-
wirkt und sie dadurch vom normalen Weg abbringt.

Solche Deviationen können sehr zahlreich sein und in sehr mannigfaltigen Formen auftreten; einen direkten Weg gibt es nur einmal.
Und so lässt sich auch erklären, wie so viele unterschiedliche Deviationen, die ihrerseits so viele verschiedene Charaktertypen erzeugen,
nur dadurch zustande kommen, dass die Entwicklung des Menschen
abgelenkt wird von ihrer einzigen normalen Richtung.

Wenn man die Möglichkeit von Deviationen ein wenig näher untersuchen wollte, gleichsam um davon eine einfache Beschreibung zu geben, könnte man sagen, das erste wichtige Moment der Deviation bestehe darin, dass das Kind mit seinen eigenen natürlichen Kräften und mit Hilfe der Bewegung nicht in die Umwelt eindringen und nach den Richtlinien dessen handeln kann, was wir die „Liebe zur Umwelt" nennen, mit anderen Worten, dass es sie nicht kennenlernen noch sich dafür interessieren kann, um dadurch nach und nach seine Aktivität zu entwickeln. Und dann wird das, was eigentlich die Liebe zur Umwelt wäre, die ja zu Arbeit und Erkenntnis führt, zu einem Drang, diese Umwelt, die nicht zu durchdringen ist, zu besitzen. Das Kind versucht dann, die Dinge an sich zu reißen, da es ja wesentlich leichter ist, etwas in Besitz zu nehmen als etwas zu erkennen. Und wenn dann an die Stelle der feinnervigen Entwicklung der Normalität der rohe Besitz der Dinge getreten ist, erscheinen als dessen Folge weitere Deviationen, die schließlich zu dem Wunsche führen, die Dinge ausschließlich für sich selbst zu haben und sie dann vor sich anzuhäufen. Denn wenn es darum geht, die Dinge *zu erkennen*, kann man sie nicht anders als geistig in Besitz nehmen; und diese Eroberung sollte den Entwicklungsbedürfnissen des Kindes angepasst sein. Das Besitzen jedoch ist etwas anderes: Man begehrt dabei sämtliche Dinge und nimmt sie mit Gewalt an sich; daher rührt der Streit unter den Kindern, welche statt die Umwelt nur zu „lieben", diese auch besitzen wollen.

Ein solches Kind will alles haben, was es sieht, und nicht nur, was für es notwendig ist; und es will auch alles das haben, was andere Menschen anfassen. Und auch wenn irgendein Gegenstand ihm gar nicht gefällt oder ihm zu gar nichts nütze ist, will es dennoch nicht, dass andere ihn auch nur berühren. Und wie viele dieser Dinge will dann das Kind? Es will sie alle. Das Kind beginnt zu erfassen, dass der Erwachsene mehr als es selbst besitzt und dass es deshalb notwendig ist, die Erwachsenen für sich einzunehmen, um von ihnen all das erhalten zu können, was es sieht oder was eine gewisse Anziehungskraft besitzt. Deshalb gefallen dem Kind Märchen so sehr und gefällt ihm auch der Zauberstab, der Herrschaft über die ganze Welt verleiht. Die Märchengestalt ist der Erwachsene, und das Kind will alles von ihm haben. Wenn der Erwachsene nachgibt und dem Kind reichlich gewährt hat, will es noch mehr haben, und zwar ohne jeden Grund: und daraus entsteht die Eigensinnigkeit, sehr viel und ohne allen Grund besitzen zu wollen. Dieses Laster kann nicht korrigiert werden; es kann nur darauf geachtet werden, dass das Kind in seiner Umwelt etwas findet, was sein Interesse weckt und fesselt.

Wenn das Kind einen Gegenstand mit Liebe erkannt hat, wird seine innere Einstellung wach, und es spürt die Schönheit und Größe dieser inneren Tätigkeit, dieses geheimnisvollen seelischen Lebens, das dem Geist dazu verhilft, die Welt unter einem andern Aspekt zu sehen; dieses schöne innere Leben fesselt das Kind so sehr, dass es die äußeren Dinge vergisst. Es sieht dann weder Dinge noch Personen, und es verlangt nach den Dingen nur noch in dem Ausmaß, wie sie dieser inneren Entwicklung, die es nun fühlt und versteht, dienlich sind.

Genauso geht es dem Dichter im Zustand der Inspiration; ebenso dem Wissenschaftler, wenn er seine Entdeckungen überprüft. Wenn der Dichter einen Einfall hat, zieht er sich von den äußeren Dingen zurück und befasst sich ganz mit sich selbst; und der Wissenschaftler vergisst über seiner Arbeit manchmal die elementarsten Dinge des Lebens.

Das ist die Alternative: *Besitz mit Gewalt und Streit – oder Liebe, verbunden mit der Entwicklung der Persönlichkeit.*

Man kann sagen, dass darin die Grundlage von zwei möglichen Entwicklungen liegt, an der noch viele andere Einzelheiten hängen. Noch vor dem Kind, das besitzen will, das eigenwillig ist und noch nicht den Wunsch hat zu lernen, weil es eben die Umwelt noch nicht mit Liebe erforscht hat, wird der Erwachsene aggressiv, will das Kind korrigieren und wünscht andererseits, dass das Kind sich selbst rechtzeitig verändert, damit es besser und nicht so wird wie er. (Das ist meistens die Hauptsorge der Erwachsenen).

Und so entsteht ein Kampf zwischen dem Erwachsenen und dem Kind: der Erwachsene ist stark, auch in seinen Fehlern, die er voll entwickelt hat, und er möchte, dass das Kind von diesen Fehlern frei bleibt, und er glaubt, dass er durch sein fortwährendes Korrigieren dieses Ziel erreichen kann. Und dabei nötigt er das Kind, das zu tun, was er für gut hält, und bemüht sich gleichzeitig, die weniger guten Impulse im Kinde zu unterdrücken.

Nun aber zeigt unsere jahrelange Erfahrung, dass diese Mängel nicht korrigierbar sind, wenn man sie so direkt in Angriff nimmt. Man überlegt dann hin und her, ob man wohl durch strengere oder durch mildere Erziehungsmittel mehr Erfolg haben könnte: aber es ist gleichgültig, ob man streng oder nachsichtig ist – beides ist falsch. Die Folge sind dann beim Kind jene bekannten Verteidigungshaltungen. Diese werden viel untersucht, denn man kann sie gar nicht übersehen, so stark sind sie. Ich wiederhole: Fehler bei Kindern sind dem Mangel an Entfaltungsmöglichkeit zuzuschreiben, und die Verteidigungshaltung des Kindes gegen den Erwachsenen stellt sich ein, weil dieser es überwältigen wollte.

Eine der häufigsten Verteidigungshaltungen des Kindes ist die Lüge; eine andere und deutlich spürbare ist der Ungehorsam. Wenn der Erwachsene seinen Willen beim Kind durchsetzen will und das Kind folgt ihm nicht, entsteht daraus konsequenterweise der Trotz, und dieser führt zu einem heftigen Kampf zwischen der großen, schon entwickelten Kraft des Erwachsenen und der schwächeren, noch nicht gefestigten Kraft des Kindes.

Diese und andere Erscheinungsformen der Verteidigung wurden schon lange von der allgemeinen Psychologie erforscht; andere wurden von den Vertretern der Psychoanalyse entdeckt, und deren Studien haben eindrucksvolle Erkenntnisse über die unbewussten Verteidigungsmaßnahmen des Kindes geliefert.

Eine der interessantesten davon ist jene, die in der Psychoanalyse „psychische Blockade" genannt wird. Wie oft sagen wir, wenn wir etwas nicht tun wollen oder mit einer bestimmten Person keine Beziehungen unterhalten wollen: ich will alle Brücken hinter mir abbrechen, d. h. nicht mehr die Möglichkeit haben, mit Dingen in Verbindung zu stehen, die ich nicht will. Etwas Ähnliches tritt im Unterbewusstsein auf: man stellt eine „Blockade" gegenüber sich selbst auf, eine seelische Schranke, die eine Abwehr gegenüber einer bestimmten Sache bildet und verhindert, dass etwas in unseren Geist eindringen kann. Wenn der Erwachsene irgendetwas aufzwingen will, z. B. das Erlernen der Arithmetik, gewiss eine Sache, die schwer ist, aber oft nur fälschlicherweise für schwer gehalten wird, tritt eine unbewusste Blockade ein: der Lernende begreift nichts mehr, sein Geist versperrt sich und wird undurchlässig. Und wie viele wissen nicht, dass derselbe Effekt der Undurchlässigkeit auch im Erwachsenenalter auftritt. In der Arithmetik können auch gebildete Personen, sogar beim einfachsten Problem, plötzlich in Verwirrung geraten, und das wäre dann eine solche „Blockade".

Man könnte also resümierend sagen, dass die Fehler des Kindes nicht besiegt werden können, indem man sie direkt in Angriff nimmt; das nämlich würde Abwehrhaltungen heraufbeschwören, die oft jede weitere Betätigung unmöglich machen. Alle diese Abwehrreaktionen und mit ihnen verwandte Charakterzüge sind *Deviationen*, die nur dadurch verhindert werden können, dass man der natürlichen psychischen Entwicklung des Kindes folgt.

c) Die vorbereitete Umgebung (1929)

Diesen Vortrag hielt Maria Montessori am 17. August 1929 beim Fünften Kongress der New Education Fellowship in Helsingör vor der großen Gemeinde der Reformpädagogen. Darin hob sie vor allem zwei Probleme hervor, in deren Hinsicht sich ihre Pädagogik von der der (anderen) Reformpädagogen unterschied: zum einen das Verhältnis von Umgebung und Kind, zum anderen den scheinbar unaufhebbaren Konflikt zwischen Erwachsenen und Kind, der nicht zuletzt auf deren unterschiedlichen Arbeitsbegriff zurückzuführen sei. In der Montessori-Pädagogik soll sich nicht das Kind einer Umgebung anpassen, sondern diese soll dem Kinde angepasst sein. Und eine Lösung des permanenten Konflikts zwischen dem Erwachsenen und dem Kind erscheint Montessori nur dann möglich, wenn jener die spezifische Arbeitsweise des Kindes respektiert und schützt. Der Text erschien (als französische Mitschrift eines in italienischer Sprache gehaltenen Vortrags) unter dem Titel „Les principes de la psychologie appliqués à l'éducation" in der Zeitschrift Pour l'Ere nouvelle. Revue internationale d'éducation nouvelle, 8 (1929) n. 51, S. 221-223. Übersetzung aus dem Französischen von Jürgen Schriewer.

Unsere experimentelle Arbeit weist einen besonderen Zug auf: sie ist gekennzeichnet durch die Reproduktion eines Tatbestandes, nämlich der spontanen Manifestation der kindlichen Aktivität, und durch diese Manifestation gerade ist unsere Methode bekannt: *Manifestation von Aufmerksamkeit*, von Arbeitsfreude.

Diese Art des Vorgehens ist nicht im luftleeren Raum entstanden, sondern in der Folge einer langen Vorbereitung, die sich aus eingehenden Beobachtungen ergab. Den ersten Anstoß zu dieser Methode gab eine Entdeckung; diese war die Frucht geduldigen Suchens seitens der Entdeckerin.

Die menschliche Seele, besonders die Seele des Kindes, ist voller Geheimnisse, und es überrascht nicht, von Zeit zu Zeit Wunder aus ihr hervorgehen zu sehen.

Pestalozzi und Tolstoi haben diese Wunder wahrgenommen wie alle jene, die diese wundervolle Bahn verfolgt haben, die darin besteht, die kindliche Seele in ihrer eigentümlichen Entwicklung zu erkennen.

Der Entdecker der Elektrizität *sah* plötzlich einen Funken; danach musste man die Bedingungen wiederherstellen, unter denen sich diese Kräfte geäußert hatten. Analog kann man von allem sagen: etwas erscheint, blendet, und dann muss man suchen, es zu reproduzieren, um es zu besitzen. So sucht man auch in jeder Wissenschaft, die Bedingungen zu reproduzieren, unter denen ein Phänomen auftreten kann. Auch wir haben lange und geduldig daran gearbeitet, um ein unregelmäßig auftretendes Phänomen im Zustand der Dauer zu reproduzieren.

Man hat mit großer Genauigkeit und nach tausend Versuchen die Umgebung schaffen müssen, die am geeignetsten ist, um das Kind sich frei äußern zu lassen. In dieser Umgebung treten die Phänomene so wieder auf, wie sie aus einem psychologischen Versuch hätten hervorgehen können. Man darf nicht den Versuch machen, das Kind zu beeinflussen, um es zu unterrichten, sondern man muss ihm die Umgebung bereitstellen, in der es sich frei entfalten wird.

Man begriff Umgebung bisher immer in dem Sinne, dass sie einen plastischen und formenden Einfluss ausüben sollte, dem sich das Individuum anpassen musste, indem es sich selbst umformte. Aber die Umgebung, zu der wir gelangt sind, ist ganz anders. Für uns muss gerade die Umgebung dem Kinde angepasst werden, und nicht das Kind soll sich einer vorverfaßten Umgebung anpassen. Das Kind drückt sich in dieser Umgebung frei und freudig aus. Mit anderen Worten, *diese Umgebung ist befreiend und nicht formend.* Das Kind enthüllt darin seinen Charakter und seinen Lebensrhythmus.

Diese Umgebung ist psychologischer Art; sie befreit und enthüllt den psychischen Rhythmus des Kindes. Das ist etwas ganz anderes als Reagentien, Tests usw., die nur einen Augenblick einwirken und eine momentane Antwort hervorrufen: wie das Bild des Augenblicks, der vorüber eilt, oder eine Momentaufnahme; wohingegen der Versuch nach der Methode, die ich entworfen habe, mit dem Film vergleichbar ist.

Viele Kinder zeigen hemmende Reaktionen. Sie ähneln jenen Coleopteren[3], die sich unter der Lupe tot stellen, wenn man gerade die Bewegung ihrer Füße genau studieren will. Bei uns dagegen bemühen wir uns, so vorzugehen, dass diese Hemmungsreaktionen nicht auftreten.

Diese Umgebung, in der sich der Rhythmus des Kindes enthüllt, hat viele bislang unbekannte Wahrheiten ans Licht gebracht. Unter anderem diese: die Arbeit des Kindes besitzt einen Rhythmus, der von dem des Erwachsenen ganz verschieden ist. Das Kind muss durch seine Arbeit ein intensives Bedürfnis nach Betätigung befriedigen. So handelt es sich nicht um ein äußeres Ziel, das es erreichen muss, sondern um ein tiefes inneres Bedürfnis, das es durch eine lange währende Tätigkeit zufriedenstellen muss.

---

3 Insektenordnung der Käfer. (Anmerkung des Bearbeiters.)

Nehmen wir zum Beispiel an, ein Kind möchte einen Gegenstand säubern. Es wird ihn viel länger polieren, als es nötig ist, damit er sauber wird. Man sieht auch oft, wie ein dreijähriges Kind dieselbe Übung vierzigmal wiederholt. Damit dies geschieht, ist kein äußerer Anreiz vonnöten; besser noch: es darf [gar] kein Anreiz da sein.

Der Erwachsene arbeitet ganz im Gegensatz zum Kind aufgrund äußerer Anreize, die dem Gesetz des geringsten Aufwandes in einem Minimum von Zeit gehorchen; Konkurrenz und Wetteifer sind für ihn solche Anreize. Das aber trifft für das Kind nicht zu. Bei ihm ist die Arbeit Fortsetzung und Wiederholung der Tat, die allein es wachsen und erwachsen werden lässt. Das Kind kann sie nicht abkürzen. Es verteidigt sich fortwährend gegen den Erwachsenen, der ihm helfen und Ratschläge erteilen möchte. Der Erwachsene im Gegenteil würde es lieber sehen, dass andere, wenn möglich, die Arbeit für ihn erledigen.

Denkt man daran, dass der Erwachsene das Kind beherrscht, so versteht man den Konflikt, der aus diesen beiden unterschiedlichen Rhythmen hervorgehen muss. Der Erwachsene will das Kind nach seiner Erwachsenenkonzeption arbeiten lassen – und verpflichtet es zu großen Anstrengungen. Dieses Prinzip der äußeren Anreize, das dem Kind Gehorsam gegenüber dem Erwachsenen abverlangt, stößt sich nun mit den Bedürfnissen des kindlichen Lebens. Denn die Natur führt das kindliche Wesen nicht durch verschiedene und aufeinanderfolgende Etappen zum Erwachsenenzustand hin, sondern durch Umbildungen von einem *gegenwärtigen* Zustand in einen *anderen gegenwärtigen* Zustand. Die Art und Weise des Wachsens besteht nicht darin, den Erwachsenen nachzuahmen, sondern dem Gegenwärtigen treu zu bleiben.

Die Natur bietet uns viele Beispiele für Metamorphosen: So ist die Kaulquappe ganz verschieden vom ausgewachsenen Frosch. Das zeigt, wie die Natur vorgeht. Sie führt dieses Wesen auf scheinbar abgelegenen Bahnen zum endgültigen Ziel. Die Gegenwart jedes Kindes ist der wichtige Punkt, und wir müssen dafür Sorge tragen und sie respektieren. Selbst wenn die Erwachsenen keine Metamorphosen mehr durchmachen, gibt es bei ihnen dennoch eine individuelle geistige Entwicklung.

Damit das Kind eines Tages laufen kann, lassen wir es eine liegende und ruhende Position einnehmen. Und wir wissen, dass das Kind, um eines Tages kräftig zu sein, zu Ende gestillt werden muss und nicht vorzeitig kauen lernen darf. Diese Phänomene sind so allgemein, dass wir nicht mehr darauf achten. Genauso verhält es sich auf psychischem Gebiet. Wir dürfen also das Kind nicht auf eine höhere Stufe vorantreiben, sondern müssen mit ihm verweilen.

Es trifft nicht zu, dass der Erwachsene in allen Dingen den höheren Zustand repräsentiert. In vielen Fällen ist ihm das Kind überlegen. In der Sprachentwicklung zum Beispiel gibt das kleine Kind wunderbar alles wieder, was es um sich herum hört. Aus diesem Grund spricht das Kind die sogenannte Muttersprache besser als irgendeine andere Sprache. Wenn eine Mutter und ihr dreijähriges Kleinkind in ein fremdes Land emigrieren, wird das Kind den genauen Akzent annehmen, nicht aber die Mutter. Dasselbe gilt für die grammatische und logische Form der Sprache. Das Kind erfasst sie mit größerer Leichtigkeit als der Erwachsene. Diese Fähigkeiten verlieren sich später.

Diese Perioden der Fixierung sind in psychischer Hinsicht von größter Wichtigkeit.

Das Kind macht seine Erwerbungen mit Schnelligkeit und mit Enthusiasmus, weil die Natur bei seiner Erschaffung auf dieselbe Art und Weise vorgegangen ist.

Wir Erwachsene haben diese sensitiven Perioden verloren, und nur schwierig verstehen wir sie beim Kind.

Diese Perioden hat man auch in der Biologie festgestellt. Man findet beispielsweise eine besondere Sensibilität bei einer bestimmten Larve, die beim Ausschlüpfen aus dem Ei für Licht besonders empfindlich ist. So wandert sie zu den zartesten Blättern, die sich an der Spitze des Baumes im Licht befinden, und von diesen Blättern gerade muss sie sich ernähren, um zu wachsen. Wenn sie einmal ausgewachsen ist, wird sie nicht mehr vom Licht angezogen; die Sensibilität, derer sie bedurfte, ist verschwunden.

So können wir uns den fortwährenden Konflikt zwischen dem Erwachsenen und dem Kind vorstellen. Wenn jener sich immer für ein vollkommenes Wesen hält, dem zu gleichen sich das Kind bemühen muss, verewigt sich dieser Gegensatz.

Man muss *die Umgebung des Kindes so anpassen,* dass es darin alle Elemente findet, die für die Abschnitte seiner Entwicklung notwendig sind und wo es verweilen und die erforderliche Hilfe finden kann.

Von dem Moment an kann die Persönlichkeit des Lehrers nicht mehr wie früher die eines Führers sein, der das Kind auf den Punkt hinführt, wo es ihm gleicht. Sie muss bescheidener sein. Man darf nicht mehr von der Autorität des Lehrers reden. Die äußere Autorität des Erwachsenen muss also abnehmen zugunsten der *Achtung vor der wahren Individualität jedes einzelnen.*

d) Das Zentrum und die Peripherie (1932)

In diesem Text, der 1932 gleichzeitig unter dem genannten Titel in der deutschen Ausgabe von „Montessori", der Zeitschrift der 1929 in Berlin gegründeten Internationalen Montessori-Gesellschaft (Association Montessori Internationale), und unter dem Titel „Il nuovo metodo di educazione" in der italienischen Ausgabe derselben Zeitschrift erschienen ist, erläutert die Verfasserin einen besonderen Aspekt ihrer Pädagogik. Implizit, aber gleichwohl unverkennbar anknüpfend an eine sensualistische Erkenntnistheorie, die sie sowohl ihrer positivistischen Wissenschaftsauffassung als auch den Arztpädagogen Itard und Séguin sowie deren philosophischen „Ziehvätern" Locke, Condillac und Cabanis schuldet, hebt Montessori als ein Grundcharakteristikum ihrer Pädagogik hervor, dass sie sich nicht an das innere Zentrum des Kindes, sprich: an dessen Verstand und Vernunft, wendet, sondern nur an seine Peripherie, sprich: an Sinne und Bewegungen. Lehrreich erscheint Montessoris Vergleich der Schule mit einem Museum und des Lehrers mit einem Museumsführer. An einer anderen Stelle ihrer Schriften fügt sie diesem Vergleich die Mahnung hinzu, dass, wenn sich die Museumsführer wie Schullehrer verhalten würden, die Museen bald leer stünden, so dass man dort eine Museumspflicht anordnen müsste, wie man aus ähnlichem Grund die Schulpflicht eingeführt hat. Unser Textabdruck folgt der deutschsprachigen Erstveröffentlichung mit geringen sprachlichen Korrekturen und Verbesserungen.

Ich will einiges über die Psychologie in unserem Studium sagen, die die bei uns [nicht der Ausgangspunkt, sondern] erst die Folge unserer Arbeit ist. Gerade hierin unterscheiden wir uns von anderen pädagogischen Auffassungen.

Abgesehen von den sozialen Grundsätzen, die wir vertreten, und ausgenommen die Persönlichkeit des Kindes, könnte man meinen, dass unser Studium trocken und theoretisch sei. Wir sprechen so viel von unserem Material, diesen einfachen und fast als schematisiert anmutenden Dingen, und gerade durch sie haben wir gelernt, unsere Persönlichkeit zurückzustellen.

Wenn wir uns für unsere Berufstätigkeit vorbereiten, so arbeiten wir mit vielen einfachen Gegenständen. Gerade das ist ein großer Unterschied zwischen uns und den anderen Methoden. Was tut eine Schülerin, wenn sie sich für ein Examen nach den anderen Methoden vorbereitet? Sie liest Bücher und Notizen, sie liest Gedanken von großen Männern, von Philosophen und Erziehern und versucht, diese weisen Sätze zu behalten, die ihren eigenen Gedanken ein Licht sein sollen. Und wo studieren wir diese hohen Gedanken? Welcher Erzieher übermittelt unseren Schülern philosophische Lehrsätze? Wo sind die Seiten, auf die sie Stunden und Stunden verwandten, um Notizen zu machen, und sich bemühten, die wichtigsten Worte zu behalten? All das gibt es bei uns nicht. Wohl werden Richtlinien gegeben und werden Worte gehört, aber es ist nicht wesentlich, diese gelernt zu haben, um Wissen anzuhäufen, sondern sie zu verstehen und dadurch den Weg zu finden, *vom Kinde zu lernen.*

Unsere Schüler studieren bei ihrer Vorbereitung nicht nur Worte, sondern sie arbeiten vor allem mit kleinen Gegenständen, die ganz einfache Dinge für die kleinsten Kinder sind. Es sind keine wissenschaftlich komplizierten und schwer zu verstehenden Instrumente, es sind keine merkwürdigen Mechanismen, es sind nicht Dinge, die für den Erwachsenen hergestellt worden sind. Es sind Gegenstände für Kinder, die nicht nur dem kindlichen Geist selbst dienen, sondern die dazu helfen, dem Kind Klarheit über alles zu verschaffen, was es lernen will und lernen muss. Die Gegenstände sind durch ihre Einfachheit charakterisiert, durch vollkommenste Einfachheit, die der kindlichen Mentalität angepasst ist. Alle Tage arbeiten unsere Schüler mit diesen einfachen Dingen, und es scheint, als ob die Zeit zum Lernen nicht genüge, und ich habe oft gehört, dass Schüler gefragt haben, ob sie noch nach der Prüfung weiterarbeiten könnten. Was wollen die Schüler weiterarbeiten? Was ist in ihrer Seele geweckt worden? Welche Beziehung besteht zwischen diesen lernenden Erwachsenen und diesen einfachen Dingen? Hier ist also etwas entstanden, was zum Denken Anlass gibt, und die Annahme, dass die Arbeit mit diesen kleinen Dingen etwas Trockenes und für den Erwachsenen Unverständliches sei, scheint ein Irrtum zu sein.

Bei anderen pädagogischen Richtungen und besonders bei den modernen[4] ist für den Erzieher eine grundlegende Beschäftigung nötig: das Studium der kindlichen Eigenschaften und seines Geistes, und besonders: das Studium der psychologischen Gesetze. Diese sollen den Erzieher führen, damit er ihnen entsprechend Unterricht erteilen kann. Wir dagegen stehen auf dem Standpunkt, dass es uns ganz und gar nicht darauf ankommt, die kindlichen Gedanken zu erkennen und zu erraten. In der modernen Richtung finden wir verschiedene Prinzipien dieser Art. Man muss das Kind erkennen, um es zu erziehen, oder, der Lehrer muss die psychischen Gesetze kennen,

---

4 Hier hat Montessori offenbar die verschiedenen Richtungen der sog. Reformpädagogik am Beginn des 20. Jahrhunderts, in Italien „attivismo" genannt, vor Augen. (Anmerkung des Bearbeiters.)

wie bei der alten Psychologie, oder man muss die einzelne Individualität verstehen, um sie erziehen zu können. Unser Weg ist ein anderer. Zweifellos ist die Intelligenz mit ihren Gesetzen etwas Geheimnisvolles, schwer Erkennbares, und ein großer Kraftaufwand ist nötig, um in sie einzudringen. Wir sind aber vor allen Dingen überzeugt davon, dass es sich hierbei um etwas wirklich Geheimnisvolles handelt. Wir gehen sogar noch einen Schritt weiter, den niemand mit uns geht. Wir sagen nicht nur, daß dieses Geheimnis schwer zu durchdringen ist, sondern wir sagen auch, daß wir es gar nicht verstehen wollen. Was im Kinde vor sich geht, das ist das Geheimnis des Kindes, und das müssen wir achten. Hier liegt *der Grundsatz unserer Pädagogik*, der auf die Menschen, die nicht in unsere Ideenwelt eingedrungen sind, immer einen verwirrenden Eindruck macht. Unsere Auffassung, dass die kindliche Psyche ein Geheimnis ist, das man nicht antasten darf, weil es uns nicht gehört, scheint ihnen ein Hindernis zu sein. Und doch sagen wir, wir wollen lernen, dieses Geheimnis zu achten.

Bei diesem psychologischen Problem kann man zwei verschiedene Teile unterscheiden: *ein Zentrum und eine Peripherie*. Das Zentrum gehört dem Individuum allein. Wir haben uns mit den Dingen, die im Zentrum vorgehen, nicht zu befassen. Nur durch die Peripherie, die Sinne und die Bewegung, wird das Individuum mit der Außenwelt in Verbindung gebracht. Das Individuum nimmt durch die Sinne auf und handelt. Das ist die Peripherie. Sie ist für uns erreichbar, weil wir sie sehen, weil wir sehen, wie das Kind seine Wahl trifft, und wie es sich mit seiner Aktivität zur Außenwelt hin ausdrückt. Dieses sehen wir, und darauf bauen wir auf. Wir richten unser Augenmerk mehr auf die Peripherie als auf das Zentrum, denn wir sind überzeugt, und haben aus der Erfahrung gelernt, dass diese Äußerungen an der Peripherie die kindliche Art des Handelns sind. Das wachsende und seinen Geist bildende Kind fügt alles zu einem Ganzen zusammen. Während das Kind mit dem Material arbeitet, sammelt es Eindrücke und drückt diese gleichzeitig wieder aus. Auch die geistige Arbeit des Kindes ist ein dauerndes Aufnehmen und Ausdrücken, ist wie ein nie endender Rhythmus bewegter Wellen, ohne Unterbrechung wie unser Herzschlag. Durch dieses einzigartige Erlebnis, das eine stetige Belehrung für uns ist, lernen wir deutlich den peripheren Teil sehen, der uns durch seine Manifestationen die innere Arbeit des Kindes verstehen lässt.

Das Kind muss in jedem Fall diese eigene innere Arbeit vollenden, ob es sie äußert oder nicht. Äußert das Kind sie, so geht seine innere Arbeit unverändert fort, und wir können sie in diesem Fall erkennen:

doch dieses ändert weder unsere Haltung, noch ist es ein Maßstab für die Qualität des Lehrers. Unsere Arbeit bleibt immer auf ein bestimmtes Gebiet begrenzt. Wir werden immer nur der Arbeit des Kindes, die es in seinem Wachstumsprozess leisten muss, an der Peripherie Hilfe bieten können.

Das erklärt die Art unserer Vorbereitung, uns mit diesen kleinen Gegenständen, die man hin- und herbewegt, zu beschäftigen. Alle diese Dinge, die wir den Kindern geben, sind ein Material, das der peripheren Arbeit dient.

Das Ziel anderer Methoden ist, sofort in das Zentrum einzudringen. Man wünscht, dass das Kind gleich anfangs die Dinge auf irgendeine Art versteht, und deshalb hat man sie vereinfacht. Man glaubt, dass es nötig sei, große Dinge in kleiner Form zu geben, solange, bis der noch nicht [voll] entwickelte Geist fähig ist, die großen Dinge wirklich zu verstehen. Man gibt so die großen Dinge in einer Form, die uns als den kindlichen Fähigkeiten entsprechend erscheint, eben in einer kindlichen Form. Man glaubt damit einem Gesetz zu entsprechen, das man als das psychologische Gesetz gelernt hat. Die Tatsache, dass das Kind Dinge nicht mit Interesse aufnimmt und sie schwer versteht, wenn sie von einem anderen übermittelt werden, ließ man außer Betracht. Wir dagegen haben erkannt, dass das Kind eine unaufhaltsame motorische Kraft besitzt, die es dazu treibt, alle Dinge selbst aufzunehmen. Nur so entwickelt sich sein Geist.

Aus diesem Grunde haben wir einen sehr nützlichen Aufbau in unserer Arbeit. Die Dinge, die wir an der Peripherie geben, sind von großer Wichtigkeit. Anstatt einen Gedanken zu geben oder ihn verständlich machen zu wollen, *verwirklichen* wir diesen Gedanken; wir breiten ihn gleichsam auf einer weiten Oberfläche aus, damit das Kind mit ihm arbeiten kann.

Wenn wir etwas lehren wollen, das sich auf die Empfindungen bezieht, so geben wir dem Kind eine Serie stufenweiser Reize. Und wollen wir eine gewöhnliche Tafel des Pythagoras geben, so bieten wir zuerst ein buntes geometrisches Dekanom, und erst dann wird es in Ziffern übersetzt, und zwar in der Art, dass der kindliche Geist dabei alleine arbeitet. Hier sehen wir eine unserer grundlegenden Ideen. Wir müssen alle Dinge vor dem Kind ausbreiten und klar und übersichtlich gestalten, damit das Kind dann selbst lange Zeit mit ihnen arbeiten kann.

Es wird immer gesagt, das Kind sei wissbegierig, und man könne diese Eigenschaft steigern, wenn man ihm Gelegenheit gibt, Dinge selbst zu erforschen. Dieser Grundsatz, der von so vielen so oft wiederholt worden ist, und der allen so glasklar erscheint, kann in der

Tat nicht bestritten werden. Wir können nur hinzufügen, dass es nicht die Wissbegierde allein ist, die das Kind zum Erforschen der Dinge treibt.

Wenn das Kind etwas verstanden hat und durch die neu erworbene Kenntnis seine Wissbegierde befriedigt ist, dann erst entsteht seine wahre expansive Aktivität. Das Kind handelt jetzt nicht nur, um kennenzulernen, sondern es führt eine lange während Handlung aus, um seinen Geist zu stärken und zu weiten. Vor allen Dingen ist es die schöpferische Aktivität, die die Handlungen des Kindes antreibt; hat es sich Kenntnis von etwas verschafft und ist die Wissbegierde befriedigt, dann tritt jene andere ruhige Arbeit des Kindes in Erscheinung, die es zum Entdecker werden lässt. Diese Äußerungen des Kindes sind für uns wie ein Geschenk. Wir nehmen sie auf und glauben. Wir erkannten, dass unser Weg der richtige war, da sich diese Äußerungen zeigten, und unser Weg ist der: *der peripheren Aktivität des Kindes mit äußeren Mitteln zu helfen.*

Die Peripherie ist das einzige erkennbare Gebiet, zu dem wir in Beziehung treten können, und dieser Begriff der peripheren Belehrung stellt eines unserer leitenden Prinzipien dar, durch das wir uns grundlegend von anderen Methoden unterscheiden. Wir werden zu Dienern des Geistes und nicht zu dessen „Erleuchtern". Sind wir auf diese Weise helfende Menschen und nicht unterrichtende Lehrer, und helfen wir derart dem Kind, dass wir sein geheimnisvolles Zentrum achten, so haben wir unsere Aufgabe erfüllt. Durch diese Art unseres Handelns sind wir die Diener des Kindes. Wir geben nur das Notwendigste, wie es auch ein Führer in einem Museum tun sollte. Er gibt die Schlüssel und sagt, hier sind diese Gegenstände und dort jene und damit genug; so er hat alles getan. Was kümmert es den Führer, ob der Mensch diese oder jene Gegenstände mehr betrachten möchte, und was kümmert ihn der Grund, weshalb ihm diese besser als jene gefallen. Niemals wird ein guter Führer fragen: Warum wollen sie dahin gehen? Was halten sie von diesem Raum? Wenn jemand einen Wegweiser anbringt, so beschäftigt er sich auch nicht damit, ob der Reisende lieber zu diesem oder zu jenem Ort geht. Er legt auch neben den Wegweiser keine Karten, durch welche er den Reisenden auffordert, aufzuschreiben, wohin er gegangen ist, weshalb er es getan hat und wie er den Weg fand. Man muss jedem Individuum seine Freiheit lassen. Für uns ist das geheimnisvolle Innere des Kindes sein eigenstes Geheimnis, und wir müssen das Kind führen, indem wir es frei lassen – das ist die höchste Freiheit. Wir glauben daran, dass das Kind in der Welt, die wir ihm entsprechend seiner peripheren Aktivität vorbereitet haben, sich weiter entwickeln wird, dass es sich weiterhin in so wunderbarer Weise äußern wird, dass es wachsen wird und dass es ein Mann werden wird, der sich allein seine innere freie Welt aufbaut. Das Geheimnis des Kindes wird zur Freiheit des Menschen werden. Das ist unser Ideal, das wir erreichen müssen.

Aus diesem Grunde müssen wir uns von der gewohnten Form des Lehrers verabschieden und müssen bescheiden sein. Das Dienen und nicht das Wissen muss im Mittelpunkt stehen. Die Hauptsache für den Lehrer darf nicht sein, in das Geheimnis des Kindes einzudringen, sondern ihm Freiheit zu geben, damit es sich zu einem freien Menschen entwickeln kann. Der Lehrer muss das Leben eines Menschen lernen, der sich selbst zurückstellt, der bescheiden wird, der sich begeistert, und der sich ganz an diese äußeren Regeln und an das äußere Material, die allein dem Kinde helfen können, gebunden hält.

Viele sagen, dass unsere Kinder reif, wunderbar und geheimnisvoll sind, und das verdanken sie nur der Tatsache, dass sie allein ihrer Natur entsprechend arbeiten konnten, ohne dass ihre Arbeit einen überflüssigen Anstoß erhalten hätte.

e) Sensitive Perioden bei Jugendlichen (1927/1930)

Eines der bekanntesten Phänomene in der Montessori-Pädagogik ist die Beachtung der sogenannten sensitiven Perioden, auf die Maria Montessori durch die Tierstudien des holländischen Biologen Hugo de Vries (1848-1935) aufmerksam geworden ist und die sie dann in analoger Weise durch eigene Beobachtungen an Kindern bestätigen konnte. In diesem kleinen Beitrag gibt sie einige illustrative Beispiele aus dem Tierreich und aus der Kinderwelt. Der einschlägige Text erschien unter dem Titel „Periodi sensitivi" zuerst in L'Idea Montessori", *dem Organ der Italienischen Montessori-Gesellschaft (Opera Nazionale Montessori), 1 (1927), n. 2-3, S. 12-13; wieder abgedruckt in* Vita dell'Infanzia, *48 (1999), n. 2, S. 4-6. Unser Abdruck folgt der deutschen Fassung, die im* Berliner Tagblatt, *Nr. 32, 19.1.1930, 5. Beiblatt, erschien, mit kleinen sprachlichen Korrekturen und Verbesserungen.*

Der holländische Biologe Hugo de Vries[5], der Experimente über die Entwicklung der Lebewesen gemacht hat, stellte die Behauptung auf, dass bestimmte Bedingungen in der Umgebung doch unterschiedli-

---

5 Hugo de Vries (1848-1935), niederländischer Botaniker, arbeitete besonders über Fragen der Osmose, entdeckte gleichzeitig mit Correns und Tschermak die Mendelschen Erbgesetze wieder und kam durch Studien über Variabilität zur Begründung der Mutationstheorie (sprunghafte Veränderung der Erbanlage).

che Ergebnisse zeitigen können, wenn sie in verschiedene Stadien der Entwicklung einwirken. Außerordentlich günstige Bedingungen können während einer gewissen Periode erfolglos sein, wahrend sie in einem darauf folgenden Zeitabschnitt den günstigsten Einfluss haben werden.

Verfolgt man also die Entwicklung eines Lebewesens, so darf man es in seinem augenblicklichen Entwicklungsstadium nicht als werdendes Glied der Art, sondern [muss es] als selbständiges Individuum betrachten. Das endgültige Ergebnis hängt nicht von einer vorzeitigen „Angleichung" oder „Anpassung" des jugendlichen Geschöpfes an die Welt der Erwachsenen ab – die auf die Vollkommenheit der Art hinzielt –, sondern von der Möglichkeit, die notwendigen Lebensbedingungen gerade im richtigen Augenblick der eigenen Entwicklung wirken zu lassen.

Spricht man in der experimentellen Biologie – für die de Vries maßgebend ist – von günstigen „Milieu-Bedingungen" in gewissen, ganz begrenzten Perioden, so geht man [dabei] davon aus, dass das Individuum in seinen verschiedenen Perioden eben verschiedenartig ist. Es hat nicht nur die allgemeinen Eigenschaften des vegetativen Lebens, die an sich schon voneinander verschieden sind, sondern es hat außerdem persönliche „Verhaltensweisen" und verschiedene „Sensibilitäten", die sich nur während einer vorübergehenden Periode zeigen, dann schwächer werden oder geradezu verschwinden. Während dieser Zeitabschnitte, die de Vries „sensitive Perioden" genannt hat, verhält sich das in der Entwicklung befindliche Wesen schöpferisch; es zeigt „Umgestaltungen" und „Instinkte", die es unmerklich so lenken, dass die fundamentalen Notwendigkeiten verwirklicht werden, von denen die Zukunft der Art abhängt. Das hört aber in dem Augenblick auf, in dem die „sensitive Periode" durchlaufen ist.

Es ist z. B. bekannt, dass die Arbeitsbienen unvollendet entwickelte Weibchen sind. Nur die Bienenkönigin ist vollkommen ausgebildet. Für diese vollendete Entwicklung ist die Ernährung, der „königliche Brei", maßgebend, der der Königinnenlarve während einer „sensitiven Periode" zugeführt wird und ihr dazu verhilft, ihre endgültige Entwicklung zu erreichen. Fehlt diese besondere Nahrung in der „sensitiven Periode", so wird die zur Mutterschaft prädestinierte Larve nur eine Arbeitsbiene. Wird die Larve zu einer Zeit mit dem „königlichen Brei" ernährt, in der die „sensitive Periode" schon vorbei ist, so ist ihre Entwicklung zur Königin nicht mehr möglich. Die zur Arbeitsbiene schon zu sehr Fortgeschrittene kann sich nicht mehr zurückentwickeln. In diesem Falle ist die „sensitive Periode" begrenzt.

Das Beispiel einer „sensitiven Periode" anderer Art zeigt sich bei der Larve der „Prothesia", einer gewöhnlichen Schmetterlingsart. Kaum sind die Larven dem Ei entschlüpft, so streben sie dem Lichte zu; sie haben also eine ausgesprochene „Sensibilität" für das Licht. Sie leben auf Bäumen, und da sie hier von den lichtreichsten Stellen angezogen werden, treffen sie mit den jungen Blättchen zusammen, die zart genug sind, um zur ersten Nahrung zu dienen. Haben sie genug von der zarten Nahrung und können sie sich von härteren Blättern ernähren, so verlieren sie die Sensibilität für das Licht. Sie brauchen nicht mehr auf den äußersten Zweigen des Baumes zu bleiben, sondern können zu den dunkleren Stellen vorrücken. Hier gibt es eine ihnen jetzt angemessenere Ernährung und bessere Umweltbedingungen für die folgende Entwicklung. Das Verschwinden der Sensibilität ist also genau so notwendig, wie ihr „In-Erscheinung-Treten".

Meine Erfahrungen mit Kindern haben mich veranlasst, in meinen Büchern eine Menge von Phänomenen zu beschreiben, die als Parallelen zu den angeführten Beispielen betrachtet werden können. Es gibt Perioden, in denen die Kinder ein „Verhalten" und eine Möglichkeit zu psychischer Ordnung aufweisen, die später verschwinden.

So z. B. interessieren sie sich mit außerordentlicher Intensität für einige Übungen, die man in vorgeschrittenem Alter vergeblich zu wiederholen sucht. Werden die Kinder durch ihre Energie auf eine endgültige Übung gestoßen und konzentrieren sie sich darauf, so bleiben sie auf lange Zeit darin vertieft und zeigen in der Ausübung eine Exaktheit und Geduld, die selbst der Erwachsene nicht aufbringen könnte. In die „sensitiven Perioden" fällt jeweils eine fest begrenzte Funktion, die vollkommenste Geschicklichkeit bei einer bestimmten Arbeit ermöglicht. Nur zu gewissen Zeiten können z. B. die Laute der Sprache perfekt wiedergegeben und festgehalten, also vollkommen erworben werden. Da man während dieser kindlichen Periode meist in der Nähe der Mutter ist, heißt die sich hier ergebende Sprache: Muttersprache. Was immer es auch für eine Sprache sei: in der ihr entsprechenden „sensitiven Periode" festigt sie sich, eine Tatsache, die man bei genügend kleinen Kindern immer nach der Auswanderung in ein fremdes Land feststellen kann. Zu einem späteren Zeitpunkt als dem der „sensitiven Periode" strengen sich das ältere Kind oder der Erwachsene vergeblich an, die Laute der fremden Sprache korrekt auszusprechen. Trotz aller Anstrengungen behalten sie in ihrer Aussprache den „Akzent" des Ausländers. Die Grammatik und die Regeln der neuen Sprache hingegen sind dem weiter entwickelten Kind durch den Verstand zugänglich; es interessiert sich nämlich außerordentlich für das Studium von Worten und Satzbildungen – wozu das kleine Kind noch nicht imstande ist. Das größere Kind lernt also mit Hilfe von Orthographie und Grammatik die neue Sprache. Nur selten wird es einem Erwachsenen gelingen, so leicht und vollkommen wie ein größeres Kind zu lernen; er wird immer fortfahren, Grammatik- und Orthographiefehler zu machen.

Berücksichtigt man während der Erziehung die „sensitiven Perioden", so erreicht man zuweilen überraschende Resultate. Hier wird den Vorurteilen widersprochen, welche die Reihenfolge, die gleichförmige Steigerung der Intelligenz und die Ermüdung beim Lernen fälschlicherweise für notwendig halten. Macht das Kind die Übungen seiner augenblicklichen „sensitiven Periode" entsprechend, so schreitet es fort und erreicht Grade von einer Vollkommenheit, die in anderen Zeitabschnitten des Lebens nicht mehr nachzuholen sind. Wenn das Kind sich auch anstrengt, so steigert sich seine Kraft, und nur so erfährt es die Freude, die sich bei Befriedigung einer wirklichen Lebensnotwendigkeit einstellt.

In dieser Form wächst und stärkt man sich, wenn man arbeitet. In der Arbeit verbraucht man sich nicht. Die Kinder, die im ihnen gemäßen Alter zu schreiben beginnen (viereinhalb bis fünf Jahre), erreichen eine Vollkommenheit in der Schrift, die man niemals bei den Kindern findet, die [erst] mit sechs oder sieben Jahren angefangen haben zu schreiben. Doch vor allem: In diesem verspäteten Zeitabschnitt wird das Kind nicht mehr den Enthusiasmus und die Fülle des Schaffens aufbringen, deren einzigartiges Phänomen man als „Explosion der Schrift" bezeichnet.

Aus all diesem ergibt sich nicht nur eine Verschiebung der mannigfaltigen Lehrpläne (Pensen) in frühere Altersstufen, sondern es werden auch überraschende Erfolge in allen Übungen erzielt werden, wenn sie in die ihnen entsprechenden „sensitiven Perioden" fallen.

Als die Methode anfänglich bekannt wurde, haben sich viele Menschen durch diese Tatsachen, aus denen die sogenannten „Wunder der Montessori-Kinder" herrühren, abschrecken lassen. Die Gelehrten wurden vorsichtig, die Kinder ernsten Prüfungen zu unterziehen. Es erschien absurd, dass die kleineren Kinder Dinge tun konnten, zu denen die größeren nicht einmal fähig waren.

In Holland aber wurden die Studien von de Vries, die solche Kenntnisse über das Lebewesen vermittelten, nicht nur mit großem Interesse aufgenommen, sondern es erfolgte auf die Erkenntnis der Erfindung hin die exakte Nutzanwendung der „sensitiven Perioden" für die menschliche Kindheit.

f) Das Kind (1941)

Dieser Text ist von allen hier abgedruckten sicherlich der konsistenteste und umfassendste, der nicht nur ein Gesamtbild der Montessori-Pädagogik zeichnen will, sondern sich im fünften Unterabschnitt sogar dazu aufschwingt, den Schlüssel zur Lösung aller (sic!) Erziehungsprobleme in Aussicht zu stellen. Es dürfte sich also lohnen, nach diesem pädagogischen Generalschlüssel zu fragen. Dabei wird es auch um die Frage gehen müssen, worin Montessori (in diesem Text) das Herzstück ihrer erziehungswissenschaftlichen Arbeit und den Kern ihrer neuen Sicht auf die Erziehung erblickt. Dieser Text ist gewiss nicht als Vortrag entstanden, sondern als Beitrag für das Organ der Theosophischen Gesellschaft verfasst worden, und zwar mit der Absicht, einen möglichst umfassenden Einblick in ihre Pädagogik zu ermöglichen. In diesem Text findet sich auch die immer wieder erzählte (und dabei immer wieder abgewandelte) Geschichte von der Entdeckung des sog. Montessori-Phänomens, also der sog. Polarisation der Aufmerksamkeit. Der Text erschien unter dem Titel „The Child" im Dezember 1941 in der vom Theosophical Publishing House in Adyar (India) herausgegeben Zeitschrift The Theosophist; *dann als Sonderdruck im gleichen Jahr und öfter. Übersetzung aus dem Englischen von Rainer Grundmann und Winfried Böhm.*

Fehler der Vergangenheit

Bisher bestand das einzige Ziel, auf das der Erzieher alle seine Bemühungen richtete, darin, den Schüler für das soziale Leben vorzubereiten, das er später einmal würde führen müssen. Deshalb zielte man grundsätzlich darauf, dass er den Erwachsenen nachahmen könne, und er wurde gezwungen, die schöpferischen Kräfte des Geistes unter der Glocke des Nachahmungstriebes zu ersticken.

Vorzugsweise lehrte man ihn jenes Wissen, das man als unentbehrlich erachtete, um in einer zivilisierten Gemeinschaft leben zu können. Das erzwang eine unbedingte Anpassung an eine Form des sozialen Lebens, die für die Kinder nicht natürlich ist und die ihnen erst dann natürlich sein würde, wenn sie erwachsen wären. Unter solchen Umständen konnte die wirkliche Natur des Kindes weder in der alten Schulform noch in der Familienerziehung alten Stils richtig eingeschätzt werden. Das Kind war ein bloßes „Zukünftiges". Es wurde nur als etwas betrachtet, das werden soll, und deshalb galt es nichts, bevor es das Erwachsenenstadium erreicht hatte.

Doch hat das Kind, wie alle anderen menschlichen Wesen, eine eigene Persönlichkeit. Es trägt unauslöschlich in sich die Schönheit und

Würde des schöpferischen Geistes; deshalb erfordert seine reine und überaus empfindsame Seele unsere feinste Sorge. Wir dürfen uns nicht nur vorwiegend mit seinem winzigen und so gebrechlichen Körper beschäftigen. Wir dürfen uns auch nicht darauf beschränken, es nur mit großer Sorgfalt zu ernähren, zu waschen und zu kleiden; denn nicht einmal während der Kindheit lebt der Mensch vom Brot allein. Materielle Bedürfnisse liegen auf einer niedrigeren Stufe, und sie können in jedem Alter erniedrigend wirken. Unterdrückung nährt in Kindern genauso wie in Erwachsenen Minderwertigkeitsgefühle und erzeugt einen absoluten Mangel an Würde.

Die soziale Umgebung, die wir für uns geschaffen haben, passt nicht für das Kind. Es versteht sie nicht, und deshalb wird es eifrig von ihr ferngehalten. Und da es sich unserer Gesellschaft nicht anpassen kann, wird es von ihr ausgeschlossen, und es wird in die Obhut der Schule gegeben, die dann oft zu seinem Gefängnis wird. Heute können wir endlich sehr klar sehen, wie fatal die Konsequenzen einer Schule sind, wo die Kinder nach alten Methoden unterrichtet werden. Sie leiden darunter nicht nur organisch, sondern auch moralisch. Das fundamentale pädagogische Problem der Charakterbildung ist bis heute von der Schule vernachlässigt worden. Und auch in der Familie unterliegt man demselben grundsätzlichen Irrtum. Auch dort ist es immer das „morgen" des Kindes, seine zukünftige Existenz, mit der man sich in erster Linie beschäftigt. In keiner Hinsicht wird seine Gegenwart ernst genommen; mit der „Gegenwart" meine ich das, was das Kind benötigt, um vollkommen nach den psychischen Bedürfnissen seines Alters leben zu können. Allenfalls hat man in fortschrittlicheren Familien mit neueren Ideen begonnen, das physische Leben des Kindes in Betracht zu ziehen. Vernünftige Ernährung, gesunde Kleidung, Aufenthalt in der frischen Luft stellen den letzten Fortschritt dar, den die Wissenschaft in diesem Jahrhundert in das Leben des Kindes gebracht hat.

Aber das menschlichste aller kindlichen Bedürfnisse wird vernachlässigt – die Ansprüche seines Geistes, seiner Seele. Das menschliche Wesen, das im Kinde lebt, bleibt unterdrückt. Uns sind nur die Anstrengungen und die Energie bekannt, die das Kind aufbringen muss, um sich gegen uns zu verteidigen. Wir kennen nur das Weinen, das Geschrei, die Wutausbrüche, die Schüchternheit, das Besitzenwollen, die Neigung zu lügen, die Selbstsucht und den Zerstörungsdrang. Wir begehen einen sehr schwer wiegenden Fehler mit sehr ernsten Folgen. Und dieser Fehler besteht darin, dass wir diese Mittel der Verteidigung als die wesentlichen Züge des kindlichen Charakters ansehen und sie niederhalten und es als unsere strikte Pflicht erachten, sie mit größter Strenge zu verurteilen und auszulöschen, und zwar mit einer Hartnäckigkeit, die uns sogar vor körperlicher Züchtigung nicht zurückschrecken lässt. Diese kindlichen Reaktionen sind oft die Symptome eines geistigen Defekts und gehen sehr oft einer echten nervlichen Erkrankung voraus, deren Folgen für den Rest des Lebens spürbar bleiben. Wir wissen alle, dass die Altersstufe, in der sich die Entwicklung vollzieht, die wichtigste Periode des ganzen Lebens ist. Unterernährung und Vergiftung des Geistes sind für die Seele des Menschen ebenso verhängnisvoll wie die physische Unterernährung für die Gesundheit des Leibes. Deshalb ist die Kindererziehung das wichtigste Problem der Menschheit.

Die Heilung

Es ist für uns eine Gewissensfrage, auch die leisesten Regungen der kindlichen Seele verstehen zu wollen und in unseren Beziehungen zu der Welt der Kleinen äußerst behutsam zu sein. Früher gefielen wir uns darin, uns als gnadenlose Richter vor unseren Kindern aufzuspielen. Sie erschienen uns im Vergleich mit den Erwachsenen voller Fehler, und wir stellten uns ihnen vor, als ob wir mit Tugenden nur so gesegnet wären. Wir müssen uns nun mit einer viel bescheideneren Rolle zufrieden geben, wie sie durch die Interpretation, die *Emerson*[6] der Botschaft Jesu Christi gab, nahegelegt wird: *Das Kind ist der ewige Messias, der immer wieder unter die gefallene Menschheit zurückkehrt, um sie ins Himmelreich zu führen.*

Wenn wir das Kind in diesem Lichte sehen, müssen wir es als zwingende Notwendigkeit anerkennen, den Kindern viel Sorge zuzuwenden und ihnen eine adäquate Umgebung zu schaffen. Wenn wir das tun, werden wir eine große Aufgabe zugunsten der Menschheit vollbracht haben. Das Kind kann in der komplizierten Welt der Erwachsenen kein natürliches Leben führen; auch ist offensichtlich, dass der Erwachsene durch seine ständige Aufsicht, seine fortwährenden Ratschläge und durch seine diktatorische Haltung die Entwicklung des Kindes stört und bedroht. Alle guten Kräfte, die in seiner Seele sprießen, werden dadurch erstickt, und nichts bleibt im Kind zurück

---

6 Ralph Waldo Emerson (1803-1882), bedeutender nordamerikanischer Poet und Essayist; wurde mit seinem symphonischen Essay „*Nature*" zum Begründer des nordamerikanischen Transzendentalismus und sah Gott und Welt, Mensch und Natur als eine einzige große Einheit und den Menschen in der Hand einer wirkenden Welt-Seele. Siehe dazu sein pädagogisches Hauptwerk „*The Conduct of Life*", Boston 1860. (Anmerkung der Übersetzer.)

als der unbewusste Drang, sich sobald als möglich von allem und jedem zu befreien.

Wir sollten deshalb unserer Rolle als Gefängniswärter entraten und stattdessen vor allem eine Umgebung vorbereiten, in welcher wir das Kind so wenig wie möglich durch unsere Aufsicht und Belehrung einengen. Wir müssen uns davon überzeugen lassen: je mehr die Umgebung des Kindes seinen Bedürfnissen entspricht, desto mehr wird die Aktivität des Lehrers eingeschränkt. Aber hier darf ein wichtiger Grundsatz nicht vergessen werden – dem Kind Freiheit geben, bedeutet nicht, es sich selbst zu überlassen oder es gar zu vernachlässigen. Die Hilfe, die wir der Seele des Kindes zuteil werden lassen, darf nicht darin bestehen, gleichgültig gegenüber allen seinen Entwicklungsschwierigkeiten zu sein. Wir müssen es viel eher überlegt und mit aufrichtiger Sorge unterstützen. Wir haben jedoch allein schon dadurch, dass wir sehr sorgfältig die Umgebung der Kinder vorbereiten, eine große Aufgabe erledigt; denn die Schaffung einer neuen Welt, einer Welt der Kinder, ist kein Ziel, das man leicht erreicht. Sobald wir den Kindern kleine Möbel bereitstellen, die sie ebenso benötigen wie Erwachsene (vielleicht sogar noch mehr, denn für sie sind sie ja nicht nur Möbelstücke, sondern eine Hilfe bei der Entwicklung), sehen wir, dass ihre Bewegungen und ihre Aktivität auf erstaunliche Weise geordnet werden. Vorher schienen sie ihre Glieder nicht zu beherrschen; sie liefen umher, stießen alles um, sprangen herum und zerschlugen manches. Jetzt scheinen ihre Bewegungen durch einen bewussten Willen gesteuert zu werden. Sie können ohne Gefahr allein gelassen werden, weil sie wissen, was sie wollen,

Das Bedürfnis nach Aktivität ist fast noch stärker als das nach Nahrung. Das wurde bisher nicht erkannt, weil ein angemessenes Betätigungsfeld fehlte, auf dem das Kind seine Bedürfnisse hätte äußern können. Wenn wir ihm ein solches geben, werden wir sehen, wie die kleinen Plagegeister, die nie zufrieden gestellt werden konnten, sich in fröhliche Arbeiter verwandeln. Der sprichwörtliche Zerstörer wird dann der eifrigste Wächter der Dinge um sich herum. Das lärmende und in seinen Bewegungen und Handlungen unbeherrschte Kind wird in ein ruhiges und ordentliches Wesen verwandelt. Aber wenn dem Kind entsprechende äußere Hilfsmittel fehlen, wird es nie fähig sein, die großen Energien zu gebrauchen, mit denen es die Natur ausgestattet hat. Es wird sich instinktiv zu einer Aktivität gedrängt fühlen, die seine ganze Energie beanspruchen kann, denn das ist der natürliche Weg, seine Fähigkeiten vollkommen zu erwerben. Wenn es aber nichts gibt, das diesen Antrieb befriedigen könnte, was bleibt dem Kind dann übrig, als seine Aktivität ziellos, heftig und unordentlich zu entwickeln?

Von der Vorbereitung einer Umgebung hängt alles ab.

Das Kinderhaus

Heutzutage kennt fast jedermann das Kinderhaus. In allen zivilisierten Völkern werden Kindermöbel und kleine einfache Gegenstände hergestellt, die der intellektuellen Entwicklung des Kindes dienen wollen: farbenfreudige Möbelstücke, die so leicht gebaut sind, dass sie sofort umfallen, wenn man dagegen stößt, und mit denen das Kind leicht hantieren kann. Weil sie helle Farben haben, sieht man Flecken und Staub sofort, und auf diese Weise wird jede Unordnung oder mangelnde Aufmerksamkeit auf Seiten des Kindes offenbar. Weil man solche Fehler leicht sieht, können sie auch leicht mit Hilfe eines Stückchens Seife und etwas Wasser korrigiert werden. In unserem Kinderhaus verwenden wir solche Möbel. Jedes Kind sucht sich den Platz aus, der ihm am besten gefällt, und ordnet alles nach seinem Geschmack an, aber es muss sich vor jeder unordentlichen Bewegung hüten, weil jede derartige Bewegung sofort an den leichten Möbeln sichtbar wird, die auf den Fußboden fallen. So wird das Kind von mahnenden Freunden umgeben, deren Stimmen nicht Stimmen von Erwachsenen sind, und so lernt es, sich sorgfältig und bewusst zu bewegen und seinen Körper zu beherrschen. Deshalb stellen wir in der Umgebung des Kindes sehr schöne zerbrechliche kleine Gegenstände aus Glas oder Porzellan auf; denn lässt das Kind diese fallen, zerbrechen sie, und es wird für immer jene geliebten Dinge, die ihm so viel Freude machen und es jedes mal so fesselten, wenn es den Raum betrat, verlieren. Es verliert sie für immer, weil es nicht aufmerksam mit ihnen umging und weil es sie aus seinen Fingern gleiten ließ. Sie sind nun zerbrochen, gleichsam tot, und nicht länger sprechen und lächeln sie ihm zu. Könnte ein Kind eine härtere Strafe erfahren als den Verlust seiner geliebten Dinge, die es nirgends sonst berühren durfte als in dem kleinen Haus, das ganz für es und für seine geistige Entwicklung gebaut wurde? Kann es eine stärkere Stimme geben als die, die das Kind mahnt: „Sei vorsichtig in deinen Bewegungen! Jede unordentliche Bewegung bringt die kleinen Freunde, die dich umgeben, in höchste Gefahr." Wir, die wir mit den Kindern leben, wissen, wie schmerzhaft der Verlust eines geliebten Gegenstandes für das Kind ist. Und wer fühlte sich nicht gedrängt, eines dieser kleinen Wesen zu trösten, das mit hochrotem Gesicht weinend vor einer kleinen wunderbaren Porzellanvase steht, die es fallengelassen hat? Und wenn man es erst später sehen könnte! Wie ist von da an das Gesicht konzentriert, wenn das Kind zerbrechliche Gegenstände trägt, und wie die Anstrengung sichtbar, all seine Bewegungen unter Kontrolle zu halten.

So sieht man, dass die Umgebung selbst es ist, die dazu beiträgt, die Kinder ständig vollkommener zu machen, weil jeder Fehler, wie klein er auch sein mag, sofort sichtbar wird, so dass es sich für die Lehrerin erübrigt einzugreifen. Sie kann den kleinen Fehlern um sich herum ruhig zuschauen, und mit der Zeit wird es scheinen, als ob das Kind die Stimmen all der Gegenstände hörte, die in ihrer stummen Sprache reden und mahnen und dabei seine kleinen Fehler bloßstellen: „Sei behutsam. Siehst du nicht, ich bin dein kleiner wunderbarer Tisch? Ich glänze, ich bin poliert, zerkratz mich nicht. Mach keine Flecken und mach mich nicht schmutzig."

Die ästhetische Qualität der Gegenstände und der Umgebung spornt die Aktivität des Kindes an, so dass es seine Anstrengungen verdoppelt. Das ist der Grund, warum in unserem Kinderhaus alle Gegenstände anziehend gestaltet sind. Die Kehrwische und Besenstiele sind in hellen Farben bemalt, und die kleinen Bürsten wirken ebenso anziehend wie die kleinen Seifenstücke, die rund oder eckig, rosa, blau und gelb sind, dadurch das Auge des Kindes auf sich ziehen und zur Benutzung auffordern. Aus allen Gegenständen muss es tönen: „Komm und berühre mich; benütze mich. Siehst du mich nicht; ich bin der schöne rosarote Kehrwisch. Komm, lass uns eilen und den Staub von der Tischplatte wischen." Und aus der anderen Ecke: „Hier bin ich, der kleine Besenstiel. Nimm mich in deine kleinen Hände und reinige mit mir den Flur!" Und noch eine andere Stimme ruft: „Kommt, kleine Hände, taucht ins Wasser und nehmt die Seife". Von überall her locken die hellen Gegenstände das Kind; sie beginnen schon beinahe Bestandteil seiner Stimmung, Bestandteil seines Wesens und Bestandteil seiner wirklichen Natur zu werden, und die Lehrerin braucht nicht mehr zu sagen: „Karl, putze das Zimmer"; und: „Hans, wasch deine Hände".

Jedes befreite Kind, das für sich selbst zu sorgen weiß, das seine Schuhe anziehen und sich ohne Hilfe an- und auskleiden kann, spiegelt in seiner Freude, in seiner Heiterkeit die menschliche Würde wieder, denn die Menschenwürde erwächst aus dem Gefühl der eigenen Unabhängigkeit.

Die Freude, die die Kleinen bei ihrer Arbeit verspüren, lässt sie alles mit beinahe überschäumender Begeisterung ausführen. Wenn sie einen Messingtürknopf polieren, tun sie es mit einer solchen Ausdauer, dass er schließlich wie ein Spiegel glänzt. Selbst die einfachsten Dinge, wie Abstauben und Wischen, werden mit fast schon übertriebener Genauigkeit ausgeführt.

Wunderbare Ergebnisse

Es ist offensichtlich, dass die Kinder nicht durch das Erstreben eines äußeren Zieles zur Aktivität angespornt werden, sondern vielmehr durch die Möglichkeit, ihre latenten Energien zu erproben und zu üben. Dieses Moment bestimmt auch die Dauer ihrer Aktivität und verlangt auch nach ständiger Wiederholung. Diese Wiederholung einer Handlung macht das Kind glücklich und lässt es wirkliche Meisterstücke vollführen. Zum Beispiel sehen wir ganz kleine Kinder, wie sie sich allein an- und ausziehen, ihre Knöpfe zumachen, sich verbeugen, einen Tisch decken und Teller abwaschen können. Aber das ist nicht alles. Ihre überschäumende Energie zeigt sich auch darin, dass das Kind das eben Gelernte zum Nutzen anderer einsetzt, die diesen Grad von Vollkommenheit noch nicht erreicht haben. So beobachten wir ein Kind, wie es einem jüngeren Kameraden die Kleider zuknöpft, ihm die Schuhe bindet oder schnell den Boden säubert, wenn irgendjemand die Suppe verschüttet hat. Wenn es Teller abwäscht, reinigt es auch die anderen, und wenn es den Tisch deckt, tut es dies für andere mit, die sich nicht an seiner Arbeit beteiligen konnten. Und dennoch betrachtet es diese Arbeit für andere nicht als eine zusätzliche Bemühung und erwartet kein Lob. Nein, es ist die Anstrengung selbst, wonach es am meisten trachtet. Ich habe einmal ein kleines Mädchen sehr traurig vor einer dampfenden Suppenschüssel sitzen sehen, ohne dass es kostete. Und warum? Weil man ihm versprochen hatte, es den Tisch decken zu lassen, und dann darauf vergessen hatte. Seine Enttäuschung war so groß, dass selbst der Hunger darüber verstummte. Sein kleines Herz schrie lauter als sein Magen.

Auf diese Weise werden jene äußeren Aktivitäten des Kindes, die sich auf soziale Ziele richten, entwickelt. Das Kind hat ein Ziel, das es einsieht und das es leicht annehmen kann. Seine Intelligenz sucht nach diesem Ziel, und indem wir das Kind in seine Umgebung stellen, geben wir ihm die Freiheit, dieses Ziel zu erreichen. Sicher hat seine wirkliche Natur, sein wirkliches Interesse viel tiefere Wurzeln, und das Kind handelt nicht bloß, um eine selbst gewählte Pflicht zu erfüllen, sondern um sein Verlangen nach Betätigung zu befriedigen und einen Durst zu stillen, der den Gesetzen der Entwicklung gehorcht. Ein äußeres, einfaches und klares Ziel ist notwendig, um die-

sen Wunsch befriedigen zu können. Wir sehen das Kind, Gott weiß
wie oft, seine Hände waschen, nicht weil sie schmutzig sind, sondern
weil ein inneres Verlangen nach Weiterentwicklung der dabei notwendigen sekundären Handlungen es nötigt, wie z. B. Wasserholen,
Ausschütten, Seife und Handtuch benutzen. Der fortgesetzte und genaue Gebrauch dieser Gegenstände, wie viel Aufwand erfordert er
doch? Das Zimmer wischen, die Blumen gießen, die Möbel im
Zimmer zurechtrücken, den Teppich zusammenrollen und den Tisch
decken; das alles sind sinnvolle Tätigkeiten, mit denen eine körperliche Übung verbunden ist. jeder, der im Leben gezwungen ist, diese
Handarbeit zu verrichten und der erfährt, wie ermüdend sie sein
können, weiß, wie viel Bewegungen nötig sind, um diese zahlreichen
einzelnen Aufgaben zu erledigen.

In letzter Zeit ist viel von der Notwendigkeit körperlicher Erziehung gesprochen worden. Nun ja, hier ist eine Übungsmöglichkeit,
die nicht nutzlos und mechanisch ist, sondern einsichtsvoll getan
werden kann und hinter der ein Zweck steht. Und doch sind die
Übungen des praktischen Lebens, die die Kleinen so freudig ausführen und die alle Besucher des Kinderhauses so angenehm überraschen, nicht der Kernpunkt. Sie sind nur ein Anfang, ein Anstoß,
und sie bilden den unwichtigsten Teil der kindlichen Aktivität.

Es ist wohlbekannt, dass Wissenschaftler oft den Eindruck tiefer
Konzentration machen, der sie gleichgültig gegenüber den profanen
Dingen um sie herum werden lässt. Alle kennen die Anekdote von
Newton, der aufs Essen vergaß, oder jene von Archimedes, der nicht
einmal die Schlachtrufe bei der Eroberung von Syrakus hörte und
vollkommen von dem Feind überrascht wurde, der plötzlich zwischen
seine Berechnungen trat. Genau dieser Teil der Anekdote zeigt die
andere Seite jener tiefen Konzentration. Die großen Entdeckungen,
die Fortschritt für die ganze Menschheit bringen, sind nicht so sehr
dem Bildungsstand der Wissenschaftler oder gar ihrem Wissen allein
zuzuschreiben als vielmehr dieser Fähigkeit zu vollkommener Konzentration; diese intellektuelle Kraft gestattet es ihnen, sich in die
Aufgabe, von der sie fasziniert sind, ganz zu versenken und lässt sie
das Bedürfnis nach Gesellschaft vergessen. Ganz im Gegenteil, sie
fliehen sie sogar und ziehen sich in ihr Haus oder an irgendeinen ein-
samen Ort zurück.

Wenn das Kind ein Betätigungsfeld findet, das den inneren Bedürfnissen seiner Seele entspricht, wird es auch zeigen, was es sonst
noch zur Entwicklung seiner Existenz benötigt. Im Moment sucht es
Beziehungen zu den Menschen um es herum, und es findet sie. Es
gibt aber auch innere Ansprüche, die, während sie das Kind seiner

geheimnisvollen Aufgabe zuführen, vollkommene Einsamkeit und Loslösung von allem und jedem erfordern. Niemand kann uns dabei helfen, diese Isolierung zu erreichen, die uns unsere verborgenste Innenwelt, unsere tiefste Natur, so geheimnisvoll und überreich, zugänglich macht. Wenn in solch einem Augenblick jemand kommt und uns stört, unterbricht und zerstört er diese innere Arbeit der Seele. Diese Konzentration erreicht man, indem man sich von der äußeren Umwelt freimacht; sie muss unserem Seelengrunde entspringen; was uns umgibt, kann diese Größe, diese Ordnung und diesen Frieden nicht bewerkstelligen. Den Zustand vollkommener Konzentration findet man nur bei großen Menschen, und selbst da ist er außergewöhnlich. Er ist der Ursprung einer inneren Kraft, einer inneren Stärke, die sie andere überragen läßt. Aus dieser Konzentration entspringt das Vermögen der großen Menschen, die Massen zu beruhigen und sie unendlich wohlwollend zu beeinflussen. Es sind Menschen, die nach langer Trennung von der Welt sich fähig fühlen, die großen Probleme der Menschheit zu lösen, während sie gleichzeitig mit unendlicher Geduld die Schwächen und Unzulänglichkeiten ihrer Mitmenschen ertragen, selbst dann, wenn diese zu Haß oder Verfolgung entarten. Bei näherem Studium dieses Phänomens sehen wir, dass eine enge Verbindung von manueller Arbeit, wie sie im täglichen Leben getan wird, und der tiefen geistigen Konzentration besteht. Obwohl es auf den ersten Blick so aussieht, als widersprächen sich diese beiden Dinge, sind sie in Wirklichkeit eng miteinander verbunden, denn das eine ist nur der Ursprung des anderen. Das Leben des Geistes bereitet in der Stille die Kraft vor, die für das alltägliche Leben notwendig ist, und umgekehrt festigt sich die Konzentration durch gewöhnliche ordentliche Arbeit. Der Verschleiß an Energie wird fortwährend durch geistige Konzentration ausgeglichen. Wenn der Mensch sich selbst klar sieht, spürt er das Bedürfnis nach einem inneren Leben, so wie der Körper Hunger und Schlaf nötig hat. Wenn eine Seele keine geistigen Bedürfnisse empfindet, ist sie genauso gefährdet wie ein Körper, den der Hunger nicht mehr plagt oder dem das Bedürfnis nach Ruhe verloren gegangen ist.

Aber wenn wir diese Konzentration und diese Selbstversenkung der Seele im Kinde antreffen, wird es offensichtlich, dass dieses Phänomen nicht auf außergewöhnliche Personen beschränkt ist, die mit geistigen Gaben besonders ausgestattet sind, sondern dass es eine universelle Qualität der menschlichen Seele darstellt, die wegen der äußeren Umstände nur bei wenigen Erwachsenen erhalten bleibt. Wenn wir nun bei den Kindern diese Konzentration aufblitzen sehen, entsteht ein Bild, das sich vollständig davon unterscheidet, dass wir von nützlichen Aufgaben sprachen, die das Kind erfüllte. Ein anscheinend nutzloser Gegenstand zieht plötzlich die Aufmerksamkeit des Kindes auf sich, das nun viel Aufhebens von ihm macht und ihn hin und her dreht. Oft handelt es sich um kleine, eintönige und fast mechanische Bewegungen. Nicht selten zerstört die Hand das wieder, was sie einen Moment vorher erst geschaffen hat, um mit dem Schaffen von neuem zu beginnen. Diese Bewegungen werden so oft wiederholt, dass man hier eine Aktivität annehmen muß, die nicht mit jener besonderen Begeisterung ausgeführt wird, die wir als charakteristisch für die *Übungen des praktischen Lebens* ansahen. Es öffnet sich ein Vorhang und lässt uns einen Blick auf ein besonderes Phänomen werfen.

Als ich zum ersten Male diesen Wesenszug des Kindes bemerkte, war ich überrascht, und ich fragte mich selbst, ob ich nicht einem außerordentlichen Ereignis gegenüberstand, ob ich nicht Zeuge eines neuen und wunderbaren Geheimnisses geworden war; denn ich sah, wie vor meinen Augen viele Theorien sehr angesehener Psychologen hinfällig wurden. Auch ich selbst hatte geglaubt, Kinder wären unfähig, ihre Aufmerksamkeit für längere Zeit auf eine Aufgabe zu fixieren. Und nun war hier vor mir ein kleines Mädchen von drei Jahren, das mit angespanntester Aufmerksamkeit Holzzylinder verschiedener Größe in Aussparungen steckte, die genau dazu passten. Sie führte sie mit äußerster Sorgfalt ein, und gleich nachdem sie alle untergebracht hatte, zog sie sie wieder heraus, um mit dem Einstecken neu zu beginnen. Sie tat das immer wieder – hinein, heraus – immer mit derselben tiefen Konzentration, so dass man nicht vorhersehen konnte, wann das aufhören würde.

Ich begann zu zählen. Nachdem sie das mehr als vierzigmal wiederholt hatte, ging ich zum Klavier, begann zu spielen und bat die anderen Kinder zu singen. Aber die Kleine fuhr in ihrer nutzlosen Aufgabe fort, ohne vom Tisch zu weichen, ohne ihre Augen zu heben, als wäre sie ihrer Umgebung vollkommen entrückt. Dann hörte sie plötzlich auf, lächelte froh und hob ihre klaren Augen. Ihr schien ein Gewicht von den Schultern genommen zu sein, so als ob sie eine Periode der Ruhe durchgemacht hätte. Sie lächelte wie Kinder, die von einem erquickenden Schlaf erwachen. Seither habe ich diese Erscheinung Hunderte von Malen beobachtet. Nach jeder Aufgabe, die mit dieser Art von Konzentration erfüllt wurde, erschienen die Kinder ausgeruht und innerlich gestärkt. Es schien fast, als ob in ihrer Seele ein Tor aufgetan worden wäre für die strahlenden Kräfte, die nun die beste Seite ihres Charakters enthüllten. Dann werden diese Kinder gut zu jedermann. Sie setzen sich selbst Aufgaben, um damit nützlich sein zu können, und sie verlangen danach, anderen Gutes zu tun.

Der Schlüssel zu allen Erziehungsproblemen

Manchmal geschah es, dass eines der Kinder ganz nahe zur Lehrerin kam und ihr so, als lüftete es ein Geheimnis, ins Ohr flüsterte: „Fräulein, ich bin gut." Diese Beobachtungen sind auch von anderen in ihrem Wert erkannt worden, aber ausgewertet wurden sie besonders von mir. Ich bemerkte eine Gesetzmäßigkeit in diesen seelischen Vorgängen, und ich verstand sie; und diese Gesetzmäßigkeit ließ mich die Möglichkeit sehen, *das Problem der Erziehung vollkommen zu lösen.* Ich verstand, was das Kind enthüllt hatte. *Mit absoluter Deutlichkeit kam mir die Idee, dass Ordnung, geistige Entwicklung, intellektuelles und Gefühlsleben ihren Ursprung in dieser geheimnisvollen und verborgenen Quelle haben müssen, und seither habe ich alles mir zu Gebote Stehende getan, um experimentell die Gegenstände zu ermitteln, die diese Konzentration ermöglichen. Und ich studierte mit großer Sorgfalt, wie jene Umgebung herzustellen sei, die die günstigsten äußeren Bedingungen enthielte, um diese Konzentration zu wecken.* Und auf diese Weise begann ich, meine Methode zu schaffen.

Sicherlich liegt darin der Schlüssel zu allen pädagogischen Problemen: *zu wissen, wie man den wertvollen Drang nach Konzentration erkennt, um ihn für das Erlernen von Lesen, Schreiben und Zählen und später beim Studium der Grammatik, der Arithmetik, der fremden Sprachen, der Naturwissenschaft usw. nutzbar zu machen.* Grundsätzlich sind sich alle Psychologen darin einig, dass es nur einen Weg des Lehrens gibt, und zwar im Lernenden das tiefste Interesse zu wecken und gleichzeitig eine konstante und lebhafte Aufmerksamkeit. Das ganze Problem löst sich dadurch, dass man von diesen intimen und verborgenen Kräften des Kindes für seine Erziehung Gebrauch macht.

Ist das möglich? Es ist nicht nur möglich, sondern notwendig. Soll Aufmerksamkeit sich bis zur Konzentration steigern, benötigt sie abgestufte Stimuli. Anfangs werden das sinnlich leicht wahrnehmbare Gegenstände sein, und diese werden das kleine Kind interessieren – verschieden große Zylinder; Farben, die man der Intensität nach anordnen kann; Laute, die voneinander unterschieden werden können; Oberflächen, deren Rauheitsgrad durch bloßes Berühren erkannt werden kann. Später folgt das Alphabet, die Zahlen, Schreiben, Lesen, Grammatik, Zeichnen, schwierigere mathematische Operationen, Naturwissenschaft; und so wird durch verschiedene Anreize auf verschiedenen Altersstufen die Bildung des Kindes aufgebaut.

Die neue Lehrerin

Aus all dem geht hervor, dass die Aufgabe der neuen Lehrerin viel schwieriger und viel ernster geworden ist als früher. Auf ihr ruht die Verantwortung, und von ihr hängt es ab, ob das Kind seinen Weg zur Kultur und zur Vollkommenheit finden oder ob alles zerstört werden wird. Am schwierigsten ist es, der Lehrerin verständlich zu machen, dass sie sich selbst eliminieren und jene Vorstellungen, die bis vor kurzem noch zu den geheiligten Rechten des Lehrers gehörten, aufgeben muss, wenn das Kind Fortschritte machen soll. Sie muss klar erkennen, dass sie keinen unmittelbaren Einfluss auf die Schüler nehmen darf, und zwar weder auf ihren Bildungsgang noch auf ihre innere Disziplin, und dass sie ihr Vertrauen allein auf die verborgenen Energien der Schüler zu setzen hat. Sicher gibt es etwas, das die Lehrerin fortwährend zwingt, den kleinen Kindern Ratschläge zu erteilen, sie zu korrigieren oder zu ermutigen, wobei sie ihnen gegenüber ihre Überlegenheit an Erfahrung und Bildung ausspielt. Aber ehe sie nicht fähig ist, sich zurückzuhalten, alle Eitelkeit zu dämpfen, wird sie keinen Erfolg haben können. Muss sie sich auf der einen Seite jedes direkten Eingriffs enthalten, so muss sie andererseits in ihrer indirekten Hilfe sehr eifrig sein. Sie muss die Umgebung bis in jede Einzelheit durchdenken und vorbereiten, und sie muss wissen, wie und wo sie das didaktische Material einsetzt, und die Kinder sehr behutsam zur Übung anleiten.

Die Lehrerin muss fähig sein, klar zu unterscheiden, ob die Aktivität des Kindes den richtigen Weg geht, oder ob das Kind auf dem falschen Weg ist. Sie muss immer ruhig sein, immer bereit eilends zu kommen, wenn sie gerufen wird, ihre Liebe und ihre Sympathie zu zeigen. Immer bereit zu sein, das ist alles, was von ihr gefordert wird. Die Lehrerin muss sich der Heranbildung einer besseren Menschheit weihen. Die Lehrerin muss sein wie die Vestalinnen[7], die das heilige Feuer, das andere angezündet hatten, rein und makellos hielten, denn ihrer Obhut ist die Flamme des inneren Lebens in all ihrer Reinheit anvertraut. Wenn dieses Feuer vernachlässigt wird, verlischt es, und niemand wird es wieder anzünden können.

---

7 Priesterinnen, die im alten Rom Vesta, der Göttin des Herdfeuers, dienten. (Anmerkung der Übersetzer.)

4. Spezielle Aufgaben der Erziehung

a) Der Friede und die Erziehung (1932)

In den 1930er Jahren und angesichts des drohenden Zweiten Weltkriegs tritt bei Maria Montessori das Problem des Friedens immer mehr in den Vordergrund, und sie hält in diesen Jahren zahlreiche Vorträge und Konferenzen, die sich gegenüber anderen ihrer Themen dadurch auszeichnen, dass sie nicht ständig die gleichen Gedanken wiederholen; im Gegenteil, diese unterschiedlichen Beiträge zum Thema sprechen für eine lebhafte Beschäftigung der inzwischen weltberühmten Pädagogin mit dem anstehenden Problem. Der hier abgedruckte Text wurde 1932 im Bureau international d'éducation in Genf vorgetragen und ist dann Teil ihres Buches Peace and Education *aus dem gleichen Jahre geworden, dessen italienische Ausgabe* Educazione e pace *1949 in Mailand und dessen deutsche Ausgabe unter dem Titel* Frieden und Erziehung *1973 in Freiburg i. Br. erschienen. Unser Textabdruck folgt (mit kleinen sprachlichen Korrekturen und Verbesserungen) der deutschen Erstveröffentlichung in der Zeitschrift* Montessori, *der offiziellen deutschen Ausgabe des gleichnamigen Organs der Internationalen Montessori Gesellschaft (Association Montessori Internationale), und zwar im Jahrgang 1932, n. 2, S. 2-22. Es mag interessant erscheinen, Montessoris Auffassung vom Frieden und ihre Vorschläge für eine Erziehung zum Frieden mit wenigstens zwei anderen Ansätzen zu konfrontieren: Sie setzt sich ebenso von einer jüdisch-christlichen Friedensidee ab, welche den Frieden als ein Gnadengeschenk Gottes ansieht und den wahren Frieden erst in ein überirdisches Jenseits verlagert, wie sie andererseits auch eine soziopolitische Lösung durch Verträge bzw. durch ein kosmopolitisches Denken für illusorisch hält. Wen mag es da verwundern, wenn die Ärztin und Biologin Dr. med. Maria Montessori den Krieg als eine kollektive Krankheit betrachtet, welche die Menschheit befällt wie eine individuelle Krankheit den einzelnen? Für eine solche epidemische Krankheit ist eine die ganze Menschheit umfassende Therapie vonnöten:* eine neue Erziehung, *die sich ihrer kosmischen Aufgabe bewusst ist und das Kriegsvirus unschädlich macht, indem sie den Urkonflikt zwischen Erwachsenen und Kind neutralisiert.*

Es ist sehr seltsam, dass es noch keine Wissenschaft des Friedens gibt, die ebenso entwickelt ist wie die des Krieges, der Rüstungen und der Strategie. Immer noch birgt der Krieg, dieses Phänomen der gesam-

ten Menschheit, ein gut Teil Geheimnisvolles in sich. Auf der einen
Seite versuchen die Völker den Krieg als den schlimmsten aller
Schicksalsschläge von sich zu weisen, auf der anderen Seite aber sind
es die Menschen selbst, die ihn herausfordern und freiwillig in den
Krieg ziehen. Handelt es sich um große Erdbeben und andere Naturkatastrophen, denen gegenüber der Mensch ohnmächtig ist, so widmen sich viele mit Einsatz ihrer ganzen Kraft der Erforschung der
versteckten Ursachen dieser Katastrophen. Der Krieg, der allein vom
Menschen abhängt und ein ausschließlich menschliches Phänomen
ist, müsste darum mehr als alles andere der Forschung zugänglich
sein.

Es muss hier jedenfalls komplizierte und indirekte Faktoren geben,
die einer Forderung wert und fähig sind, eine mächtige Wissenschaft
aufzubauen, deren Endziel sein sollte, den Frieden der Menschheit zu
erlangen.

Unsere Unkenntnis des Friedens ist eine überraschende Tatsache;
denn der Mensch hat doch sonst einen großen Teil der Rätsel des
Universums gelöst und geheimnisvolle Kräfte erforscht. Er ist aus
Selbsterhaltungstrieb dazu gebracht worden und mehr noch aus dem
Trieb zu erkennen und zu entdecken.

Es ist merkwürdig, dass gerade hinsichtlich seiner eigenen Kräfte
eine große Leere geblieben ist. Dieser Herr der äußeren Welt ist noch
nicht Herr seiner eigenen inneren Kräfte geworden, die in der großen
Gemeinschaft der Menschen aufgestapelt und organisiert sind. Nach
den Gründen dieser Leere gefragt, könnte der Mensch sie nicht ange-
ben. Es gibt hier noch nicht einmal den Anfang dessen, was wir eine
Wissenschaft nennen, und keinen Versuch, diese Frage zu erforschen
und zu durchdringen. Selbst der Begriff des Friedens fehlt unter den
unendlich vielen Begriffen, die unser Bewusstsein bereichern.

Krieg und Frieden

Unter Frieden versteht man im Allgemeinen das Aufhören des Krieges; aber dieser negative Begriff trifft nicht das Wesen des Friedens.
Dieser Frieden – als Endziel des Krieges verstanden – stellt statt des
wahren Friedens eher einen letzten und dauernden Triumph des
Krieges dar. Der Krieg in der Antike hatte tatsächliche Landerobe-
rungen und damit Unterdrückung von Völkern zur Triebfeder. Doch
heute ist das Milieu des Menschen nicht mehr so sehr die eigene
Scholle, sondern die soziale Organisation als solche, die sich auf öko-
nomischen Mechanismen aufbaut. Und doch bleiben Landeroberun-

gen und Volksunterdrückung die Beweggründe, unter deren Suggestion die Massen begeistert in den Krieg ziehen.

Warum erheben sich die Massen angesichts des Gespenstes einer Invasion in das Vaterland – bereit, in den Tod zu gehen? Warum eilen auch Frauen und Kinder zur Verteidigung? Aus Angst vor dem, was nach beendigtem Krieg Frieden genannt wird, aus Angst vor dem Triumph des Siegers.

Die Geschichte der Menschheit zeigt, dass das, was wir Frieden nennen, eine erzwungene Anpassung der Besiegten an die Unterdrückung durch den Sieger ist, der ihnen das nahm, was sie liebten. Eine Anpassung der Besiegten mit dem Verzicht auf die Früchte ihrer Arbeiten und ihrer Fortschritte. Das besiegte Volk wird gezwungen zu geben, als ob es allein eine Strafe dafür verdiente, daß es besiegt wurde. Dadurch, dass der Sieger dem besiegten Volk seine Gesetze auferlegt, bleibt es Opfer des Unglücks. Dieser Zustand kann niemals, trotz eines Ruhens der Waffen, als Frieden angesehen werden. Dass man es heute noch tut, zeigt das Unmoralische in der menschlichen Auffassung des Friedens.

Man erlaube mir einen Vergleich: Angenommen, der Krieg sei ein brennender Palast, der mit Kunstwerken und wertvollen Dingen angefüllt ist, so hat sich das Unglück bis zur letzten Konsequenz ausgewirkt, wenn er in glühende Asche verwandelt und gänzlich zerstört ist. Und die Asche und den Rauch, der das Atmen hindert, könnte man mit dem Frieden, wie er in der Welt verstanden wird, vergleichen.

Ist ein Mensch an einer Infektionskrankheit gestorben, so hat in ihm der Kampf der Blutkörperchen gegen das Werk der Mikroorganismen geendet, und wir wünschen ihm in Frieden zu ruhen. Wie himmelweit ist der Unterschied zwischen solch einem Frieden des Grabes und dem, der sich Gesundheit nennt!

Der Irrtum, den fortgesetzten Triumph eines gewonnenen Krieges Frieden zu nennen, führt uns dazu, den Weg zur Rettung zu verlieren, einer Rettung nämlich, die uns allein den wahren Frieden bringen könnte. Da in der Geschichte aller Völker diese Triumphe der Ungerechtigkeit so überschätzt werden, und die dadurch entstehenden Missverständnisse das Forschen nach dem Frieden verhindern, so entfernen wir uns unrettbar immer mehr von den in uns ruhenden Möglichkeiten, das Wesen des Friedens zu erkennen. Ich spreche nicht nur von der Vergangenheit, nein, auch heute stellt das Leben der Völker, die sich nicht bekriegen, nur eine Anpassung der jeweils Besiegten an die Sieger dar. Sie unterdrücken sie, und verfluchen sich gegenseitig wie die Dämonen und Verdammten der Hölle Dantes.

Alle sind weit entfernt vom göttlichen Einfluss der Liebe, und alle
stören die Harmonie des Universums. Und dies wiederholt sich ewig,
denn alle Völker sind einmal Sieger und einmal Besiegte, und so
rennt einer gegen den anderen in der unendlichen Folge von Jahrhunderten, und die Menschheit stürzt von Abgrund zu Abgrund.
Man muss also zuerst den tiefen Unterschied, die gegensätzliche moralische Einstellung von Krieg und Frieden klären. Sonst werden wir
wie Geblendete, wenn unsere geistige Vision den Frieden sucht,
nichts als Waffen finden. Der wahre Friede wird wieder der Triumph
der Gerechtigkeit und Liebe unter den Menschen sein, er wird eine
Welt voll Harmonie schaffen. Der grundlegende Unterschied zwischen Krieg und Frieden kann nur der Ausgangspunkt der Forschung
sein.

Es gibt nur sentimentale Zusammenkünfte, Kundgebungen, For-
derungen, aber keine leitenden Grundsätze zur Erforschung der Ursachen dieser gewaltigen Frage. Es scheint im Gegenteil ein moralisches
Chaos zu herrschen, indem man – in demselben Zeitalter – denjenigen feiert, der die Mikrobe einer Krankheit entdeckt und das Serum
findet, das viele Menschenleben retten kann, und gleichzeitig denjenigen noch mehr feiert, der zerstörende Kräfte entdeckt und seine
Geisteskräfte dazu verwendet, ganze Völker zu vernichten. Die Auffassungen vom Werte des Lebens und die moralischen Grundsätze
sind in beiden Fällen so widersprechend, dass man geneigt ist, an ein
Doppelwesen zu denken, das geheimnisvoll zusammengesetzt ist.

Offenbar gibt es ein ungeschriebenes Kapitel in der menschlichen
Psychologie, gibt es ungezähmte Kräfte, die eine gewaltige Gefahr für
die Menschheit bedeuten.

Alles Unbekannte des Problems gehört in das Gebiet der Forschung. Die Forschung trägt in sich den Gedanken, dass es unbekannte oder unverdächtigte Kräfte gibt, die demzufolge weit entfernt
sind von ihren letzten Auswirkungen.

Man sieht, daß gerade aus diesem Grunde die Ursachen des Krieges nicht in den erkannten und erforschten Tatsachen der sozialen
Ungerechtigkeit gegenüber dem Arbeiter im wirtschaftlichen Pro-
duktionsprozess oder der aus einem beendigten Krieg sich ergebenden
Folgen ruhen können. Dies sind schon offensichtliche soziale Auswirkungen, die der einfachsten Überlegung erfassbar sind. Sie sind
nur die letzten unmittelbaren Etappen vor der Kriegsexplosion.

Die Pest

Zur Erläuterung dieser Behauptung möge die Geschichte eines dem Kriege gleichen Phänomens dienen, eines Phänomens, das eindrucksvoll das gleiche Bild auf physischem Gebiet darstellt. Ich will von der Pest sprechen, dieser Geißel, die fähig ist, ein Volk zu dezimieren, ja zu vernichten, und die Jahrhunderte lang in ihren entsetzlichen Folgen unbesiegbar geblieben ist, – die Pest, die sich unter dem Schutz der Finsternis der Unwissenheit verbreitete, und die erst besiegt wurde, als sie wissenschaftlich bis in ihre letzten Ursachen erforscht war.

Die Pest trat in weiten Abständen und unvorhergesehen auf, wie der Krieg. Sie erschöpfte sich von selbst, ohne aktiven Einfluss der Menschheit, die ja ihre Ursachen nicht kannte. Sie erschien wie eine schreckliche Strafe und richtete Verwüstungen an, die geschichtlich geworden sind wie die Kriege, und die sogar mehr Menschenopfer forderten und größeres Unglück herbeiführten als die Kriege. Wie diese wurde sie oft nach bedeutenden geschichtlichen Persönlichkeiten benannt, so z. B. die Pest z. Z. des Perikles, z. Z. Mark Aurels, z. Z. Konstantins, z. Z. Gregors des Großen. Es herrschte eine Pest im 14. Jahrhundert, die allein in China 10 Millionen Opfer forderte; und diese unheilvolle Welle ergoss sich über Russland, Kleinasien, Ägypten und kam nach Europa und drohte fast die ganze Menschheit zu zerstören.

Hecker hat die Gesamtzahl von Toten auf mehr als 25 Millionen geschätzt, ein Massensterben, das das Sterben jeden Krieges, selbst das des Weltkrieges, übertrifft.

Jede dieser großen Seuchen war begleitet von einer allgemeinen Einstellung der produktiven Arbeit, welche wiederum den Keim tiefsten Elends in sich trug. Der Geißel der Pest folgten die Geißel der Hungersnot und die Geißel der Sinnesverwirrung. Denn ein beträchtlicher Teil der Überlebenden litt an geistigen Störungen. Dies wiederum erschwerte die Rückkehr zu normalen Zuständen und hemmte auf lange Zeit hinaus die Aufbauarbeit für den Fortschritt der Kultur.

Es ist interessant, die Erklärungen, die man der Pest gab, und die Abwehrmaßnahmen gegen diese entsetzliche Geißel, gegen dieses Bild des Krieges auf physischem Gebiet zu betrachten. Von Homer und Titus Livius bis zu den lateinischen Chroniken des Mittelalters wiederholt sich die gleiche Erklärung, dass die Pest von schlechten Menschen herrühre, die Gift ausstreuen. Dion Cassius, der die Pest des Jahres 189 nach Chr. beschreibt, erzählt, dass im ganzen Land ruchlose Menschen angeworben wurden, die für Geld vergiftete Pfeile abschossen. Zu einer anderen Zeit unter Papst Clemens VI. fanden Judenverfolgungen statt, da man sie beschuldigte, die Krankheit verbreitet zu haben. Bei der Pest, die während der Belagerung von Neapel 400 000 Einwohner der Stadt hinraffte – fast die ganze Bevölkerung und 3/4 der Belagerungstruppen – glaubten sich die Neapolitaner von den Franzosen vergiftet und umgekehrt die Franzosen von den Neapolitanern.

Aber noch interessanter sind die Dokumente, die sich in der ambrosianischen Bibliothek von Mailand befinden, und die über die Einrichtung von Gerichten, das Anhängigmachem von Prozessen und die öffentliche Hinrichtung von zwei Badern berichten, die man beschuldigte, die berüchtigte Pest von Mailand verursacht zu haben. Das ist das einzige Beispiel eines regulär durchgeführten Prozesses, der es vermeiden sollte, dem Impuls des Volkes die öffentliche Rache für die furchtbaren Geschehnisse zu überlassen. Die Prozessakten, die vorschriftsmäßig im Staatsarchiv aufbewahrt wurden, wurden später von vielen Schriftstellern in verschiedenem Sinne kommentiert.

Heute berührt es eigentümlich, dass eine solche Frage, die doch offensichtlich in das Gebiet der Pathologie gehört, als ein der Rechtsprechung unterliegender Fall durch einen Strafprozess geklärt wurde, und zwar gegen Angeklagte, die viel zu schwach waren, ein so gigantisches Unheil anzurichten.

Dies erscheint uns heute unglaublich hinsichtlich der Pest, aber wiederholt sich nicht etwas ganz Ähnliches heute in Bezug auf den Krieg? Auch hier begegnen wir dem Wunsch, die Schuld an dem allgemeinen Unglück auf irgendein Individuum abzuwälzen: auf den Kaiser, auf die Zarin, auf den Priester Rasputin oder auf den Königsmörder von Sarajewo.

Ein Phänomen andrer Art, das vom Trieb sich selbst zu retten diktiert wurde, war die Ansammlung der nicht Erkrankten während der berüchtigten Epidemien. Die Massen versammelten sich auf den öffentlichen Plätzen und drängten sich in die Kirchen und organisierten auf den Straßen psalmierende Prozessionen, Fahnen, Heiligenbilder und Reliquien tragend. Gerade hierdurch konnte sich die Seuche auch bei denen, die sich hätten retten können, schnell verbreiten.

Plötzlich, wie sie gekommen war, endete die furchtbare Seuche, sie hatte sich erschöpft. Die Überlebenden wandten sich von Neuem dem Leben zu, die Herzen voll jener Hoffnung, die nie stirbt: überzeugt, dass die Menschheit eine notwendige Prüfung durchgemacht habe, die aber vielleicht die letzte Prüfung war.

Lässt uns das nicht an die Bündnisse der Nationen denken, die geschlossen wurden, um den Krieg zu verhindern? Die Vorkriegsbündnisse hatten den Zweck, ein europäisches Gleichgewicht gegen den Krieg herzustellen, und gerade sie waren die Ursache eines ungeheuren Unglücks, indem viele Nationen in den Konflikt des Weltkrieges verwickelt wurden, weil sie Bundesgenossen waren. Wenn sich heute alle Nationen der Welt zu dem Zweck vereinigen, den Krieg zu verhindern, aber unter den gleichen Verhältnissen die gleiche Unkenntnis der tiefsten Ursachen beibehalten, so kann das der Anlass sein, den Krieg über die ganze Welt zu verbreiten. Und doch werden die Menschen hoffen in dem Glauben, dass jener Krieg der letzte sei, der nötig ist, um den endgültigen Frieden zu finden.

Nur die wissenschaftliche Erforschung des Unbekannten konnte die wahre Ursache der Pest aufdecken. Sie fand die besonderen Mikroorganismen und ihre Verbreiter, die Ratten, diese kleinen Säugetiere, die den Menschen fliehen, und die daher solange unbeachtet und unverdächtig blieben.

Als die Pest in ihren ursächlichen Faktoren erkannt war, erschien sie wie eine der anderen Infektionskrankheiten, die dauernd die Gesundheit der Menschen bedrohen, und die in einer unhygienischen Umgebung ein ständiges Infektionsfeld finden. Unter solchen unhygienischen Verhältnissen lebten die unaufgeklärten Menschen des Mittelalters. Sie gingen durch den Schmutz der Straßen, sie hatten kein Wasser in den Häusern, sie schliefen in dunklen Zimmern ohne Luft und flohen die Sonnenstrahlen. Und das war der günstigste Boden für die Entwicklung der entsetzlichen Pest und einer unendlichen Zahl anderer weniger ernster Krankheiten, die mehr auf die einzelne Familie beschränkt das gewohnte Leben der Menschen ungehindert begleiteten.

Als es gelang, die Pest erfolgreich zu bekämpfen, wurde gleichzeitig auch der Kampf gegen alle anderen Mikrobenkrankheiten durch diese grundlegenden Maßnahmen eingeleitet. Die öffentliche und private Umgebung, die Stadt und jedes einzelne Haus wurden gereinigt. Die Prophylaxe bestand hauptsächlich in einer fortgesetzten gründlichen Reinigung.

Diese Reinigung der Umgebung und die Vorbeugung gegen die Pest waren aber nur das erste Kapitel der glorreichen Geschichte, die erzählt, wie die Menschen sich gegen die letzten und kleinsten Lebewesen verteidigen, die noch heute ihre Existenz auf der Erde bedrohen.

Aber die individuelle Hygiene, die das letzte Resultat dieses langen Kampfes war, weist auf etwas ganz anderes hin, auf die Gesundheit des

Menschen an sich, die höchsten Wert darstellt. Denn nur der vollkommen gesunde, gut entwickelte und starke Mensch kann Infektio-
nen begegnen, ohne angesteckt zu werden. Die individuelle Gesundheit ist eng mit der Herrschaft des Menschen über sich selbst und mit
der Bewunderung des Lebens in seiner natürlichen Schönheit verbunden, welche Herrschaft, Glück, Verjüngung und Verlängerung des
Lebens bringt. Und so hat sie größte Bedeutung gewonnen: Es kommt
auf die Entwicklung des Körpers und nicht nur auf seine Erhaltung
an, mit dem Ziel, den gesunden Menschen zu schaffen.

Der gesunde Mensch existierte noch nicht zu Beginn der neuen
Ära. Entweder unter- oder überernährt war der Mensch immer mit
Giften geladen, ja er vergiftete gleichsam sich selbst. Es schaffte ihm
Freude, seinen Körper zu quälen und zu töten. Übertriebene Nah-
rungsaufnahme war ein Genuss für ihn. Sich mit Alkohol zu vergif-
ten, war ein Genuss für ihn. Untätigkeit war sein Vergnügen. Er floh
mit Absicht alle natürlichen Heilmittel wie Sonne, Licht und Trai-
ning seiner Muskeln. Der Mensch war glücklich in seinen Kleidern,
welche die Funktionen des Körpers behinderten und für ihn eine
schwere und unnütze Last waren. Sie ließen sich nicht waschen und
waren daher voll von unsichtbaren und tödlichen Keimen. Überraschend war jedoch, dass die individuelle Hygiene sich nicht allein gegen die Gefahren wandte, die Unterernährung und Armut mit sich
brachten, die seit dem Mittelalter und sogar schon zur Zeit der Antike erkannt waren.

Die wissenschaftliche Offenbarung war, dass alles, was man bis dahin für genussreich und wünschenswert und für ein erstrebenswertes
Vorrecht hielt, todbringend war. Auf schmackhafte und üppige Gela-
ge, auf die Versuchungen der Weinkeller oder auf genusssüchtige
Untätigkeit freiwillig zu verzichten, wurde nicht als Rettung empfunden, sondern schien Opfer, Buße und der Inbegriff der Tugend zu
sein. Es war der Verzicht auf die materiellen Genüsse des Lebens und
somit das Opfer des Lebens selbst. Diese Genusssucht war eine De-
generationserscheinung des trägen Menschen, der die Energien seines
Lebens verloren hatte. Wurde ein solcher Mensch von der Phalanx
der Mikroben überfallen, so war er schon moralisch geschwächt und
Todeskandidat. Als der Sinn des Lebens in den Menschen wieder erwachte, erschraken sie über die Folgen ihrer Verirrungen. Freudig genossen sie ihre Befreiung, ihre neue Aktivität, Luft und Sonne. Das
einfache Leben, die notwendige und ausreichende Nahrung, die
Wahl von Vegetabilien und mehr noch rohen Nahrungsmitteln, die
körperliche Betätigung, die Hingabe an die natürlichen und beleben-
den Kräfte ist das Ziel der modernen Menschen, die lange leben und

Krankheit überwinden wollen. Ein Heiliger der Antikc hätte solch ein Leben als das Vorbild vollkommener Buße angesehen.

Der Begriff der individuellen Hygiene hat also die veralteten Begriffe völlig umgekehrt, er hat die Wonne der Todessehnsucht mit der der Lebensfreude vertauscht.

Doch auf sittlichem Gebiet hat man nicht einen Schritt vorwärts getan, sondern ist auf dem Punkt stehen geblieben, auf dem die Menschen im Mittelalter standen. Die Menschen sind sich dessen noch nicht bewusst, dass auf diesem sittlichen Gebiet noch unbekannte Gefahren lauern, deren oberflächliche Wirkungen nur hin und wieder wahrgenommen werden. Die Lockerung der Sitten wird als eine Form moderner Freiheit aufgefasst, als ein Kampf gegen alte moralische Fesseln, die seit der Zeit unverändert geblieben waren, in der man die Gesundung des Lebens noch als ein hohes Opfer auffasste. Weniger zu arbeiten und den Maschinen die Anstrengung zu überlassen, ist das höchste Ziel des Fortschrittes der Neuzeit.

Eine treibende Kraft dieses sittlichen Chaos des Lebens ist der dauernde Trieb sich zu bereichern, der das unwiderstehliche Laster des Geizes zur Folge hat, ein moralisches Laster, gleich der Trägheit auf physischem Gebiet. Beide haben die Vorstellung des Anhäufens und des Genießens gemeinsam. Doch die Genüsse, die in diesen beiden Lastern der Dekadenz wurzeln, sind Vergiftungs- und Todesgefahren. Die weite Welt, die dem gesunden siegenden Leben offensteht, bleibt verschlossen. Der Mensch mit seinen versteckten Lastern isoliert sich und verzehrt sich selbst im Dunkel seines Unbewussten.

Um hier einen Vergleich mit der Pathologie anzustellen, könnte man an die Tuberkulose denken, die auch unbemerkt um sich greift und das Leben bedroht. Ihr erstes Stadium ist Lebensfreude, und sie bleibt lange Zeit latent und unerkannt. Die Pest greift schnell und katastrophal um sich, die Tuberkulose ist ein allmähliches Aufzehren der Schwachen.

Wir leben heute in einem dunklen und dumpfen Zustand moralischer Verkümmerung, und daher neigt die Menschheit dazu, leichtgläubig Anhänger illusorischer Theorien zu werden. Wie viele moralisierende Fanatiker wiederholen immer wieder, dass der Fehler darin liege, alles auf den menschlichen Verstand aufzubauen? Und wie viele sind davon überzeugt, dass der Fortschritt nur durch Logik geschaffen werden könne? Aber keiner zweifelt, dass der Verstand unser Leben regiert, und doch ist gerade der Verstand der heutigen Menschheit unklar und verwirrt. Das Merkmal unserer Zeit ist wachsende Unfähigkeit, und einen klaren Verstand wiederzuerlangen, ist unbedingte Notwendigkeit.

Der Kampf zwischen dem Erwachsenen und dem Kind

Um einen gesunden psychischen Wiederaufbau des Menschen zu beginnen, ist es notwendig, sich an das Kind zu wenden. Wir müssen in ihm nicht nur den Sohn sehen, das Geschöpf, auf das sich unsere Verantwortung konzentriert, sondern wir müssen es an sich betrachten und nicht unter dem Gesichtspunkt der Abhängigkeit, die zwischen ihm und uns besteht. Wir müssen uns an das Kind wie an einen Messias, wie an einen Erneuerer der Menschheit und ihrer Gesellschaft wenden. Wir müssen selbst zurücktreten, um zu einer solchen Auffassung zu gelangen; und dann müssen wir zum Kinde gehen, dem Stern der Hoffnung folgend.

Man würde, wie Rousseau es theoretisch zeigte, im Kind die natürlichen Eigenschaften suchen, die noch nicht durch die zerstörenden Einflüsse der menschlichen Gesellschaft verdrängt und entstellt worden sind. Ein theoretisches Problem, um das eine geniale Phantasie einen Roman zu flechten verstand. Eine solche Frage würde eine abstrakte Psychologie interessieren, die dazu neigt, eine Embryologie des Geistes aufzubauen.

Wir aber, die wir das neue Kind studieren, das sich durch so unerwartete und überraschende psychische Äußerungen offenbart hat, wir haben mehr als eine Embryologie des Geistes gefunden. Wir haben den tiefen und furchtbaren Konflikt aufgedeckt, diesen Krieg ohne Waffenstillstand, in den der Mensch hineingeboren wird, und der ihn während seiner ganzen Entwicklung begleitet. Es ist der Kampf zwischen dem Erwachsenen und dem Kind, zwischen dem Starken und dem Schwachen, ja wir können sagen, zwischen dem Blinden und dem Sehenden.

Dem Kind gegenüber ist der Erwachsene wirklich ein Blinder, und der Sehende ist das Kind, das uns ein leuchtendes Licht als Gabe entgegenbringt. So leben der Erwachsene und das Kind, ihres eigenen Wesens unbewusst, in dauerndem Kampf miteinander, der schon Jahrhunderte dauert, und der sich heute in unserer komplizierten und dekadenten Kultur akut verschlimmert. Der Erwachsene ist der Sieger, und in dem Erwachsenen, den dieses Kind gebildet hat, bleiben die Merkmale des sogenannten „Friedens nach dem Krieg", der zugleich Zerstörung und erzwungene Anpassung bedeutet, verewigt.

Das Kind kann aus eigener Kraft den alten Menschen aus seiner Verwirrung nicht erretten, denn, wenn es ihm seine eigene junge und keimende Kraft geben würde, so würde sich der alte Mensch gegen das Kind richten, und sein erstes würde sein, es zu ersticken.

Diese Situation war für das Kind in der Vergangenheit nicht so unheilvoll wie heutzutage. Die vom Erwachsenen geschaffene Umgebung hat sich immer mehr von der Natur entfernt und wird dadurch für das Kind immer ungeeigneter. Die Machtposition des Erwachsenen hat sich verstärkt, und seine Herrschaft über das Kind ist noch größer geworden. Kein sittliches Gefühl hat es vermocht, den Erwachsenen aus seinem verblendeten Egoismus aufzurütteln. Und kein Verständnis für die veränderte, für das Kind so ungünstige Lage ist in dem reifen Menschen erwacht.

Der veraltete oberflächliche Begriff der gleichmäßigen progressiven Entwicklung der menschlichen Individualität ist unverändert bestehen geblieben und damit der Irrtum, dass es der Erwachsene ist, der das Kind zu bilden hat, um ihm die von der Gesellschaft gewollte psychische Form zu geben. Durch diesen alten und groben Irrtum entsteht der erste Krieg unter den Menschen, die gerade dazu geschaffen sind, einander zu lieben: Krieg zwischen Vater und Sohn, Lehrer und Schüler.

Der Schlüssel zu dieser Frage liegt darin, dass die menschliche Persönlichkeit nicht einheitlich ist. Wir erkennen klar zwei verschiedene Formen und zwei verschiedene Ziele: Das eine im Kinde, das andere im Erwachsenen. Das Kind trägt nicht die verkleinerten Merkmale des Erwachsenen in sich, sondern in ihm wächst vor allem sein eigenes Leben, das seinen Sinn in sich selber hat. Die Bestimmung des Kindes könnte man mit dem Wort Inkarnation bezeichnen, denn in ihm muss sich die Inkarnation der Persönlichkeit vollziehen.

Seine Arbeit hat lebendige Symptome und Rhythmen, die ganz verschieden von denen des Erwachsenen sind, der vor allem seine Umgebung umgestaltet und ein soziales Wesen ist.

Dies wird sofort klar, wenn man an den Embryo denkt. Der Embryo im Mutterleib hat als einziges Ziel, die Reife des Neugeborenen zu erlangen, und weiter nichts. Damit erfüllt er die vorgeburtliche Periode des menschlichen Lebens. Und das Neugeborene wird am lebensfähigsten sein, das sich unter den besten Bedingungen entwickeln kann, die ihm eine gesunde Mutter gibt. Sie hat nichts anderes zu tun, als das neue Geschöpf in sich leben zu lassen. Das Reifen des Menschen im Kinde ist eine andere Form von Schwangerschaft, die länger währt als die Schwangerschaft im Mutterleib. Sie wird in der äußeren Welt vom Kind erfüllt, das seinen Geist verkörpert, dessen Keime latent und unbewusst in ihm schlummern. Behutsame Pflege ist notwendig, um diese Arbeit zu schützen, die erst nach und nach bewusst wird und die das Sammeln von Erkenntnissen und Erfahrungen aus der Außenwelt bedeutet. Bei dieser Arbeit wird das Kind von Naturgesetzen geleitet und folgt dem Rhythmus seiner Aktivität, die nichts mit der erobernden und kämpferischen Arbeit des Erwachsenen zu tun hat.

Dass die Periode der Menschwerdung und der geistigen Schwangerschaft eine völlig andere ist als die Periode des erwachsenen Menschen, der aktiv in der Gesellschaft lebt, ist nicht eine neue Erkenntnis. Diese Erkenntnis ist seit Jahrhunderten bekannt, und sie ist immer wie ein Hinweis auf die Wahrheit empfunden worden und hat sich wie ein Ritus eingeprägt.

Alle kennen die zwei Feste im Jahr, Weihnachten und Ostern, die manche Menschen in ihren Herzen, andere durch Nichtstun und wieder andere durch religiöse Handlungen feiern. An was erinnern diese alten Feste? Sie erinnern an einen einzigen Menschen. In diesem Menschen unterscheiden sich deutlich zwei Aufgaben, die Inkarnation und die soziale Mission. Im Leben Jesu ist die Inkarnation mit der Pubertät vollendet. Mit ungefähr 13 Jahren sagt das Kind zu seinen Eltern: „Warum sucht Ihr mich? Ihr wisst doch, dass ich nicht von Euch abhänge!" Wir sehen hier, wie das Kind dieses Alters seine Weisheit nicht von den klugen Erwachsenen hat und sie in Erstaunen und Verwirrung versetzt.

Erst dann vollzieht sich die innere Entwicklung des Kindes dahin, den Eltern zu folgen. Das Kind übt sich von nun an, das Handwerk des Vaters zu erlernen und sich der menschlichen Gesellschaft einzufügen, in der es seine eigene Mission zu erfüllen hat.

Der erwachsene Mensch, der das unabhängige Leben der Kindheit in seiner Eigenart und seiner Bestimmung nicht erkannt hat, legt die Eigenschaften des Kindes, die sich von den seinen unterscheiden, als Fehler aus und beeilt sich sie zu verbessern. Hier entsteht ein Kampf, ein Kampf zwischen dem Starken und dem Schwachen, der für die ganze Menschheit gefährlich ist, denn von dem harmonischen und friedlichen geistigen Leben des Kindes hängt die Gesundheit oder Krankheit der Seele, die Stärke oder die Schwäche des Charakters, die Klarheit oder die Unklarheit des Geistes ab. Wird diese sensible und wichtige Epoche der Kindheit frevelhaft zu einer Form des Sklaventums gestaltet, so wird es den Menschen nicht mehr möglich sein, große Werke auszuführen.

Der Kampf zwischen dem Erwachsenen und dem Kind wird in Familie und Schule durch die Erziehung im alten Sinn Tatsache.

Erkennen wir die kindliche Persönlichkeit als solche an und bieten wir ihr in weitestem Maße die Möglichkeit zur Entfaltung – in unseren Schulen ist eine dem Kind und seiner geistigen Entwicklung angemessene Umgebung geschaffen worden –, so offenbart sich uns eine neue kindliche Persönlichkeit, deren überraschende Eigenart sich von der bisher bekannten völlig unterscheidet. Am erstaunlichsten ist, dass das für Ordnung und Arbeit begeisterte Kind Intelligenzqualitäten besitzt, die das bisher Gekannte erheblich übersteigen. Augenscheinlich wird das Kind in der üblichen Erziehung nicht nur dazu gedrängt, seine Fähigkeiten in falsche Bahnen zu lenken, sondern sogar sie ganz zu verstecken, um sich dem Urteil des Erwachsenen anzupassen, der das Kind und seine Fähigkeiten erdrückt.

Und so muss das Kind zuerst in mühevoller Qual sich selbst verstecken, und während es in seinem Unterbewusstsein das ganze Leben seiner kindlichen Entfaltung begräbt, wird ein ganzes Menschenleben seiner Hoffnungen beraubt. Und mit dieser inneren Belastung ordnet es sich in die Fehler der Welt ein.

Das Problem der Erziehung in Bezug auf Krieg und Frieden wurzelt allein in dieser Frage und bezieht sich nicht auf den Inhalt der Kultur. Ob man zu den Kindern vom Kriege spricht oder nicht, ob man die Geschichte der Menschheit so oder so gestaltet; das ändert nichts an den Geschicken der menschlichen Gesellschaft.

Der am Leben Scheiternde, der schwankende Charakter, die Sklavennatur, kurz der Unentwickelte sind immer die Produkte der Erziehung, die blinden Kampf zwischen dem Starken und dem Schwachen bedeutet.

Eine seit einem Vierteljahrhundert fortlaufende Erfahrung zeigt uns, dass die Natur des Kindes Eigenschaften besitzt, die sich von den bisher angenommenen unterscheiden. Nicht nur bei fast allen Nationen unserer Zivilisation, sondern auch bei den verschiedensten Rassen wie den Rothäuten in Amerika, den Eingeborenen in Afrika, den Siamesen, Javanern, Lappländern und anderen mehr.

Seit den ersten Erfahrungen, welche noch von erzieherischen Vorurteilen beeinflusst waren, diskutierte man lebhaft über eine neue Erziehungsmethode, die imstande wäre, erstaunliche Resultate zu zeitigen. Bald wurde das Phänomen in seiner praktischen Auswirkung und in seiner Wichtigkeit erkannt, und in England wurde ein erstes Buch geschrieben mit dem Titel: New Children (Neue Kinder).

Was einen so starken Eindruck macht, ist das Erkennen einer anders gearteten Menschheit, ist das tröstliche Erscheinen besserer Menschen. Sollte es wirklich möglich sein, die menschliche Natur zu verbessern?

Es ist möglich und durchführbar: Man muss die gesunde Natur vor den Irrungen, die während der Entwicklungszeit erzwungen werden, schützen, und die psychische Gesundheit der Menschen erlangen.

Der psychisch gesunde Mensch ist heute so schwer zu finden, wie es der physisch gesunde Mensch war, ehe die körperliche Hygiene ihm den Weg zur Gesundheit erschlossen hatte. Auf sittlichem Gebiet vergiftet der Mensch sich noch gerne und strebt immer noch nach Vorteilen, die tödliche Gefahren für seinen Geist in sich bergen.

Wie oft nennt man die Übertünchungen der Laster in der ererbten Erziehung Tugend, Pflicht und Ehre! Die unbefriedigten Bedürfnisse des Kindes kehren beim Erwachsenen wieder in Form verschiedenartiger geistiger Entwicklungshemmungen, Irrungen des sittlichen Charakters und unzähliger psychischer Anomalien, die die menschliche Persönlichkeit schwach und unfähig machen.

Aus dem Kind, das nie gelernt hat, etwas allein zu tun, seine eigenen Handlungen zu leiten, seinen Willen zu lenken, entsteht der erwachsene Mensch, der sich leiten lassen muss und Anlehnung bei anderen sucht.

Im Schulkind, das immer gescholten und entmutigt wird, entsteht ein Mangel an Selbstvertrauen und dadurch eine Art von Verstörtheit, die sich Schüchternheit nennt. Es ist das gleiche, was man später im Manne in Form von Mutlosigkeit, Unterwürfigkeit und Unfähigkeit zur sittlichen Widerstandskraft wiederfindet. Der Gehorsam, dem das Kind in der Familie und in der Schule unterliegt, dieser Gehorsam, der keinen Sinn und keine Gerechtigkeit hat, führt den Menschen dahin, den Geschicken seines Lebens leicht zu unterliegen. Die in der Schule so verbreitete Strafe, die das unfähige Kind der Rüge und dem öffentlichen Tadel aussetzt, gräbt in seine Seele ein irres und vernunftwidriges Entsetzen vor der öffentlichen Meinung, auch wenn sie ungerecht und offensichtlich irrig ist. Diese erzwungenen Anpassungen führen zu dauerndem Minderwertigkeitsgefühl. Aus ihnen entspringt eine Unterwürfigkeit, die auf den Führer, den vollkommenen und unfehlbaren Vater oder Lehrer, gerichtet ist und fast einem Götzendienst gleicht. Und dieser Führer ist eine dauernde Hemmung für das Kind, für dieses hilflose Wesen. Diese Art von Disziplin kann man fast der Sklaverei gleichsetzen.

Niemals konnte das Kind in der ihm neuen Welt seine eigenen sittlichen Wege erproben, zu welchen ihn sein latenter Lebensimpuls drängte. Niemals konnte es seine eigenen schöpferischen Kräfte aktivieren und messen. Niemals ist es ihm gelungen, zur inneren Ordnung zu kommen, die eine sichere und unwandelbare Disziplin zur Folge hat.

Und als es die Gerechtigkeit erproben wollte, wurde es vom Wege gedrängt und in neue Verwirrung gebracht. Ja, es wurde schließlich noch dafür bestraft, dass es versucht hatte, sich seiner Schulkameraden hilfsbereit anzunehmen, die noch unterdrückter und gehemmter waren als es selbst. Aber man lobte es, wenn es Spion oder Angeber spielte. Als höchste Tugend galten das Übertrumpfen der Kameraden und das Erreichen des Endzieles beim Examen zwischen zwei Semestern – diesen Abschnitten des einförmigen Lebens in der Sklaverei. Diese Tugend wurde öffentlich gelobt und prämiert.

In dieser Weise erzogene Menschen waren nicht fähig, das Leben zu erobern, um es zu besitzen. Sie waren der Güte gegen ihre Mitmenschen nicht fähig und konnten daher nicht in Harmonie mit ihnen leben. Ihre Erziehung hat sie mehr oder weniger nur auf einen Bruchteil, auf eine Episode des wirklichen gemeinschaftlichen Lebens vorbereitet, nämlich auf den Krieg. Denn in Wahrheit wird der Krieg nicht durch Waffen geführt, sondern durch den Menschen, der sie handhabt.

Könnte der Mensch in psychischer Gesundheit aufwachsen und die volle Entwicklung eines starken Charakters und eines klaren Verstandes verwirklichen, so würde er niemals gegensätzliche sittliche Prinzipien zulassen. Er würde nicht gleichzeitig zwei Arten von Gerechtigkeit vertreten, eine, die das Leben verteidigt, und eine, die es zerstört. Er würde nicht zweierlei Tugend pflegen: die Liebe und den Hass. Er könnte nicht zwei Grundsätze vertreten: einen, der die menschlichen Energien sammelt, um aufzubauen, und einen anderen, der Energien sammelt, um das zu zerstören, was aufgebaut ist.

Ein starker Mensch lehnt jede Zwiespältigkeit in Gewissensfragen ab und wird niemals nach entgegengesetzten Richtungen hin handeln. Und das ist das Wesentliche. Wenn sich das wirkliche Leben hiervon unterscheidet, so zeigt das die völlige Passivität der Menschen, die hin und her gerissen werden wie Blätter im Winde.

Der Krieg von heute entspringt nicht dem Hass gegen den Feind. Wer könnte das behaupten, wenn Völker heute gegen das eine und morgen gegen das andere Volk kämpfen, und sich morgen mit dem Feind von gestern verbünden?

So ist der weiße Mensch, der Mensch der großen Zivilisation, bis zur Moral der Söldner früherer Zeiten herabgesunken, die immer kämpften, gleich gegen wen, wenn sie nur bezahlt wurden. Und nichts anderes geschieht heute: Die Menschen vergeuden ihre Kräfte und ihren Reichtum, sie zerstören ihre eigenen Werke und gehen dem Hunger entgegen, nur weil es befohlen wird.

Die Ägypter wussten die Werke der Zivilisation und die Kriegstaten voneinander zu scheiden: Sie warben phönizische Truppen an, um Kriege zu führen, und hielten das ägyptische Volk in der Heimat zurück zur Landbebauung und Kulturarbeit. Aber wir, die Völker der großen Zivilisation, vermengen das eine mit dem anderen.

Ein besserer Mensch als wir würde angesichts dieser schwierigen sozialen Probleme, die unsere Tage mit Angst erfüllen, seine geistigen Kräfte und die Errungenschaften der von den Vätern ererbten Kultur verwenden, um eine Lösung von den Schrecken des Krieges zu finden. Wozu haben wir sonst unseren Verstand? Und welchen Sinn hat der Besitz all der Kultur, die von unseren Ahnen erarbeitet wurde? Der Krieg wäre für den neuen Menschen wahrlich kein Problem, er wäre einfach eine Barbarei, die im Gegensatz zur Kultur steht. Der heutige Krieg ist wirklich eine Geißel, die keinen anderen Sinn hat als den einer Züchtigung für die sittlichen Verwirrungen, die den menschlichen Geist trüben. Eine ernste Mahnung zur Umkehr sollte genügen!

Es liegt beim Menschen allein, sein Schicksal zu bestimmen; und mit dem Augenblick, in dem die Waffen seiner Hand entfallen, wird ein neuer strahlender Tag für die Menschheit anbrechen.

Die dritte Dimension

Ich möchte hier etwas so Einfaches behaupten, dass es fast naiv erscheinen könnte: dass nur zwei Dinge nötig sind, um der Welt den Frieden zu sichern. Das erste ist der neue Mensch, der bessere Mensch, und dann eine Umgebung, die den unendlichen Wünschen der Menschen keine Grenzen mehr setzt.

Dazu wäre es notwendig, die Reichtümer nicht in einem Land zu lokalisieren, sondern sie für alle gleichmäßig zugänglich zu machen. Aber wie kann man dafür garantieren, dass die Völker andere Völker über die Straßen ziehen lassen, die sie eigens gebaut haben, um die im Innern des eignen Bodens schlummernden Reichtümer auszunutzen? Um die ganze Menschheit brüderlich zu vereinen, müssten alle Hindernisse fortgeräumt werden, so dass die Menschen auf der Erde in Harmonie und Frieden miteinander leben könnten. Der Klang der Stimme des Menschen sollte auf der ganzen Erde gehört werden, wenn sie vor Freude singt, wenn sie ruft, wenn sie mahnt, wenn sie um Hilfe bittet und ihr ein Wort des Trostes antwortet.

Die Gesetze und Verträge der Welt genügen nicht: Was fehlt, ist eine Welt voller Wunder. Voller Wunder, wie das kleine Kind ein Wunder schien, das die Arbeit und die Unabhängigkeit sucht, und Schätze von Begeisterung und Liebe entfaltet.

Eine neue Welt für einen neuen Menschen – das ist gebieterische Notwendigkeit.

Wäre diese Behauptung eine Utopie, so wäre es frevelhaft, am Rande des Abgrundes, in dessen Tiefe wir die Katastrophe der

Menschheit erblicken, davon zu sprechen. Aber seit Jahren, seit Beginn dieses Jahrhunderts sind technische Wunder auf unserer Erde vollbracht worden. Ist es nicht wahr, dass der Mensch fliegt? So sehen wir also, dass irdische Hindernisse nicht mehr ein Land vom anderen trennen und dass der Mensch um die Welt reisen kann, ohne Straßen zu bauen und ohne in anderen Landbesitz einzudringen.

Und wenn es dem Menschen gelingt, der Erdenschwere Herr zu werden, wenn er die Stratosphäre erreicht, um noch schnellere Reisen auszuführen, die Reichtum bedeuten, wer wird dann der Besitzer dieses Reichtums sein? Wer wird Recht haben auf die Tiefe der Erde oder auf die Ätherhülle, die sich jenseits der Atmosphäre befindet?

Diese langen und kurzen Ausstrahlungen, unsichtbare Ursache geheimnisvoller Verbindungen, die die Stimme des Menschen und die Gedanken der Menschheit übertragen, immateriell ohne Papier, ohne Zeitung, wo sind sie? Wem gehören sie? Und wer wird sie je erschöpfen?

Die Sonnenkraft wird umgeformt werden, um das Brot nahrhafter zu machen, um die Wohnungen der Menschen zu wärmen. Welches Volk wird sich dann zum Besitzer der Sonnenkraft erklären? Es gibt keine Grenzen, keine Lokalisierung für die neuen Reichtümer, die der Mensch im Äther, im unendlichen Himmel, in den geheimen Kräften der Schöpfung finden wird. Welchen Zweck hätte dann noch der Kampf zwischen den Menschen?

Einst kämpften sie um die Erscheinungsformen der Materie, dann entdeckten sie deren Ursprung und fanden, dass es verborgene Kräfte waren. Sie bemächtigten sich dieser verborgenen und unbegrenzten Energien und ihrer begrenzten Wirkungen. Wie ein Gott ergriff der Mensch Besitz von ihnen, und von diesem Zeitpunkt an hat sich sein soziales Leben völlig gewandelt.

Ein wunderbarer und unvorhergesehener Aufstieg hat das Gebiet der menschlichen Eroberungen in ein höheres Niveau als das der Erde gerückt. Die Erdoberfläche war für den Menschen zweidimensional. Aber heute beginnt der Mensch in die dritte Dimension zu steigen. Die Geschichte des zweidimensionalen Menschen ist beendet.

Zu Ende ist eine tausendjährige Epoche, die zurückgeht bis zum Anfang der Geschichte, und noch weiter bis zu den Zeiten der Legende, und noch weiter bis zu den Zeiten, von denen nur vereinzelte Spuren im Inneren der Erde schlummern. Diese unübersehbare Epoche des Menschen seit seinem Ursprung, die sich in einem unermesslichen Zeitraum vollzog, ist beendet. Bis heute musste der Mensch im Schweiße seines Angesichts die Erde bearbeiten und sich wie ein Sklave erniedrigen. Er war an die Tiefe gebunden, so hoch er in sich auch sein mochte. Der Mensch, das Geschöpf der Liebe, war in die Fesseln des materiellen Austauschs geschlagen. Doch der Mensch, der in die Sternenwelt eingedrungen ist, kann sich in seiner ganzen Größe erheben und wie ein neuer Mensch im Universum bewegen.

Das Kind, das neue Kind ist der Mensch, der die dritte Dimension erobern wird, dem es bestimmt ist, sich der Entdeckung des Unendlichen zu widmen. Eine solche Eroberung wäre so groß, dass sie die Mitwirkung aller Menschen erfordern würde. Zu dieser Verbrüderung würden die Menschen keine andere Verbindung finden als die Liebe.

Dies ist die Vision der Wirklichkeit unserer Zeit; wir, die letzten Menschen einer zweidimensionalen Welt, müssen uns anstrengen, um eine solche Vision überhaupt zu sehen. Wir leben in einer Krise, wir stehen zwischen einer alten Welt, die zu Ende geht, und einer neuen, die schon begonnen und all ihre aufbauenden Elemente offenbart hat. Die Krise, durch die wir gehen, stellt nicht nur den Übergang von einer Epoche der Geschichte zur anderen dar, sondern sie gleicht einer jener großen biologischen und geologischen Epochen, in denen neue, höhere und vollkommenere Wesen erschienen, während sich auf der Erde Lebensbedingungen verwirklichten, wie sie niemals vorher existierten.

Wenn wir diese Vision aus dem Auge verlieren, dann stehen wir einer universellen Wirrnis gegenüber, die an die Prophezeiungen des Jahres 1000 erinnert – dieses Jahres 1000, das die Menschheit nicht überleben sollte.

Wenn der unbewusste, der zweidimensionale Mensch die Kräfte der Sternenwelt dazu nutzen wird, sich selbst zu zerstören, so wird ihm dieses ungeheuer leicht gelingen, denn die Kräfte, über die er verfügt, sind unermesslich und jedem zugänglich, jederzeit und überall.

Wenn dieser Mensch, der das Geheimnis der Pest besitzt und ihre unsichtbaren Faktoren in Händen hat, die er bis ins Unendliche kultivieren und vervielfachen kann, dieses Heilmittel dazu benutzt, die Pestepidemie zu verbreiten, so wird ihm seine Absicht leicht gelingen.

Heute hindert den Menschen nichts mehr, alle Regionen zu erreichen, den letzten Fleck Erde, die Berge, die Wüsten, die Meere, nachdem er schon in die Atmosphäre eindringt.

Wer wird das Zeichen geben, das den Menschen erweckt? Was wird der Mensch tun, der auf der platten Erde ruht, auf der Erde, die bereit ist, ihn zu verschlingen?

Die Menschen müssen auf die neue Welt vorbereitet werden, die sich schon wie ein Evolutionsphänomen aufbaut, und bewusst werden des neuen Lebens, das sich vorbereitet, damit sie Mitarbeiter an seinem Aufbau werden.

Und gleichzeitig müssen alle Kräfte dieser neuen Welt zusammengefasst werden zum Aufbau einer Wissenschaft des Friedens.

b) Das Problem der religiösen Erziehung (1939)

In der ersten Augustwoche des Jahres 1939 hielt Maria Montessori unter der Schirmherrschaft der Englischen Katholischen Psychologischen Gesellschaft in Cambridge eine Vortragsreihe über Probleme der religiösen Erziehung. Der folgende Text ist die deutsche Übersetzung der (vermutlich von Mario M. Montessori stammenden) englischen Version des ersten dieser Vorträge. Er wurde am 1. August 1939 gehalten. In diesem Vortrag bestätigt sich, was kritische Kenner der Sache immer wieder bemerkt haben. Maria Montessoris Ausführungen zur religiösen Erziehung wiederholen (hier sogar besonders ausdrücklich und gleich am Anfang) die allgemeinen Grundgedanken ihrer Pädagogik und versuchen diese auf dem Felde der katholischen Religionserziehung „anzuwenden". Typisch katholisch, zugleich aber auch für Montessori typisch, sind auch die beiden hier behandelten Beispiele einer Einführung in die liturgischen Farben des Kirchenjahres (Sinneserziehung) und in die Messfeier (Selbsttätigkeit). Dabei beruft sich Maria Montessori auf praktische Erprobungen, besonders in den 1920er Jahren in Barcelona, die andere im Kontext der von Papst Pius X. eingeleiteten „Liturgischen Bewegung" angestoßen haben und von denen sich Maria Montessori in einer besonderen katholischen Umgebung dazu veranlasst sah, ihnen (nachträglich) eine theoretische Begründung zu unterlegen[1]. Bemerkenswert ist dabei ihre Ablehnung eines Schulfaches Katholische Religionslehre, welches sie gar unter einen Häresieverdacht stellen möchte. Nicht minder bemerkenswert ist in diesem Text auch Montessoris behutsame Tendenz, das Kind zu „vergöttlichen". Der Abdruck des Vortrags folgt einer von Mario M. Montessori dem Verfasser dieses Buches bereits 1965 freundlicherweise geschenkten maschinenschriftlichen Abschrift in englischer Sprache. Übersetzung aus dem Englischen von Sventje Bonn.

---

[1] Man vergleiche dazu den sehr differenzierten Aufsatz von Birgitta Fuchs: Die Grundlagen der religiösen Erziehung bei Maria Montessori, in: Winfried Böhm/ Birgitta Fuchs: Erziehung nach Montessori, Bad Heilbrunn 2004, S. 101-114.

Das Problem der religiösen Erziehung stellt sich heute unter sehr interessanten Aspekten dar. Wir versuchen auf vielerlei Weise, die religiöse Erziehung effektiver zu gestalten, und in dieser Richtung werden die verschiedensten Bemühungen unternommen. Ich erinnere an die jüngsten Anstrengungen, dem kleinen Kind schon früh zu einem Einstieg in die Liturgie zu verhelfen. Zu diesem Zweck wird das Kind oft in die Kirche mitgenommen, und man versucht, es *direkt* in den Ritus der heiligen Messe einzuführen.

Daneben gibt es andere Zugänge zur religiösen Erziehung, welche darauf zielen, dem Kinde das Prinzip eines religiösen Lebens zu vermitteln. Zu diesem Zweck will man ein Schulfach Katholische Religionslehre neben den anderen Fächern, die in der Schule unterrichtet werden, etablieren. Die Religionslehre wird dann in der gleichen Weise wie die herkömmlichen Schulfächer unterrichtet. Es gibt dann genauso Prüfungen über religiöse Themen, wie sie in den anderen Fächern üblich sind. Wie in den anderen Fächern muss ein Schüler dann ein ganzes Schuljahr wiederholen, wenn er in diesem Fach durchfällt, weil hier wie dort die Meinung herrscht, es müsse ein Wissen unterrichtet werden und die dafür verwendeten Lehrmethoden hätten immer die gleichen zu sein.

Ich halte das eher für eine Art von Häresie. Es mag zutreffen, dass die Religion einen Teil des Lebens ausmacht, aber sie darf nicht mit anderen Gebieten des Unterrichts verwechselt werden. Das Problem sollte nicht darin gesehen werden, wie man ein Fach Religion unterrichtet, sondern vielmehr darin, wie die Religion in das Leben der Kinder eingeht. Das Ziel sollte nicht die Vermittlung einer großen Menge an Wissen sein, sondern die Entwicklung einer „religiösen Person", d.h. nicht nur einer Person, die in Religion lediglich unterrichtet wurde. Vielleicht ist der Unterschied zwischen diesen beiden subtil und schwierig zu erklären; vielleicht ist er für viele Manschen auch schwer zu begreifen.

Aber ich bin der Überzeugung, dass dieser Grundgesichtspunkt entscheidend ist und die Grundlage jeder religiösen Erziehung bilden muss. Von ihm her kommt der kindlichen Persönlichkeit eine große Bedeutung zu, und wir kommen nicht umhin, die Psychologie des Kindes in Betracht zu ziehen und ihr zu folgen, wenn wir das gewaltige Projekt einer religiösen Erziehung in Angriff nehmen wollen.

Die von mir getroffene Unterscheidung kann – so glaube ich – am besten verständlich gemacht werden, wenn wir einen Vers aus der Bibel zu Hilfe nehmen, der nicht nur Katholiken, sondern auch Nicht-Christen auf der ganzen Welt geläufig ist. „Lasset die Kinder zu mir kommen!"

Dieser Satz wird viel zitiert, aber oft in einem falschen Sinne gebraucht, nämlich so, als hätte Jesus gesagt: „Bringt die Kinder zu mir!" Und genau das ist es dann, was wir zu tun versuchen: wir wollen die Kinder zu Jesus *führen*. Und dazu bieten die Erwachsenen ihren guten Willen und alle ihnen zur Verfügung stehenden Mittel auf.

Aber die Bibelworte meinen im Hinblick auf das Kind genau das Gegenteil; sie beinhalten eine ganz andere Botschaft an den Erwachsenen. Der Satz lautet: Lasset die Kinder zu mir *kommen*, und das bedeutet, dass der Erwachsene sich selbst korrigieren soll, denn er stellt oft genug ein Hindernis dar, wenn er die Kinder zu Jesus zu führen versucht. Tatsächlich kommen der Erwachsene und das Kind auf sehr unterschiedliche Weise zu Jesus. Der Erwachsene kniet nieder und küsst Jesus die Hand; er verrichtet einige rituelle Handlungen, spricht bestimmte Gebete und hofft, dass sie ihn heilen und näher zu Jesus bringen werden. Das Kind dagegen begegnet Jesus mit Einfalt und Liebe.

Ich denke, dass darin der große Unterschied zwischen den beiden Weisen liegt, wie man die religiöse Erziehung verstehen kann. Dieser Unterschied besteht nicht so sehr darin, was wir lehren bzw. unterrichten, als vielmehr in der Einstellung des Erwachsenen, der das Kind zu Jesus führen will, anstatt es selbst zu ihm gehen zu lassen. Der Erwachsene versteigt sich so zur der Position eines „Absolutisten". Es ist, als würde er sagen: „Ich allein bin es, der alles tut." Aber man sollte doch niemals vergessen, dass auch Gott etwas für das Kind tun kann. Was also oft geschieht, ist, dass sich der Erwachsene an die Stelle Gottes erhebt. Damit verfällt er offenkundig einem unheiligen Stolz, während er sich doch gerade in jener Tugend üben sollte, die der Erziehung besser ansteht: der Demut. Demut heißt in diesem Falle, anzuerkennen, dass es im Kinde etwas Schönes und Wertvolles gibt, das Gott selbst hineingelegt hat. Wenn der Erlöser den Erwachsenen ermahnt und ihm anbefohlen hat, das Kind zu *lassen*, und wenn im Kinde etwas Göttliches verborgen ist, dann muss dieses grundverschieden davon sein, was in uns Erwachsenen ist. Wir haben eine andere Form, und wir sind vom Kinde verschieden. Es kommt dabei nicht darauf an zu sagen, wer von beiden besser ist und einen größeren Wert besitzt – der Erwachsene oder das Kind. Aber selbst wenn wir in dieser Sache unbedingt eine Entscheidung treffen wollten, könnten wir uns wiederum an das Evangelium wenden. Dort steht etwas, was uns in dieser Frage weiterhelfen könnte. Als nämlich die Jünger einmal den Herrn fragten, wer der Größte im Himmelreich sein würde, deutete der Herr auf ein Kind. Wir sollten daher das Kind in jedem Falle als ein Wesen denken, das sehr verschieden von uns Erwachsenen ist; mehr noch: als ein Wesen, das uns Erwachsene etwas lehren kann.

Wenn wir also überlegen, welches die wahren christlichen Beweggründe sein können, dann müssen wir von dem Erziehungsproblem in einer anderen Weise sprechen als in der heute geläufigen. Gerade in einer Zeit, in der viele sog. „moderne Ideen" Eingang in die Erziehung gefunden haben[2], könnte man zu folgendem Schluss gelangen und sagen: „Schön! Wenn es die Idee ist, die Kinder zu Jesus kommen zu lassen, dann brauchen wir gar keine erzieherischen Maßnahmen mehr zu ergreifen, sondern müssen es dem Kinde nur freistellen, zu Gott zu gehen." Aber auch das entspräche nicht unserer Vorstellung. Der Irrtum einer solchen Fehleinstellung erscheint nur allzu offensichtlich.

Das Prinzip heißt in der Tat, das Kind zu Gott kommen zu lassen, aber gleichzeitig muss man ihm auch helfen, das tun zu können. Genau darin, dem Kind zu helfen und einen Weg zu finden, wie das am besten geschehen kann, liegt nicht nur das Geheimnis der religiösen Erziehung, sondern der Erziehung überhaupt, jedenfalls so, wie wir sie verstehen.

In meiner erzieherischen Arbeit habe ich immer versucht, jenem pädagogischen Grundsatz zu folgen, den das Kind selbst formuliert hat, als es uns einmal bat: „Hilf mir, es selbst tun zu können!" Dieser schlichte Satz enthält ein ganzes Erziehungsprogramm. Wie kann man dem Kind helfen, alles selbst zu tun? Wo hat man die Grenzen zu ziehen, innerhalb derer wir überhaupt helfen dürfen. Denn wenn wir diese überschreiten, drohen wir zu einem Hindernis für die gesamte Entwicklung des Kindes zu werden.

Unser pädagogisches Prinzip ist grundverschieden von vielen anderen. Es mag auf den ersten Blick recht vage erscheinen, aber in Wirklichkeit ist es sehr präzise. Und es stellt zudem noch einen Appell zur Zusammenarbeit zweier verschiedener Wesen dar – des Erwachsenen und des Kindes.

Ein Kind, das Dinge selbst tut, folgt vollständig seinem eigenen Entwicklungsgang. Dabei wird es immer der Hilfe des Erwachsenen bedürfen und ihn deshalb auf den einzelnen Stufen seiner Entwicklung die Form erkennen lassen, welche diese Hilfe jeweils annehmen soll. Wenn man genau hinsieht, wird man feststellen, dass das Kind

---

2 Maria Montessori hat hier offenbar die sog. reformpädagogische Bewegung vor Augen, speziell wohl die sog. „Pädagogik vom Kinde aus". (Anmerkung des Herausgebers)

in einer Welt der Erwachsenen zunächst gar nichts tun kann. Es sieht sich riesenartigen Menschen gegenüber, die es nicht verstehen, und es fehlen ihm alle Mittel, um irgendetwas selbst vollbringen zu können.

Darum sollte man etwas Neues versuchen und für das Kind eine besonders vorbereitete Umgebung bereitstellen. Das Kind ist anders als der Erwachsene, und aus diesem Grunde braucht es auch eine andere Umgebung, in der es leben kann. Wir müssen also eine neue Umgebung für das Kind schaffen. Das ist unser erster pädagogischer Grundsatz, und auf ihm baut alles das auf, was man unsere Erziehungsmethode nennt.

Es würde an dieser Stelle zu weit führen, wenn ich eine vollständige Beschreibung jenes Wandels geben wollte, die sich in der Einstellung des Erwachsenen gegenüber dem Kind vollziehen muss. Auch kann ich hier nicht alle Aspekte der „vorbereiteten Umgebung" aufzeigen. Vielleicht gelingt es mir aber, Ihnen eine Vorstellung davon zu vermitteln, wie diese vorbereitete Umgebung aussehen könnte, wenn wir dem Kind eine religiöse Erziehung zuteil werden lassen wollen.

Es wäre das vor allem eine Umgebung, in der das Kind danach handeln kann, was wir seine eigenen Wachstumsgesetze nennen. Wir können durch Beobachtung feststellen, wie das Kind voranschreitet, wie viel Zeit es für bestimmte Tätigkeiten benötigt, wie sein individueller Handlungsrhythmus ist usw. Eine solche Umgebung, auf die wir viele Jahre lang gehofft hatten, wurde vor nicht langer Zeit in einer Schule in Barcelona konzipiert und von einem jungen Priester erprobt. Sie bestand nur aus einem Zimmer, und dieses war keine Kapelle. Es war ein Raum, in dem religiöse Erziehung stattfinden sollte. Wir gaben diesem Raum den Namen Atrium. Man könnte ihn auch als Vorzimmer vor dem Betreten der Kirche bezeichnen. Natürlich kann ein solcher Raum auch ohne Kirche eingerichtet werden. Die Kirche könnte irgendwo in der Nähe sein, so wie es in den Schulen gewöhnlich spezielle Räume für Gymnastik, Musik und Kunst usw. gibt. Warum sollte es nicht auch einen eigenen Raum für die religiöse Erziehung geben?

Nebenbei bemerkt, empfehle ich nicht unbedingt alle diese verschiedenen Räume, aber wenn man sie schon einrichtet, ließe sich auch der Aufwand für einen Raum für die religiöse Erziehung rechtfertigen.

Dieser Raum sollte besonders schön gestaltet sein, und man sollte vor allem auf das Licht und auf die Form der Gegenstände achten. Als wir zum ersten Male einen solchen Raum sahen, fielen uns sofort die Parallelen zu den anderen Räumen unseres Kinderhauses ins Auge.[3] Ich möchte hier nur daran erinnern, dass die kleinen Kinder unter den neuen Gegebenheiten des Kinderhauses eine Art von tiefer Versenkung in ihre Umgebung zeigten. Diese Kraft des Sich-Vertiefens ist sogar charakteristisch für die Kinder unserer Kinderhäuser geworden. Sie nehmen alles aus ihrer Umgebung, ohne es zu beurteilen, einfach dadurch, dass die es absorbieren. Was immer auch ein Kind aufnimmt, wird ein Teil seiner selbst. Es wird zu etwas sein psychisches Leben Bereicherndem. Beobachtung hat uns erkennen lassen, dass die Kinder stets das aus der Umgebung absorbieren, was sie wachsen lässt. Das ist ungemein wichtig und muss sehr ernst genommen werden, denn diese Periode, in der das Kind seine Umwelt absorbiert, ist eine ganz besondere und unschätzbar wichtige Periode im Leben des Menschen. Diese spezielle Kraft des Absorbierens geht später verloren, und die Dinge, die das Kind nicht auf diese Weise erwerben konnte, werden nie mehr so vollständig erworben und können sogar für immer verloren sein. Nach vierzigjähriger Erfahrung im Umgang mit diesen Phänomenen sind wir zu der Überzeugung gekommen, dass das Kind spezifische Sensibilitäten zeigt, welche es dazu führen, die Inhalte seiner Umgebung in sich aufzunehmen und zu verarbeiten. Und diese Periode zeichnet sich durch eine wirklich schöpferische Aktivität aus.[4]

Einer der eindrucksvollsten Sätze, den wir alle verinnerlicht und über den wir viel nachgedacht haben, ist jene Rede von dem Wort, das Fleisch geworden ist. Ich möchte diesen Satz einen Augenblick

---

3 Um einen Blick für diese Parallelen zu gewinnen, muss man natürlich ein Kinderhaus kennen. Ein solches ist eine vorbereitete Umgebung für normale Kinder im Vorschulalter, also eine Art von Kindergarten. In unseren Kinderhäusern versuchen wir, dem Kind ein Leben entsprechend seinen kindlichen Eigenschaften und Bedürfnissen zu ermöglichen. Es wäre interessant, hier über diese Eigenschaften nachzudenken. (Anmerkung von Maria Montessori., im Text nicht als Fußnote, sondern in Klammern stehend)

4 Denken Sie nur einmal über den kindlichen Spracherwerb nach: Das Kind erlernt seine Sprache ohne die Hilfe von Lehrern; es nimmt sie einfach aus der Umgebung auf, in der es lebt. Nur das kleine Kind ist dazu fähig; nur dieses kann die Geräusche um es herum so genau wahrnehmen; und nur dieses kann seine Sprechorgane so weit bringen, dass sie diese Geräusche haargenau wiedergeben. Daraus ergibt sich, dass kein Erwachsener fremde Sprachen perfekt und akzentfrei sprechen lernt; nur unsere Muttersprache können wir wirklich vollkommen sprechen. Diese muss nicht immer die Sprache des eigenen Volkes sein; sie ist die Sprache, die das kleine Kind aus seiner Umgebung absorbiert hat. Später mag man noch so viele grammatikalische Regeln und Prinzipien lernen, aber das ist immer mit einer großen Anstrengung verbunden und kann nur mit Hilfe von Büchern und von Lehrern erreicht werden, und das Ergebnis bleibt immer mehr oder weniger bescheiden. (Anmerkung von Maria Montessori, im Text nicht als Fußnote, sondern in Klammern stehend)

anders betrachten, so dass wir sagen können: Ja, es stimmt; er bezeichnet genau die Arbeit, die jedes kleine Kind zu bewältigen hat. Es
nimmt die Worte, die es hört, in sich auf, und sie werden Fleisch in
ihm; es lässt sie Fleisch werden auf eine Art und Weise, die nur ihm
eigen ist. So erschafft es in der Tat den Erwachsenen – scheinbar mü-
helos und allein dadurch, dass es lebt. Das Kind bringt eine Schöpfung hervor, die geheimnisvoll und beinahe göttlich ist. Es tut etwas,
wozu der Erwachsene nicht mehr imstande ist.

Darin, dass das Kind einen neuen Menschen erschafft, indem es
Dinge aus seiner Umgebung aufnimmt, die sein Eigen und zu Fleisch
werden, erblicken wir den großen Unterschied zwischen dem Kind
und uns Erwachsenen. Von daher verstehen wir auch, warum es so
wichtig ist, die religiöse Erziehung bereits in diesem frühen Alter zu
beginnen. Religiöse Erziehung sollte dem Kind in dem Alter zuteil
werden, in dem es Dinge aufnimmt und erschafft.

Lassen Sie mich Ihnen einige Vorstellungen von dem Atrium vermitteln, welches für die kleinen Kinder eingerichtet werden sollte,
damit die religiöse Erziehung so in ihr Leben eindringen kann wie die
anderen Dinge, die es in seiner Umgebung vorfindet. Im Atrium
sollten wir versuchen, das Kind mit zwei Dingen in Kontakt kommen
zu lassen; das eine ist das liturgische Jahr, das andere die heilige Messe. Das sind die wichtigsten Dinge, aus denen die religiöse Erziehung
kleiner Kinder bestehen sollte.

Das Kind lebt und handelt, und seine Art zu lernen ist das Handeln. Also müssen wir ihm etwas geben, das ihm ein solches Handeln
erlaubt. Ich habe hier einige Dinge mitgebracht, die wir in unseren
Schulen für kleine Kinder verwenden. Es sind Teile unseres sog. Sin-
nesmaterials, welches den kleinen Kindern gezielte Sinnesübungen
ermöglichen soll. Diese Farbtäfelchen haben bei uns viele Farben. Im
Atrium suchen wir jedoch nur die „liturgischen Farben" heraus. Im
Atrium haben wir zwei große Stoffsammlungen in den liturgischen
Farben. Die eine, die ich Ihnen hier zeige, wurde sehr sorgfältig von
Ordensschwestern vorbereitet. Die Stoffe wurden streng nach den
Farben des Kirchenjahres sortiert. In diesem Alter ist Genauigkeit für
das Kind sehr wichtig.

Hier sehen Sie einen speziellen Farbensatz, der diejenigen Farben
enthält, die in der Vorbereitungszeit auf Weihnachten und Ostern
verwendet werden. Die Farben für die Vorweihnachtszeit sind sehr
kräftig; diejenigen, die zu der Zeit vor Ostern gehören, zeigen verschiedene Abschattierungen von Violett. Die weiße Farbe, die danach
verwendet wird, ist kein grelles, sondern ein gedämpftes Weiß. Außerdem sollten im Atrium Ornamente an die Wände gemalt und

Bänder in den liturgischen Farben aufgehängt werden; eines davon sollte länger sein und die Farben der vorösterlichen Zeit darstellen, ein anderes kürzer und die Farben der Vorweihnachtszeit enthalten. Auch sollte es im Atrium Blumen geben, ebenfalls in den liturgischen Farben. Die Lehrerin bereitet dann einen Tisch vor, deckt ihn mit einem ebenfalls in der entsprechenden liturgischen Farbe gehaltenen Tuch und schmückt ihn mit Blumen derselben Farbe. Dabei erklärt sie die Zeit des liturgischen Jahres, die von dieser Farbe symbolisiert wird. Die Kinder „leben" dann ganz einfach in dieser vorbereiteten Umgebung, sie gewöhnen sich auf sehr natürliche Weise daran, nehmen sie in sich auf und verstehen ihren Symbolgehalt.

Etwas anderes ist es, das Kind in ein heiliges Geschehen einzuführen. Aber auch das sollte so erfolgen, dass sie dabei zu einem Handeln aufgefordert werden, und man könnte sagen, dass sich dafür eine Art szenisches Spiel am besten eignet. Vergessen wir nicht, dass das kleine Kind lernt, indem es etwas tut. Daher müssen wir es ihm auch hier ermöglichen, etwas zu tun und in sich aufzunehmen, was es in dem Spiel tut. Nebenbei gesagt, ist dieses Vorgehen auch bei Erwachsenen sehr nützlich. Nur durch ein szenisches Spiel gewinnen wir einen wirklich lebendigen Einblick in den Sinn eines Geschehens. Ich kenne eine Glaubensgemeinschaft – sie nennt sich nach dem Gral –, bei der eines der Ziele darin besteht, durch szenische Darstellung ein tieferes Verständnis religiöser Gebräuche anzubahnen. Der Präsident jener Gemeinschaft beschrieb mir einmal, wie sie versuchen, Gebetsinhalte zu dramatisieren und wie sie durch deren szenische Darstellung den Gebeten eine viel tiefere Bedeutung geben konnten.

Die Kinder tun im Atrium ganz ähnliche Dinge wie in unserem Kinderhaus. Dort lernen sie beispielsweise den Tisch zu decken. Wir sollten im Atrium einen Tisch mit zwölf Stühlen haben, die wir um ihn herumgruppieren. Ein Kind wird nun die Stühle um den Tisch herum aufstellen, ohne dabei das geringste Geräusch zu verursachen. Die anderen Kinder bleiben in diesem Raum und ziehen sich dafür ganz besonders schön an. Also brauchen wir im Atrium auch solche schönen Kleider, welche die Kinder anziehen können. Die Kinder tragen weiße Kleider, nur das Kind, welches in unserem Spiel unseren Herrn Jesus darstellt, trägt ein rotes Gewand. Die einzelnen Kleider sind mit verschiedenfarbigen Bändern versehen. Auf diese Weise gewinnen die Kinder die Vorstellung von einem und zwölf anderen, die nun am Tisch Platz nehmen. Dieses Arrangement kann man mehrmals wiederholen.

Dann kann man ein Szenenspiel beginnen, in welchem eines der Kinder den Herrn darstellt, ein violettes Kleid trägt und sich vom

Tisch entfernt. Dann bleiben nur die Apostel übrig. Auf den leer gewordenen Platz werden nun ein Kruzifix und zwei Kerzen gestellt.
Einer stellt den Petrus dar; dieser könnte beispielsweise die Dinge auf
den Tisch tragen. Als Jesus noch da war, mochte er auch schon einen
Teller und einen Kelch gebracht haben. Die Kinder bleiben in ihren
weißen Kleidern still sitzen; auch Teller und Kelch bleiben an ihrem
Ort. Dieses Arrangement bleibt dann eine bestimmte Zeit bestehen;
es bietet den Anblick eines Altars.

Auf diese Weise haben wir den Kindern etwas in ihrer Umgebung
vorbereitet, was sich ihren Seelen einprägt und was kleine Kinder von
etwa drei Jahren mit Sicherheit verstehen. Der Altar stellt nämlich
tatsächlich einen gedeckten Tisch dar und erinnert uns an das Ab-
schiedsmahl unseres Herrn, als dieser das Brot nahm und es seinen
Aposteln überreichte. Einer ging davon und wurde dann ihr Anfüh-
rer. Diese Vorstellung prägt sich sehr klar in die Köpfe der Kinder
ein. Das ganz Jahr hindurch bleibt dieser Altar stehen; die Kinder
wiederholen das szenische Spiel immer wieder, wobei sich jeweils nur
die liturgischen Farben ändern.

Wir tun auch noch andere Dinge; aber jeder sollte wenigstens diese Umgebung vorbereiten. Wir machen dabei im Grunde das gleiche,
was wir in unseren Kinderhäusern tun. Wir bereiten eine Umgebung
vor, in die bestimmte Gegenstände gebracht werden, die es dem Kinde ermöglichen, selber tätig zu werden. Es ist wichtig, dass man dem
Kind die Freiheit gibt, lange in dieser vorbereiteten Umgebung zu
arbeiten.

Alles, was ich hier nur sehr unvollständig darbieten konnte, bezieht
sich auf die Periode der frühen Kindheit.

c) Die kosmische Dimension der Erziehung (1948)

*Was Maria Montessori unter Kosmischer Theorie bzw. unter Kosmischer
Erziehung versteht, ist bis heute recht unklar geblieben und erfährt deshalb immer noch die unterschiedlichsten Deutungen. Die Lektüre dieses
Textes mit dem zunächst etwas fremd anmutenden (Original-)Titel kann
insofern zur Klärung beitragen, als Maria Montessori hier die „philosophischen", oder besser: die „naturtheologischen" Grundlagen ihrer Kosmischen Theorie darlegt und dabei unverkennbar auf ihre dafür wichtigste Quelle zurückverweist, nämlich die „Theogeologie" ihres Großonkels mütterlicherseits, des berühmten Theologen, Paleontologen und Geologen Antonio Stoppani (1824-1891). Obwohl sie in dem Text seinen
Namen nicht erwähnt, sind die Bezüge zu dessen „economia tellurica"*

unübersehbar, und manche Ausführungen finden sich fast wörtlich in dessen Buch „Acqua e Aria ossia La purezza del Mare e dell'Atmosfera" („Wasser und Luft oder Die Reinheit des Meeres und der Atmosphäre") von 1873. Montessori, die sich wiederholt von Darwin absetzte und stattdessen der Evolutionstheorie Lamarcks anhing, empfand vor allem Sympathie für den Versuch ihres gelehrten Großonkels, die naturwissenschaftliche Evolutionslehre mit der theologischen Schöpfungslehre in Einklang zu bringen. Stoppani verstand nämlich unter seiner tellurischen Ökonomie jenes Koordinatensystem von Naturkräften, die Gott als eine Art himmlischer Geometer (heute würde er wohl sagen: himmlischer Designer) wie einen allumfassenden kosmischen (Evolutions-)Plan in seinem schöpferischen Geist entworfen und dabei jedem einzelnen Lebewesen seine spezifische kosmische Aufgabe in dessen Unbewusstes eingestiftet hat. Auch der Gedanke einer kosmischen Erziehung findet sich bei ihm insofern bereits angelegt, als es – nicht in der Biosphäre, wohl aber in der Psychosphäre – notwendig sein könnte, die menschlichen Lebewesen zu einem Bewusstsein ihrer kosmischen Aufgabe hinzuführen. Montessoris Idee einer kosmischen Erziehung hat also viel tiefer reichende Wurzeln und ist keineswegs erst die Frucht ihrer Begegnung mit der Theosophie.

Der Text wurde erstmals in englischer Sprache unter dem Titel „The Unconscious in History" in der im indischen Madras erscheinenden Zeitschrift The Montessori Magazine, vol. 2 (1948), n. 2, S. 67-75 *und n. 3, S. 131-136 veröffentlicht und erschien ein Jahr später unter dem gleichen Titel als monographische Veröffentlichung des Theosophical Publishing House in Adyar. Eine italienische Textfassung unter dem Titel* „L'inconscio nella storia" *erschien in* Maria Montessori: Il metodo del bambino e la formazione dell'uomo, *a cura di Augusto Scocchera, Roma 2002, S. 199-217. Die hier abgedruckte deutsche Version wurde von Sventje Bonn aus der englischen Fassung von 1949 übersetzt und von Winfried Böhm mit dem italienischen Text verglichen und verbessert. Der Titel wurde hier verändert, um das Anliegen des Textes besser zum Ausdruck zu bringen.*

I.

In einem andernorts veröffentlichten Beitrag über den „Absorbierenden Geist" habe ich den Einfluss des „Unbewussten" in Beziehung auf die Entwicklung des kleinen Kindes dargestellt. Hier möchte ich dagegen das „Unbewusste" in Beziehung auf das Leben des erwachsenen Menschen erörtern, weil sich von daher einerseits ein neuer Zugang zur Erziehung und zu einem besseren Verständnis der Kultur eröffnet, und weil sich aus dieser Perspektive heraus neue Ausblicke auf die Interpretation des komplexen Phänomens des sozialen Lebens auftun. Eine praktische Anwendung stellt das Studium der Geschichte dar, wobei der Blick auf das Unbewusste in der Geschichte völlig neue Deutungsmöglichkeiten hinsichtlich der Entwicklung der Zivilisation liefert.

Die meisten modernen Historiker bringen die Geschichte unseres Planeten in ihren aufeinander folgenden Veränderungen (einschließlich der evolutionären Entwicklungen im Tier- und im Pflanzenreich) mit der Geschichte der Menschheit in Verbindung. Leser, welche die Vergangenheit der Menschheit aus der richtigen Perspektive verstehen wollen, sehen mit Überraschung zuerst die Erscheinung einer „Nebula", dann die langsame Entstehung des Sonnensystems und schließlich die allmähliche Abkühlung unserer eigenen Erde. Auf dieser noch immer dampfenden Bühne erscheinen die ersten Schauspieler – zuerst die einzelligen Tiere; später kommen komplexere Organismen hinzu, bis alles in den schrecklichen Giganten des Reptilienzeitalters gipfelt, die bei ihrem Verschwinden wiederum das Feld frei machen für die jüngeren Säugetiere, und schließlich... für den Menschen!

Aber das ist nur der Anfang der Geschichte, „Fortsetzung folgt". Die Verfechter der Evolution setzen mit der Menschheitsgeschichte ein, indem sie zeigen, dass der Mensch als eine Art aus der Gruppe der Affen hervorgegangen ist: Er benutzt Steine auf eine Art und Weise, die derjenigen der Schimpansen gleicht, die unter experimentellen Bedingungen Kisten aufeinander stapeln und mit einem Stock eine Staude Bananen abschlagen, die sie auf andere Weise nicht erreichen könnten.

Der Mensch wird – immer noch behaart – in der Morgendämmerung seiner Geschichte gezeigt, wie er sich niederkniet und einen Stein gegen einen anderen schlägt, wobei er versucht, ein Werkzeug herzustellen. Dann wird er durch die Jahrhunderte hindurch bis in die erhabenen Höhen der modernen Zivilisation begleitet, auf einem langen Weg, dessen Meilensteine für gewöhnlich Typen wie Napoleon, Hitler oder Mussolini sind, in einem Szenario von Blut und Feuer, das dann möglicherweise im Zerstörungswerk der beiden Weltkriege seinen Höhepunkt erreicht. So einfach!

Die Vermischung von so weit auseinander liegenden und so unterschiedlichen Ereignissen dürfte Verwirrung, zumindest aber Verwunderung hervorrufen. Dennoch freundet sich die moderne Geschichte mit einer neuen Vorstellung an: dass es, um die Wahrheit über den Menschen zu erfahren, notwendig ist, auch den Kosmos in die Betrachtung mit einzubeziehen.

Das wurde von der Religion schon lange erkannt. Haben wir aus dem Westen als Kinder nicht ein Buch mit dem Titel *Die Heilige Schrift (La Sacra Scrittura)* gelesen? Es beginnt mit der Geschichte von der Erschaffung der Welt, der *Genesis,* einer Kosmologie, in der zuletzt der Mensch in Erscheinung tritt, mit einer vagen Ahnung von seiner Bestimmung und von den geheimnisvollen Schwierigkeiten und Leiden, die ihn auf der Erde erwarten. Das Buch, von dem ich rede, ist nichts anderes als die Bibel, wie sie den Kindern in vereinfachter Form dargeboten wird. Es wird *Die Heilige Schrift* genannt, weil es die historischen Ereignisse der Menschheit als von Gott geleitet betrachtet, und nicht etwa vom Zufall oder als ein Ergebnis menschlicher Bemühung und Intelligenz.

Religion ist ein Ausdruck von menschlichen Gefühlen; sie antwortet auf die menschliche Psychologie, und oft weist sie Wege, welche die Wissenschaft erst später entwickelt. Es überrascht daher nicht, wenn die wissenschaftliche Erforschung der Geschichte heute einen ähnlichen Weg einschlägt. Nur zeichnet das Bild, das sie enthüllt, bisher bloß eine Verschmelzung von Ereignissen – Verwirrung wäre vielleicht ein zu starkes Wort. Sie hat keinen Beweis dafür, dass diese Ereignisse tatsächlich miteinander verbunden sind. Das einzige Bindeglied, das sie anbietet, ist die Abstammung des Menschen vom Affen, des Menschen, der heute das am höchsten entwickelte Wesen, welches die Natur geschaffen hat, darstellt: ein bloßer Faden der Herkunft der Spezies Mensch. Aber wie steht es mit der Sozialgeschichte, oder was ist die spezifische Aufgabe des Menschen auf der Welt?

Was immer noch vernachlässigt wird, ist die Beziehung der Ereignisse untereinander, der Teil, der in der *Heiligen Schrift* von der Vorstellung Gottes als dem Schöpfer der Welt eingenommen wird, welcher alles, was sich ereignet, lenkt und leitet und der uns die Vision eines schöpferischen Plans offenbart.

Das „Unbewusste" ermöglicht ein wesentlich tieferes Verständnis als die biologische Abstammung des Menschen von einem Tier. Es bietet eine erste Verbindung zwischen Ereignissen und Umwelt, und wenn auch nicht damit zu rechnen ist, dass das Geheimnis des Ursprungs vollkommen gelüftet werden kann, so spricht es doch für das Vorhandensein eines *kosmischen Plans.*

Das wissenschaftliche Studium zeigt uns überraschende Wechselbeziehungen auf, welche unsere Vorstellungskraft anregen und unsren Geist darauf einstimmen, die Existenz eines solchen Planes anzunehmen. Gemeinsam mit allen anderen Energien des Universums nimmt die Menschheit ihre eigene Aufgabe und Rolle im Kosmos wahr, mit all der Glorie und all dem Leiden, das sie in ihrer relativ kurzen Geschichte begleitet.

Der Begriff des *Unbewussten* bezieht sich auf uns, die Menschen. Es ist richtig, dass von allen Lebewesen nur wir allein mit dem Geschenk eines vernünftigen Bewusstseins ausgestattet sind, das die Gesellschaft durch die Entwicklung der Zivilisation hindurch auf immer höhere Stufen hebt. Aber es gibt auch einen Teil unseres Daseins, der nie bewusst wird oder (allenfalls) nur indirekt die Bewusstseinsebene einiger weniger erreicht. Die Menschheit hat sich daher eine Welt ersonnen, die sich vermeintlich nur durch unsere bewussten Antriebskräfte entwickelt und organisiert, durch Impulse und Sehnsüchte und durch die stolzen Errungenschaften unserer Intelligenz.

Wenn wir von einer Verbindung zwischen der Umwelt und den Ereignissen sprechen, die das Vorhandensein eines kosmischen Plans offenbaren, dann beziehen wir uns nicht auf jene Wechselbeziehungen, die von der modernen Ökologie aufgezeigt werden. Wir beziehen uns vielmehr auf psychologische Bedingungszusammenhänge, genauer auf die Tatsache, dass, während der Mensch die Ereignisse des sozialen Lebens ausschließlich als das Ergebnis bewusster Anstrengungen interpretiert, diese von einem „kreativen Unbewussten" beeinflusst und geleitet werden. Nicht auf Grund von unmittelbaren Beweisen kommen wir zu diesem Schluss, sondern durch die Betrachtung der Analogie zwischen dem Leben des Menschen und dem der Tiere und Pflanzen. Diese Analogie wiederum besteht nicht in der evolutionären Abstammung, wie sie von der Biologie erklärt wird. Sie nimmt Bezug auf das Verhalten aller Lebewesen und auf das der Mehrzahl der großen Kräfte in der Natur.

Eine solche breitere Sichtweise dringt langsam in das Feld jener Wissenschaft ein, die sich auf das Studium der Evolution des Lebens in seiner Beziehung zur Umwelt konzentriert. Letztere wurde bisher meistens als eine Art Bühne angesehen, auf der die beiden Hauptdarsteller des Lebens, die Tiere und die Pflanzen, darum kämpften, ihr Dasein in Sicherheit zu fristen und sich den vorherrschenden Bedingungen anzupassen. Die moderne Tendenz – selbst im starren Reich der Biologie – besteht darin, in Betracht zu ziehen, was die Geologie schon früher auf den Seiten des Geschichtsbuches der Erde zu lesen vermocht hatte: dass das Leben eine konstruktive Energie darstellt, die ihrerseits die Umwelt verändert.

Das Leben erscheint als ein Arbeiter, als ein „Agent der Schöpfung". Seine verschiedenen Komponenten werden von ihren je unterschiedlichen Instinkten dazu angeleitet, besondere Aufgaben zu erfüllen, die auf den Erhalt der „natürlichen Ordnung" gerichtet sind.

Jede Aufgabe ist unentbehrlich; jedes einzelne Individuum ist stärker um die Evolution des Ganzen besorgt, an dem alle teilhaben, als um sein eigenes Wohlergehen. Der Sinn des Lebens geht über die Grenzen des eigenen Lebens weit hinaus. Er erstreckt sich in ein Feld, das viel weiter ist als die beschränkten Ziele der Selbsterhaltung und der eigenen Vervollkommnung.

Alle Lebewesen zeigen in ihrem Verhalten zwei Aspekte: Der eine, der besonders von der Biologie betrachtet wird, ist derjenige der Selbsterhaltung; das ist der *bewusste Aspekt*. Der andere, der von der Geologie betrachtet wird, ist der Beitrag, den jedes Lebewesen zum Erhalt der Umwelt, zur kosmischen Schöpfung, leistet; das ist der *unbewusste Aspekt*. Wenn man tierisches und pflanzliches Verhalten von diesem zwiefachen Standpunkt aus betrachtet, erscheint es sehr viel verständlicher und logischer als andernfalls. Ein paar Beispiele sollen diese neue Auffassung illustrieren.

Wenden wir uns zunächst den Pflanzen zu. Die Aufgabe, die sich auf den Erhalt ihres Lebens bezieht, ist ein Kompendium von erstaunlichen Fakten. Diese zeigen, dass die Pflanzen vollständig abhängig von der Sonne sind, die es ihnen ermöglicht, Kohlenstoff aufzunehmen und Sauerstoff in der Luft freizusetzen. Sie wandeln Kohlendioxid, ein starkes Gift für praktisch alle Formen des Lebens, in reinen Sauerstoff um, das einzige Element, das für alle Lebewesen unentbehrlich ist. Die Umwandlung eines überall vorhandenen Gifts in ein lebenswichtiges Element ist die wichtigste kosmische Aufgabe der Pflanzen.

Wir wollen für einen Moment in das Reich der Phantasie eintreten und uns vorstellen, das Pflanzenreich wäre mit einem Bewusstsein ausgestattet, das dem unseren gleicht. Wessen wären sich seine unzähligen Bestandteile bewusst? Sicherlich ihrer lebenswichtigen Bedürfnisse. Vor allen Dingen würden sie nach Kohlenstoff lechzen, den Hauptbestandteil ihres Körpers. Dem Sauerstoff würden sie mit Ekel begegnen. So wie wir die Ausscheidungen unseres Körpers nach der Verdauung mit Widerwillen betrachten, so würden Pflanzen das Ausscheiden von Sauerstoff als eine notwendige – wenn auch ständige – Reinigung ansehen. Sie würden sich höchstens zu einer Art Sonnenanbetung erheben, weil sie in dem brennenden Stern ihren größten Wohltäter erblickten. Aber indem sie die Atmosphäre reinigen, sind sie die Rettung für das irdische Leben des gesamten Tierreichs.

Wenden wir uns nun dem Leben im Wasser zu; das zweite Beispiel betrifft die Reinheit des Meerwassers. Jeden Tag, zu jeder Stunde, in jedem Moment seit der Erkaltung der Erde werden von unzähligen Flüssen ungeheure Mengen von Kalziumkarbonat in die Ozeane der

Welt gegossen. Ebenso stetig verdunstet das Wasser: eine Art unsichtbare Fee, die in ihrer höchsten Reinheit aufsteigt und alle fremden Substanzen, die sie gelöst in sich aufgenommen hatte, zurücklässt. Bei diesem doppelten Schauspiel drohen die Ozeane mit Kalziumkarbonat übersättigt zu werden. Nun ist diese Substanz für das Meeresleben ein ebenso starkes Gift wie das Kohlendioxid für das Leben an Land. Eine leichte Zunahme im normalen Verhältnis der verschiedenen Substanzen in der Lösung würde den Tod für alle Lebewesen bedeuten, die das Meer von seiner lichtdurchfluteten Oberfläche bis hinunter in die ewige Dunkelheit seiner tiefsten Schluchten bevölkern.

Aber auch hier gibt es einen Retter, den großen Stamm der Korallen. Genau wie andere Tiere von geringerer kosmischer Bedeutung, die etwas absondern, bilden sie ein „Skelett" (in Ermangelung eines besseren Wortes, um es zu beschreiben), wobei sie Kalziumkarbonat aufnehmen, es unlöslich machen und so das Leben aller Ozeanbewohner schützen. Würden die Korallen in ihrer Aufgabe nachlassen, so würden die Ozeane zu einem Reich des Todes und der Fäulnis, und das Wasser selbst verwandelte sich in das Urchaos zurück und würde zu einem riesigen, schlammigen Sumpf.

Die Ungeheuerlichkeit der Aufgabe, die von den Korallen vollbracht wird, offenbart sich in den riesigen Felsmassen, die sie errichten. Um ihre Ausmaße angemessen abschätzen zu können, muss man einen Blick auf die Landkarte werfen; dann sieht man sie die Meeresoberfläche in der Form von Inseln durchbrechen, die sich zu Tausenden auf dem Gesicht des Ozeans zusammendrängen. Die Lakkadiven, die Malediven und Polynesien sind nur einige solcher Archipelgruppen. Angesichts dieser Tatsache kann man sehr wohl glauben, wie die Geologie sagt, dass Korallen in der Vergangenheit ganze Kontinente erschaffen haben.

Wir wollen noch einmal in das Reich der Phantasie eindringen und die Korallen mit einem Bewusstsein ausstatten. Zunächst einmal würden sie den Vorteil von Solidarität und Einheit erkennen. Wie stolz wären sie auf ihre Bauwerke! Wie winzig würden ihnen dagegen unsere Denkmäler erscheinen! Und wie zwergenhaft unsere Großstädte! Persönlich würden die Korallen sich als „bon viveurs" fühlen, die nach dem Trinken lechzen, und zwar nach einem maßlosen Trinken – sie könnten, nebenbei gesagt, das ganze Wasser der Ozeane trinken!

Und natürlich würden sie es, wie alle Lebemänner, für nötig befinden, daß viele Diener das Wasser in Bewegung hielten, um ihnen die größten Freuden ihres Daseins zu bringen – Kalziumkarbonat, ihr

Lebenselixir. Und, natürlich, keine äußeren Störungen und eine milde Temperatur! Wärme, Salz und Ruhe bildeten die Garanten ihres Glücks. Mit anderen Worten, auch sie wären sich der Bedürfnisse bewusst, die von ihren Instinkten vorgeschrieben werden, sicherlich aber nicht ihrer kosmischen Aufgabe als Reiniger des Wassers und Erbauer neuer Welten.

Ich habe Pflanzen und Korallen als Beispiele angeführt, aber auch jede andere Art von Leben hat eine ähnliche Aufgabe, die eine ist mehr, die andere weniger wichtig. Die Arbeit, die sie verrichten, ist der Grund für ihre Existenz; die Art und Weise, wie sie diese Arbeit verrichten, entscheidet über die Dauer ihres Lebens, welche gänzlich der Kontrolle durch ihre Instinkte anheimgegeben zu sein scheint.

Die Wiederkäuer – Kühe, Büffel, Bison, um nur einige von ihnen zu nennen – haben einen kraftvollen Körper und sind mit Hörnern bewaffnet, die aufspießen, schneiden und meißeln: Warum sollten sie, zum Beispiel, im Verlauf von unzähligen Jahrhunderten unter den gleichen Bedingungen leben und Gras fressen? Worin besteht die Notwendigkeit zu einem so asketischen Leben, besonders wenn Gras so schwer zu verdauen ist? Es reicht nicht, es nur einmal zu zerkauen; es muss wiedergekäut werden. Um sich daran anzupassen, waren diese Tiere im Laufe der Evolution dazu gezwungen, einen Magen mit vier Kammern zu entwickeln. Warum haben sie sich in all dieser Zeit nicht ein leichter verdauliches Futter gesucht, so groß, so stark und so gut bewaffnet, wie sie sind? Wenn der Kampf ums Dasein wirklich der Schlüssel zur Evolution wäre, wer wäre dann besser ausgestattet gewesen, um andere Tiere zu fressen?

Aber sehen wir sie uns an: Man sieht sie immer in einer demütigen Haltung, den Kopf nach unten gebeugt, so als huldigten sie Mutter Erde. Sie fressen das Gras, das jene bedeckt, schneiden es nahe am Erdboden ab, ohne es jemals zu entwurzeln. Woher kommt dieser Respekt, diese sich niemals wandelnde Feinfühligkeit, die Zeitalter überdauerte und aus einer Epoche stammt, die dem Erscheinen des Menschen lange vorausging?

Das Gras selbst hat die Aufgabe, den Boden auf die Existenz von höheren Formen des Pflanzenlebens vorzubereiten. Es stellt den letzten Schritt im Trockenlegen sumpfiger Gegenden dar, es macht den Boden fest, trocken und reich an Humus, damit geeignet für das Leben von Bäumen.

Erst kürzlich haben wir Menschen herausgefunden, dass es, um einen Rasen grün und gesund zu erhalten, notwendig ist, das Gras dicht an den Wurzeln abzuschneiden, und wir haben Maschinen zu diesem Zweck ersonnen. Aber regelmäßiges Schneiden allein reicht

nicht aus; es ist notwendig, das Gras herunterzudrücken – darum
traten die schweren Gartenwalzen in Erscheinung – und es mit Che-
mikalien in bestimmten Mischungsverhältnissen zu düngen. Ist dies
nicht genau das, was die Rinder tun? Sie schneiden das Gras dicht an
den Wurzeln ab; sie drücken es herunter, wenn sie auf ihm liegen
und „philosophierend" wiederkäuen; und sie geben ihm reichlich ge-
haltvollen, natürlichen Dünger. Übt die Kuh nicht die Rolle eines
erfahrenen Landwirts aus? Sie erhält noch heute die Prärien in dem
Dauerzustand blühender Gesundheit, genauso wie sie es im langen
Lauf der Zeiten immer getan hat, und sie hilft so der Vegetation dabei, ihre optimale „Klimax" zu erreichen.

Die Hindus sehen die Kuh als heiliges Tier an, vielleicht aus Dank
für ihr gewaltloses Verhalten trotz ihrer angeborenen Stärke, und für
die Fülle an Milch, die sie sich mit solcher Sanftmut rauben lässt.
Aber sie erahnen nicht ihre Hauptaufgabe, die kosmische, für die ihr
nicht nur der Mensch, sondern die gesamte Erde Dank schuldet. Und
doch würde die Kuh, selbst wenn sie ein ebensolches Bewusstsein
hätte wie wir, sich nicht als einen perfekten Landwirt ansehen.

Darwin war der erste, der die kosmische Aufgabe der Insekten,
wenn sie die Blumen aufsuchen, aufgezeigt hat. Wann immer sie ihr
Verlangen nach Nektar zu befriedigen suchen, werden sie von dessen
Quelle durch die lebendigen Farben ihrer Blüten angezogen und
transportieren die Pollen von Pflanze zu Pflanze, womit sie durch ihren Besuch das Fortbestehen der Pflanzenart sichern. Sie beschränken
sich dabei nicht nur darauf, einem Selbsterhaltungstrieb zu folgen
oder der starken Empfindsamkeit gegenüber Farben und Gerüchen
nachzukommen, sondern in der Mehrzahl der Fälle verändern sie sogar ihren Körper, um nicht nur ihre eigenen Bedürfnisse, sondern
auch die der Blumen zu erfüllen.

Warum sollte die Hummel mit Fell bedeckt sein, wenn nicht, um
damit Pollen aufzusammeln? Und warum sind einige Schmetterlinge
und Motten mit Mundwerkzeugen ausgestattet, die so lang sind, dass
sie sie zu einer Spirale aufrollen müssen? Nur um Nektar zu trinken,
benötigen sie diese Länge, um in die Tiefen der langen Röhre der
Pflanzen, die sie befruchten, hinabzureichen.

Fast jede Blumenart hat eine entsprechende Insektenart, deren
kleiner Körper in der Form gebaut ist, welche am besten dafür geeignet ist, ihrem verehrten Meister zu dienen. Ohne diese evolutionäre
Anstrengung wäre die Erde leer von den Wundern, die sie so faszinierend macht – den Blumen mit ihren leuchtenden Farben und liebli-
chen Gerüchen. Wenn die Erde ein Garten ist, so ist sie das auf
Grund der unermüdlichen Arbeit von unzähligen kleinen Gärtnern.

Die Geschichte der verschiedenen kosmischen Aufgaben der Lebewesen ist lang und faszinierend: jedes von ihnen ist pausenlos beschäftigt, immer hungrig, immer eifrig dabei, seine spezifische Arbeit auszuführen, egal wie grässlich sie anderen erscheinen mag, deren Instinkte sie zur Erledigung womöglich ganz gegensätzlicher Aufgaben hingeleitet haben.

Warum wird die obere Erdschicht von Würmern bevölkert, diesen fleischigen, abstoßenden, zylindrischen Tieren, die sich so heftig winden, wenn man sie aufhebt? Ihr Futter ist der Humus – also die Erde selbst –, und ihr Hunger ist unstillbar. Ihre Ausscheidungen hinterlassen eine Spur, die täglich die zweihundertfache Länge ihres Körpers erreicht. Sagte ich Ausscheidungen? Nein, für unseren menschlichen Verstand bezeichnet dieses Wort etwas Widerwärtiges. Es handelt sich dabei um umgewandelte Erde, sprichwörtlich den „guten Boden", eine Erde, die mit leckeren Köstlichkeiten für die Nahrung der Pflanzen angereichert ist. Diese Form der seltsamen und unstillbaren Lust, die sie zu Erdefressern macht, ist eine kosmische Aufgabe, derer sich die Würmer nie bewusst würden, selbst wenn sie eines Tages die Intelligenz von Menschen erreichen könnten.

Ebenso kann man den größten und stärksten Raubvogel betrachten, den wunderbaren Kondor, der mit einigen Fransen feiner Federn geschmückt ist, die einen wunderschönen weißen Kragen am Ansatz jener abscheulichen Nacktheit seines langen Halses bilden. Wozu dieser Kontrast von Schönheit und Horror?

Der Kondor führt uns eine Weisheit vor Augen, die derjenigen der Ägypter, welche Mumien präparierten, und derjenigen der modernen Einbalsamierer gleicht. Um den Fäulnisprozess zu verlangsamen, müssen zunächst die Innereien entfernt werden. Dem Kondor wurde dieser Teil der Arbeit im Gesamtplan der Dinge zugewiesen. Er schiebt seinen Kopf und seinen langen Hals in die Körperhöhle toter Tiere, die auf dem Erdboden liegen geblieben sind. Das erklärt seinen nackten Hals. Wäre dieser mit Federn bedeckt, würde er niemals wieder sauber aus den grässlichen Tiefen, in die er vorstößt, herauskommen. Aber warum sollte sich ausgerechnet der Kondor eine so grässliche Aufgabe auswählen, wenn doch die Welt voller anderer Arten von Futter ist, die sowohl sauber als auch appetitanregend sind? Wäre es bloß eine Frage des Wettstreits unter den Tieren, so fehlten dem Kondor weder Stärke noch Waffen zum Kämpfen. Wieder einmal handelt es sich hier nicht um eine Frage des Überlebens. Er gehorcht, wie alle anderen, dem Befehl der Natur und erfüllt die Aufgabe, die ihm zugewiesen wurde. Andere Tiere aller Arten – Insekten wie Termiten und Leichenfresser *(necrofori)*, Vögel wie die Geier,

Krustentiere wie die Krabben, Säugetiere wie die Hyänen und die Schakale – arbeiten gemeinsam an der Aufgabe, die Toten in ihren eigenen lebenden Körpern zu begraben. Gäbe es sie und unzählige andere nicht, so wäre die Erde übersät mit verfaulenden Leichen.

Ja, es gibt unzählige Landwirte, Gärtner, Straßenfeger und Leichenbestatter, welche die Ordnung auf der Erde aufrecht erhalten, so dass die Natur ständig rein, sauber und wohlriechend bleiben kann; sie sind ständig beschäftigt und schaffen dabei jenen Zustand, der uns Menschen inspiriert, wenn wir die Ruhe und Schönheit der Natur betrachten.

Ein großer italienischer Geologe[5] hat gesagt: „Mögen die Tiere der einzelnen Epochen auch auf verschiedene Stufen der organischen Entwicklung verteilt sein, von unterschiedlichen und einander oft entgegen gesetzten Instinkten und dem Anreiz vielfältigster Bedürfnisse bewegt werden und zu ganz verschiedenen Aufgaben befähigt sein, sind sie doch alle eingeordnet in eine große disziplinierte Gesellschaft, die wie auf einen Krieg vorbereitet ist; alle werden sie wie eine große Armee ins Feld geführt, um für die Aufrechterhaltung der Ordnung auf der Erde zu sorgen."

Wenn wir von der Betrachtung dieses Unbewussten – das heißt von allem, was niemals in das Bewusstsein vordringen würde, selbst wenn alle Lebewesen ein Bewusstsein erwerben könnten, das dem unseren gleicht – weitergehen, erreichen wir schließlich den Menschen, die jüngste und vollkommenste aller Kreaturen. Auch ihm muss ein unbewusster Anteil an der universalen Arbeit der Ordnung und der Schöpfung zugewiesen worden sein. Es ist unmöglich, dass er der erste Parasit auf Erden sein sollte, der nur gekommen ist, um die Früchte der Arbeit anderer Lebewesen zu genießen.

Und ohne allen Zweifel finden wir in ihm einen großartigen Arbeiter und einen findigen Erzeuger. Er verändert die Erdoberfläche, als wäre er selbst ein Ferment, das Ferment einer höheren Form des Lebens. Ganz gewiss verbringt er sein Leben nicht im Genuss; er fragt sich ständig, warum er auf die Erde gesandt worden ist, um zu leiden – ein Arbeiter, der die Last seines Opfers erfährt..

Wie alle Tiere spürt er nur seine lebenswichtigen Bedürfnisse; weil er sich nur seiner selbst bewusst ist, ist er völlig mit seiner Selbstsucht und seinem Egoismus beschäftigt. Wie alle anderen Lebensformen

---

5 Hier bezieht sich Maria Montessori ganz offensichtlich auf ihren berühmten Großonkel Antonio Stoppani, ohne ihn freilich zu nennen und ohne die Quelle dieses Zitates anzugeben. (Anmerkung der Übersetzerin)

muss er für seinen Lebensunterhalt und für die Fortpflanzung seiner Art sorgen. Er muss Gefahren überwinden und Schutz suchen, um sein Überleben zu sichern. Er passt sich in seiner Persönlichkeit den verschiedenen Formen der Selbstsüchtigkeit an, welche die Tiere bei ihrer Arbeit zeigen. Er ist zu jeder noch so raffinierten Grausamkeit fähig; kein moralischer Abschaum ist für ihn zu garstig. Aber es gibt nicht nur Egoismus bei den Tieren; alle erfüllen auch eine andere „Aufgabe" – die innig verwobene Zusammenarbeit, welche die kosmische Ordnung aufrecht erhält: ein Gehorsam, der das bedrohliche Chaos überwindet und den Planeten immer schöner macht, zu dessen Wächtern und Hütern sie bestellt sind. Sie arbeiten unaufhörlich als Agenten der Schöpfung. Und der Mensch mss der größte von ihnen allen sein.

Die Geologen betrachten das Leben insgesamt als eine Sphäre, die zur Erde hinzukommt und diese umgibt. Neben der *Hydrosphäre* und der *Atmosphäre* bildet die ungeheure Menge vitaler Energien die *Biosphäre*. Gäbe es diese nicht und wäre die Erde dem Walten lebloser Energien ausgeliefert, würde sie bald in ein primitives Chaos versinken, in ein ungeordnetes Wirrwarr der Elemente. Dem Menschen muss eine entscheidende Rolle bei der Erreichung des gemeinsamen Zieles zugeteilt worden sein. Die Masse der Menschen bedeckt die Erde und steuert eine neue Energie bei: die zusätzliche Hülle der *Psychosphäre*, in der sie an der Vervollkommnung der Natur arbeiten.

Genau dies sollte die Aufgabe der Geschichtsschreibung sein: diesen anderen Aspekt des menschlichen Lebens aufzuzeigen, die kosmische Aufgabe des Menschen zu erhellen, Licht auf jene Tätigkeiten zu werfen, die er unbewusst auf diesem Planeten verrichtet, auf dem er die wenigen Jahre seines kurzen Lebens zubringt. Der Beitrag des Menschen ermöglicht eine neue Interpretation der Abfolge jener Ereignisse, die die Menschheit durchlaufen hat, um ihren heutigen Stand der Evolution zu erreichen.

Dadurch wird die Geschichtsschreibung ihre Aufgabe wieder erfüllen können, der Menschengemeinschaft Trost zu spenden und sie aufzuklären, die von Finsternis und Unheil verschlungen zu werden droht.

II.

Da die Geschichte bisher als eine Interpretation der Aufeinanderfolge von einzelnen sozialen Ereignissen betrachtet wurde, hat sie nur die bewussten Beweggründe berücksichtigt, welche sie in Gang gehalten haben, und sie hat vollständig jene „unbewussten" Antriebe ignoriert, die aus jedem einzelnen Lebewesen einen Agenten der Schöpfung machen, der auf diese oder jene Weise seine Umgebung verändert. Indem jedes Lebewesen seinen Instinkten, mithin den Weisungen seines Unbewussten folgt, vollzieht es einen Auftrag, als wäre es ein „kosmischer Arbeiter", und tut dies im harmonischen Einklang mit den Aufgaben aller anderen Lebewesen und mit denen der unbelebten Natur.

Natürlich fragen wir uns selbst: Was ist die kosmische Aufgabe des Menschen? Was ist seine besondere Aufgabe bei der Vervollkommnung dieses Planeten, der um die Sonne kreist? Auf welche Weise nimmt der Mensch teil an der Schöpfung des Universums? Die Aufklärung des menschlichen Beitrags in Bezug auf seine Umwelt, die Erde, könnte Licht auf das menschliche Leben selbst werfen.

Andererseits, welchen Trost können wir von dieser Idee her gewinnen, welchen Trost von der Hypothese, dass der Mensch einen besonderen Zweck erfüllt, besonders wenn wir in Rechnung stellen, dass er sich selbst der Aufgabe, die er vollbringt, nicht bewusst ist?

Lassen Sie mich ruhig sagen, dass die Vorstellung von dieser Idee weder intendiert, Trost in ein elendes Dasein zu bringen, noch in die metaphysische Dimension des menschlichen Schicksals einzudringen. Die Absicht besteht lediglich darin, eine neue Sicht auf die historischen Ereignisse zu eröffnen, indem ein Koeffizient hinzugefügt wird, der bis dato so gut wie nie in Betracht gezogen wurde. Ein solches Studium könnte es uns ermöglichen, soziale Geschehnisse klarer zu beurteilen.

Dass der Mensch heute fast überrascht ist von den neuen Lebensbedingungen, die ihm die Gesellschaft darbietet, ist offensichtlich. Er findet sich selbst in einem mühseligen Kampf inmitten von Erscheinungen wieder, die im Gegensatz und oft auch in Widerspruch zueinander stehen.

Hat er nicht den Gipfel der Macht erreicht, die ihn zum Herrn über die materielle Welt, über die Kräfte der Natur, über den Reichtum der Erde und über die in ihren Tiefen verborgenen Schätze erhebt? Ist das nicht ein erstaunlicher Sieg über die Umwelt?

Dennoch erntet er nur Trauer und Leid. Aus seiner Herrschaft heraus gebiert er schreckliche Gefahren für sein eigenes Dasein. Heute sieht er sich mit dem Schauerbild eines möglichen Selbstmords seiner gesamten Spezies konfrontiert. Als Urheber unermesslicher Errungenschaften blickt ihm die drohende Fratze des Hungers entgegen.. Ganze Nationen, die sich der Ergebnisse ihrer Intelligenz rühmen, gebärden sich so, als hätten sie noch nicht einmal die Eingangspforte zur Zivilisation überschritten.

Um die Ursache für diese widersprüchliche Lage zu suchen, blickt der Mensch nur in die Vergangenheit zurück und beweint Lebensbedingungen, unter denen er praktisch nicht mehr leben könnte. Aber alles wird klar, wenn man das „Unbewusste" in die Betrachtung einbezieht.

Augenscheinlich hat es die Menschheit nicht geplant, sich auf die schwindelnden Höhen ihrer heutigen Macht aufzuschwingen: Dieser Aufstieg geschah nicht auf Grund eines bewussten Willens, und die Menschheit hat sich nicht bewusst hinauf gekämpft. Sie hat den gegenwärtigen Gipfel durch Abläufe erreicht, deren sie sich nie bewusst geworden ist. Und auch heute, da sie auf diesen erhabenen Höhen angekommen ist, ist sich die menschliche Gesellschaft immer noch hauptsächlich nur ihrer physikalischen Bedürfnisse und ihrer instinktgesteuerten Leidenschaften bewusst.

Wenn die unbewusste kosmische Aufgabe des Menschen nur in einer Beziehung zu seiner Umwelt besteht, wie können wir dann die spezifische Aufgabe des Menschen in der unvorstellbaren Masse der Beiträge aller Lebewesen insgesamt zum Erhalt der Naturordnung erkennen?

Gewiss hat der Mensch schon von frühesten Zeiten an auf die Natur eingewirkt, als er den Ackerbau erfand und Pflanzen züchtete, die bessere Früchte trugen. Wenn wir die prachtvolle Schönheit betrachten, die bestimmte Blumen heute erreicht haben, welche von ihrem Naturzustand her eher schlicht und einfach sind, wie zum Beispiel die Rosen, die Dahlien und die Orchideen, oder auch unauffällig, wie beispielsweise die Chrysanthemen; wenn wir die Pracht dieser Blumen sehen, die durch menschliches Einwirken vergrößert, mit einer unendlichen Vielfalt an Farben geschmückt, in ihren Sorten und Arten umgeformt und vervielfältigt worden sind, dann können wir nicht anders als zu sagen: „Hier war der Mensch am Werke! Hier kam einer vorbei, der über die Natur herrscht!"

Und wenn wir gar die vielen Arten von Haustieren betrachten, die verschiedenen Rassen, die heute auf Hunde- und Katzenausstellungen zu sehen sind, die Rassen von Pferden und Rindern, bei denen der Natur nachgeholfen wurde, so dass eine schnellere und perfektere Evolution stattfand, können wir nicht anders als ausrufen: „Hier hat der Mensch Hand angelegt, jenes „Element", welches das Leben verwandeln kann!"

Und wenn wir die großen Kohlevorkommen betrachten, welche die Pflanzen in Jahrmillionen angelegt haben, und sehen, wie der Mensch sie alle in einigen wenigen Jahrhunderten ausbeutet, indem er sie zurück an die Oberfläche bringt und den Kohlenstoff in die

Atmosphäre zurück führt, dann müssen wir sagen: „Der Mensch bringt alles fertig; er ist ein Ferment und ein Zauberer."

Eine neue Energie, ein Mechanismus, grundverschieden von den Tieren, ist auf unserem Planeten erschienen, um den physikalischen Energien ihre Trägheit zu nehmen und neuen Schwung in die Evolution des Lebens zu bringen. Mit dem Menschen kam die Intelligenz und die Hand, welche die Aufgaben ausführt, die jene vorschreibt. Er hat Kräfte vervollkommnet, die in der Ewigkeit verborgen waren, und er geht mit ihnen um, als wäre er ein Gott. Er hat sich die Erde, die Meere und die Lüfte angeeignet. Er hat aus der Atmosphäre einen Raum gemacht, in dem er bald fliegen wird, als ob er ein Teil von ihr und in seinem eigenen Element wäre, wenn er sich in einem dreidimensionalen Raum bewegt. Er wird dieses Element erobern, welches, obwohl es für ihn von den Anfängen der Schöpfung an unerreichbar war, dazu bestimmt ist, das seine zu werden.

Ohne allen Zweifel hat dieser Schöpfungsagent, obwohl sein Skelett und seine Eingeweide aus dem gleichen gewöhnlichen Material und den gleichen lebenswichtigen Elementen bestehen, aus denen auch die Tiere gemacht sind, in sich selbst eine neue Kraft mitgebracht, ein Gefüge der Natur, das sich von allem anderen, was ihm voranging, unterscheidet. Die *Schnelligkeit* ist seine vierte Dimension.

Wenn man die Zeit seit dem Erscheinen des Menschen auf der Erde mit der Zeit vergleicht, welche die langsame Entstehung des Planeten bis zum Auftreten der Tiere in Anspruch genommen hat, dann ist im Verhältnis dazu die Zeitspanne der Präsenz des Menschen auf der Erde so klein, dass man sie kaum richtig abschätzen kann. Wenn man nur die letzte Phase seines Tätigseins in Betracht zieht, in der er sich natürliche Energien wie die Elektrizität, die kosmische Strahlung und die ungeheure Kraft, die sich aus der Atomspaltung gewinnen lässt, zu eigen gemacht hat, dann ist diese kürzer als ein Blitz, so kurz wie der Atemhauch, mit dem wir die göttliche Schöpfung beschreiben.

Wer ist derjenige, dessen Ursprung im Dunkel liegt und der das Angesicht der Erde wie ein Schöpfer verändert? Warum muss er leiden, als wäre er das Schlachtopfer, das für das Heil und für die Reinigung alles dessen hingegeben wird, was auf der Erde existiert?

In dem Problem, das uns entgegentritt, ist dieses die große Unbekannte, und wenn wir tiefer in das Geheimnis der menschlichen Existenz eindringen und es auflösen wollen, dann müssen wir dem Menschen selbst entgegentreten und seine Geschichte neu schreiben. Diese Geschichte muss die ganze Menschheit in Betracht ziehen. Die Geschichte der Zivilisation muss in der Abfolge ihrer Ereignisse noch einmal studiert, und dabei müssen ihre unbewusst gebliebenen Geheimnisse gelüftet werden.

Alle Ereignisse der Vergangenheit hatten einen Zweck, der vom Menschen nicht erkannt wurde, obwohl er es war, der von allein danach strebte, ihn zu erreichen. Dieser Zweck kann heute angeschaut werden – es war der Stand der Zivilisation, der in der Gegenwart erreicht wurde. Diese Gegenwart stellt ihrerseits sicherlich nur eine Durchgangsphase dar, ein Stadium der Evolution, die weitergehen wird, auch wenn wir nicht mit Gewissheit sagen können, wie lange und wohin. Die Zukunft jedoch ist nicht Geschichte; die Geschichte betrifft nur die Vergangenheit, so dass man die Gegenwart als einen Abschnitt betrachten kann, von dem man annehmen muss, dass er weiterhin vom „Unbewussten" geleitet wird, bis einmal der höchste Gipfel erreicht sein wird.

Dieses Phänomen der Gegenwart erscheint klar zu sein. Der Mensch ist der schöpferische Künstler gewesen, der dieses oder jenes Wunder vollbracht hat. Mit seinem Einwirken auf die ursprüngliche Natur hat er nicht nur eine stupende Zahl von Wundern angehäuft. Ihm ist es gelungen, für sich selbst eine neue Lebensebene zu schaffen, welche die natürliche weit überragt. Er ist nicht nur ein Agent, der sich selbst verändert; er ist der Erbauer einer *Über-Natur (supra-natura)*.

Immerzu mit den Elementen kämpfend, lebte und arbeitete der primitive Mensch in unmittelbarem Kontakt mit der Natur. Nur Schritt für Schritt hat er sich eine neue Form des Lebens erarbeitet, die auf der Arbeit anderer beruht. Nur allmählich hat der Mensch seine Umwelt verändert, aber diese Veränderungen wurden auch von anderen genutzt, bis schließlich der Punkt erreicht wurde, an dem der Mensch von der Arbeit eines anderen Menschen lebte. Es ist eindrucksvoll, diesen direkten Weg zu sehen, der den Menschen vom Leben in einer Natur, die von unzähligen niederen Agenten bereitet wurde, dahin geführt hat, in einer neuen Natur zu leben, die von einem wesentlich erhabeneren Agenten bereitet wurde, nämlich *von ihm selbst*.

Heute könnte die Menschheit nicht mehr außerhalb dieser ihrer Umwelt leben. Niemandem ist es heute noch vergönnt, einfach nur seine Hand ausstrecken zu müssen, um die Früchte der Erde für seine Ernährung einzusammeln oder ein Tier für seinen eigenen Gebrauch zu erlegen. Die Früchte der Erde sind keine natürlichen Früchte mehr; die Tiere, die man sich zunutze macht, sind nicht mehr die Tiere, die man im Wald fängt. Es gibt andere Früchte und andere

Tiere, welche der Mensch verändert und vervollkommnet hat. Der Wald selbst wird geschützt. Er gehört Menschen und wird von ihnen bewirtschaftet. Wenn der Mensch neue Kleidung braucht, kann er nicht mehr selber die Wolle von den Pflanzen ernten, sie spinnen und weben; er kann sich nicht einmal mehr selbst eine Hütte bauen, weil er für die notwendigen Baumaterialien und sogar für den Boden, auf dem er etwas errichten will, von der menschlichen Gesellschaft abhängig ist.

Der Mensch selbst unterscheidet sich von dem, der er in einem natürlichen Zustand sein würde: Seine Bedürfnisse sind anspruchsvoller, und um sie zu befriedigen, bedarf er besserer Erzeugnisse, als die Natur sie ihm bieten kann. Seine Bedürfnisse beschränken sich nicht mehr nur auf Essen, Kleidung und Schutz. Er verlangt nach Verfeinerung und Bequemlichkeit, nach künstlichen Transportmitteln, nach künstlichem Licht, wenn das natürliche erloschen ist, und so weiter. Er könnte nicht mehr ohne geistige Anregungen und ohne immer weiter reichende und immer schnellere Kommunikation mit anderen Menschen leben. Ohne die Presse, den Telegraphen und das Radio wäre sein Leben nach einer solchen Preisgabe seiner lebenswichtigen „Über-Natur" unbefriedigend und unausgefüllt. Sein Handlungsrhythmus hat sich so stark verändert, dass er nicht mehr unmittelbar für alle seine notwendigen Bedürfnisse sorgen könnte. Der natürliche Mensch gehörte einer anderen Spezies an. Der „übernatürliche Mensch" (l'*uomo supernaturale*) ist an die Stelle des prähistorischen *homo sapiens* getreten.

Bei seinem langsamen Vorwärtsschreiten durch die einander folgenden Stufen der Zivilisation wurde der Mensch immer stärker mit dem Rest der Menschheit verbunden, nicht nur äußerlich in seiner sozialen Organisation, sondern auch auf eine viel tiefgründigere und innerliche Weise. Heute ist die ganze Menschheit zu einem einzigen Organismus zusammengewachsen, der sich aus allen lebenden Menschen zusammensetzt.

Die Idee, dass die Menschen nicht nur durch ihre materiellen Bedürfnisse miteinander verbunden sind, sondern auch dazu tendieren, einen einzigen Organismus zu bilden, ist vielleicht der einzige Sachverhalt, dessen sich die Menschheit bisher schon bewusst gewesen ist. Worte wie „Alle Menschen sind Kinder Gottes" oder die Rede von einer „Allumfassenden Brüderlichkeit" *(Frattelanza Universale)* beziehen sich nicht auf die Umwelt, sondern auf die Menschen in ihren Beziehungen zueinander.

Von unserem Standpunkt aus kann man sich die Menschheit als eine Einheit vorstellen, die einen lebendigen Körper bildet, der durch

die Aktivität aller einzelnen Glieder funktioniert und sich weiterentwickelt.. Die größten Erfindungen sind zum Beispiel das Ergebnis einer kollektiven Intelligenz, zu der aufeinander folgende Generationen
beigetragen haben. Die wunderbaren Entdeckungen unserer Tage
verdanken wir nicht der Intelligenz eines einzelnen Menschen, sondern der Zusammenarbeit von Wissenschaftlern auf der ganzen Erde.
Sie fußen auf Vorgängern, die man in Anspruch nimmt, um zukünftigen Fortschritt zu ermöglichen. Das ist das Bild der kollektiven Intelligenz, die sich auf über-natürliche Weise entwickelt hat und funktioniert. Sie reicht weit darüber hinaus, was ein einzelner Mensch,
und wäre er gleich ein Genie, jemals allein erreichen könnte.

Offensichtlich wurde diese Arbeit nicht allein von den Händen des
Menschen bewerkstelligt, ebenso wenig wie seine Wanderungen auf
der Erde allein der Behändigkeit seiner Füße zu verdanken sind. Er
bewegt sich heute mit der Hilfe von gigantischen Maschinen, die
immer größer und vollkommener werden, so als ob sie sich selbst in
einer beständigen Evolution befänden und damit die Eigenschaften
von Lebewesen widerspiegelten. Es ist wahr, daß der Mensch die
Ozeane und den Himmel erobert hat, aber es war nicht der nackte
Naturmensch, der dieses vollbracht hat. Heutzutage kann er nur auf
Grund der menschlichen Gesellschaft existieren und weiterhin auf
dem Planeten leben, den er in Besitz genommen und auf so großartige Weise verschönert hat. Uns gehört das „über-natürliche" menschliche Leben in einer „über-natürlichen" Welt. Das ist die Realität der
Gegenwart unserer Geschichte, und das ist zugleich die Ursache aller
ihrer Probleme.

Die Vorstellung von einer „Über-Natur" *(super-natura)* unterscheidet sich grundlegend von der des „Übernatürlichen" *(„soprann-
naturale")*. Letzterem haftet ein metaphysischer Sinn an, der wiederum von der Gottesauffassung abhängt. Die „Über-Natur" stellt dagegen nur eine höhere Art der Natur dar, die durch die Zusammenarbeit aller Menschen geschaffen wurde. Die Menschen selbst haben
sich entwickelt, indem sie eine andere, wesentlich stärkere Art von
Mensch inkarniert haben; das darf jedoch nicht damit verwechselt
werden, dass ein Volk übernatürliche Offenbarungen empfängt. Die
einen sind ganz normale Menschen, die gewöhnlichen Mitglieder der
menschlichen Gesellschaft, die anderen nicht.

Die heutige Weltkrise lässt sich darauf zurückführen, dass dieses
erstaunliche Gebilde kurz vor seiner Vollendung steht. Der Mensch
beginnt sich darüber klar zu werden, dass er in einer künstlichen Welt
gefangen ist, aus der es kein Entrinnen gibt. Wenn auch einige
Gruppen der menschlichen Gesellschaft noch nicht vollständig an

dieser „Über-Natur" partizipieren, so ahnen sie doch, dass sie nicht werden überleben können, wenn sie nicht alsbald daran teilnehmen. Sie zeigen daher besonders intensive Anpassungsbemühungen, um dieses Ziel zu erreichen. Dass sich das gewaltige Werk nicht den bewussten Anstrengungen des Menschen verdankt, sondern einem unbewussten Schöpfungsprozess, zeigt sich heute daran, dass der Mensch seine Stimmer erhebt, um nach Freiheit zu rufen. Denn mit jedem Schritt, den er auf der Leiter der „Über-Natur" empor klettert, verliert er die Freiheiten des natürlichen Menschen. Er ist dem universalen Gesetz unterworfen, jenem Plan, der jedem einzelnen Ausdruck der Schöpfung unterliegt.

Etwas Ähnliches geschieht auf dem Gebiet der Chemie, wenn Elemente wie Wasserstoff, Kohlenstoff, Sauerstoff und Stickstoff vom Leben eingefangen werden, um organische Moleküle bilden zu können, während in der anorganischen Welt die Substanzen von einfacher Natur sind. Einige wenige Elemente fügen eine kleine Anzahl ihrer Atome zusammen, um Wasser, Kohlendioxid, Salze, Phosphate, Nitrate etc. in Einklang mit einem Gesetz der Affinität zu formen, welches bewirkt, dass einige von ihnen sich anziehen und andere sich abstoßen; aber organische Moleküle nehmen Massen von Atomen auf und missachten dieses Gesetz. An ihrer Zusammensetzung können Hunderte und manchmal sogar Tausende von Atomen beteiligt sein. Um Substanzen einer höheren Kategorie wie beispielsweise Proteine, Fette, Stärken, Zucker etc. zu bilden, werden sie von den Kräften des Lebens dazu gezwungen, sich miteinander zu verbinden, auch wenn sie einander in der anorganischen Natur abstoßen.

Das Leben verwendet die gleichen Atome wie die anorganische Natur, um seine Substanzen zusammenzusetzen, aber es gibt ihnen eine neue Organisation mit einer hierarchischen Struktur. Und trotzdem behalten die Elemente, die in das große Unternehmen hineingezogen werden, dynamische, lebende Organismen zu bilden, ihre ursprünglichen und ihnen eingeborenen Eigenschaften: *die Liebe*, mit der sie sich vereinigen, um Wasser, Kohlendioxid und Ammoniak zu bilden, oder *den Haß*, der es ihnen unmöglich macht, sich miteinander zu verbinden. Sobald die Spannung des Lebens weicht und der Tod sich des lebendigen Körpers bemächtigt, gewinnen die chemischen Elemente ihre Freiheit zurück und kehren zu jenen Kombinationen zurück, die für sie natürlich sind. Die organischen Substanzen verschwinden vollständig, und die anorganischen Substanzen erneuern sich – Wasser, Kohlendioxid, Ammoniak. Augenblicklich fangen sie an, ihren Status zu verbessern und bilden eine bestimmte Zahl höherer Substanzen: Nitrate, Nitrite, Sulfate etc. Es ist der Tod, der ihnen die ursprüngliche Freiheit der anorganischen Welt zurückgibt und ihnen die Tür zur natürlichen Wiederherstellung ihrer Substanzen öffnet. Verglichen mit diesen Zuständen waren diejenigen, die unter der Herrschaft des Lebens gebildet wurden, „über-natürliche" Substanzen.

Auf Grund dieser Parallele mit der chemischen Welt ist man beeindruckt von dem Gedanken, dass die menschliche „Über-Natur" dazu bestimmt ist, etwas Großartiges und Neues zur Geschichte des Universums beizutragen.

d) Die Sexualmoral in der Erziehung
(1906)

In diesem frühen Kongressvortrag – mitten in der Zeit der Anthropologie-Vorlesungen und ein Jahr vor der Gründung des ersten Kinderhauses gehalten – nimmt Montessori nur am Rande ausdrücklich Bezug auf diese Vorlesungen, in Wirklichkeit jedoch beruhen die hier vorgetragenen Gedanken zutiefst auf ihrer evolutionsbiologisch begründeten Pädagogischen Anthropologie, in der die (Rassen-)Hygiene und eine neue Sexualmoral einen zentralen Platz einnehmen. Da Montessori den religiösen Gedanken eines ewigen Lebens hier ganz in positivistischem Sinne auf die Erhaltung des Lebens auf unserem Planeten und die Sicherung einer gesunden Nachkommenschaft uminterpretiert, verliert auch der überlieferte Tugendbegriff notwendig eine Umdeutung. Eine neue Moral im Dienste des Lebens und der Arterhaltung verlangt nach einer neuen Erziehung. Das Zielbild dieser neuen Erziehung ist jener „mittlere Mensch", den Montessori in der Pädagogischen Anthropologie zeichnet: ein Mensch, der in einer von allen destruktiven Einflüssen freien Umwelt sich rein nach seiner Natur entwickeln könnte. Aus der Sicht der von Montessori seinerzeit intensiv betriebenen Biometrie, d.h. von der Vermessung des Menschen her, entspräche dieser „mittlere Mensch" statistisch dem genauen Mittel aller einzelnen Messdaten; in der Realität kommt dieser mittlere Durchschnittsmensch jedoch nicht vor, so dass er nur eine regulative Idee für die Erziehung liefern kann. Der Text ist unverkennbar durch viele autobiographische Bezüge durchsetzt, die Maria Montessori selten so deutlich, wenngleich auch hier nur implizit, angesprochen hat: ihr eigenes uneheliches Kind; die verheimlichte Schwangerschaft; die Weggabe ihres Kindes zu einer bäuerlichen Pflegefamilie; die Flucht vor der eigenen Mutterrolle; ihr feministisches Eintreten für die Stärke und „Standhaftigkeit" der Frau und Mutter u.a.m.

Bei diesem Text handelt es sich um einen Vortrag, den Maria Montessori beim Ersten Nationalen Italienischen Frauen-Kongress 1906 in Rom gehalten hat. Er erschien unter dem Titel „La morale sessuale nell' educazione" in der Zeitschrift der Italienischen Montessori-Gesellschaft (Opera Nazionale Montessori) Vita dell'Infanzia, 7 (1958), n. 8-9, S. 3-7. Übersetzung aus dem Italienischen von Gisela Kunert.

Das Problem der Sexualmoral in der Erziehung erscheint neu und schwierig, und es scheint auch viel Mut dazu notwendig, wenn man sich mit ihm auseinandersetzen will. Doch in Wirklichkeit ist das Problem keineswegs neu; seit langem keimt es im individuellen Bewusstsein vieler Menschen. Es deuten auch Anzeichen darauf hin, dass sich bereits ein nationales Bewusstsein von der Notwendigkeit herausgebildet hat, dass die Erziehung auch das sexuelle Leben einbezieht, und zwar hat sich dies als ein Bedürfnis der modernen Zeit und als eine Frage von allgemeinem Interesse herausgestellt.

Der preußische Erziehungsminister hat an alle Schulen seines Landes ein Rundschreiben gerichtet, um zu erfragen, wie die sexuelle Erziehung der Schüler durchgeführt wird, und zwar sowohl im Hinblick auf die Begriffe der Ethik, die ja damit verbunden sind, als auch in Bezug auf die Regeln der Prophylaxe im physiologischen Sexualleben und gegenüber den Geschlechtskrankheiten.

Auch in Italien wurde das Problem schon praktisch in Angriff genommen. In den pädagogischen Instituten der Universitäten, wo die Erzieher des Volkes in das Geschäft des Unterrichtens eingeführt werden sollen, wurde das Fach „Pädagogische Anthropologie" eingerichtet, das im Grunde als die Wissenschaft von der Hygiene und der Sexualmoral betrachtet werden kann. Die Studenten wurden insbesondere mit der Anamnese des Schülers vertraut gemacht, damit sie herausfinden können, ob die einzelnen Schüler normal gezeugt wurden oder ob in ihre Genese pathologische oder degenerative Faktoren mit hineingewirkt haben. Es handelt sich dabei um eine eindrucksvolle Schule, denn dort bekommt man kindliche Wesen zu Gesicht, die die Unschuld selbst darstellen könnten, die aber Leiden, Schwächung und Erniedrigung ausgeliefert sind.

Nicht nur die großen Verfehlungen der Gesellschaft führen zur Existenz niederer menschlicher Wesen, sondern auch kleine Fehler, einfache Irrtümer und alles, was der Mensch an Unvollkommenem tut. All dies findet seinen Niederschlag in der Menschheit ebenso wie anderseits alle Erfolge unserer Standhaftigkeit. Die Erniedrigung wie auch die vollendete Schönheit und das psychische Vermögen un-

serer Nachkommenschaft sind an das praktische und an das moralische Leben gebunden, das wir zu führen verstehen.

Religiöse Menschen glauben daran, dass Gott in der Ewigkeit alle
großen und kleinen Schulden aufzeichnet, die wir später dort zu be-
zahlen haben, aber genauso auch die großen und kleinen Tugenden,
für die wir dereinst unseren Lohn erhalten werden. Das „ewige Leben" aber, jenes große Buch, in dem alle unsere Werke aufgezeichnet
sind, stellt in Wirklichkeit unsere Nachkommenschaft dar.

Die Pädagogische Anthropologie befasst sich heute auch mit dem
Problem des mittleren Menschen. Der gewaltige Fortschritt der Biometrie[6], der sich in letzter Zeit besonders in England, aber auch in
Italien dank der Arbeit berühmter Wissenschaftler ergeben hat,
macht es möglich, den Menschen nach mathematischen Gesetzen so
zu rekonstruieren, wie er wohl in einer Umgebung frei von menschlicher Schuld und ganz nach der unverfälschten Natur ohne Mangel
hervorgebracht worden wäre. Die Maße und Körperproportionen
entsprechen genau denjenigen, welche die griechische Kunst in ihren
Statuen verewigt hat. Wir könnten also große Künstler in einer zukünftigen Welt werden und Bildner vollkommner menschlicher
Schönheiten, und zwar nicht nur in Marmor, sondern in lebendigem
Fleisch. Dieser Typ des *mittleren Menschen*, der sich in einer unver-
dorbenen Umwelt entwickelt hat, wäre auch seelisch vollkommen,
und er könnte auch das Ideal der Sexualethik darstellen: das Symbol
der Vervollkommnung unserer Art, den Idealtypus, den wir stets vor
Augen haben sollen, um ihn zeitlos nachzuahmen und ihm gleich zu
werden. Wenn solche Vorlesungen gehalten werden, erwacht bei den
Studenten ein besonderes Interesse: der Lehrer tritt zurück und ebenso fast die wissenschaftliche Lehre selbst. Dagegen entsteht bei den
Zuhörern ein neues Bewusstsein, und dieses gipfelt sich auf bis zur
Verantwortung gegenüber einer vordem unbekannten Gattung, und
es führt zu einem Gefühl des Abscheus für die Nachlässigkeit, mit der
die Menschheit sich über diese große Verantwortung hinwegsetzt.

---

6 Biometrie: im weiteren Sinne die quantitative Erfassung von Mess- und
Zählwerten im Bereich der Biologie; im engeren und hier gebrauchten Sinne die
Wissenschaft (19. Jahrhundert), welche die Probleme der Vererbung und der
Evolution der Arten und Individuen mit statistischen Methoden zu bearbeiten
suchte. Wichtige Vertreter waren Francis Galton (1822-1911) und Adolphe
Quételet (1796-1874), auf den Montessori in ihren Vorlesungen reichen Bezug
nimmt. Montessori befasste sich vor allem mit dem engeren Feld der
Anthropometrie, d.h. der quantifizierenden und klassifizierenden Erfassung des
Menschen und hier vor allem mit Quételets Theorie des „mittleren Menschen".
Montessori entwickelte auch einen Anthropometer zur speziellen Verwendung in
den Schulen. (Anmerkung der Übersetzerin.)

Dieser Eindruck beweist uns, dass das Bewusstsein der Jugend für diese Fragen reif geworden ist und dass sich eine entscheidende Wandlung auf dem Grunde der menschlichen Seele ereignet hat. Solche vielfältigen nationalen und individuellen Äußerungen zeigen ganz deutlich, dass die bürgerliche Gesellschaft das Bedürfnis nach einer neuen Moral und damit auch nach einer neuen Erziehung verspürt.

Gewiss, in dieser Hinsicht vermag die Erziehung viel. Bekanntlich bestehen über die Macht der Erziehung zwei einander entgegen gesetzte Theorien: die eine vertritt die Allmacht der Erziehung bei der Veränderung des Individuums, die andere bestreitet eine solche verändernde Kraft. *In Wirklichkeit kann die Erziehung vervollkommnen und lenken, aber sie kann das Individuum, so wie es geschaffen ist, nicht verändern.* Welche Erziehung könnte schon einen Imbezilen intelligent, einen Blinden sehend oder einen moralisch Irren zu einem normalen und nützlichen Menschen machen? *Ein Individuum ist in grundlegender Weise in seiner Persönlichkeit vorherbestimmt, schon von der Befruchtung jener unsichtbaren, mikroskopisch kleinen Eizelle an, die schon das ganze Individuum enthält.*

Nehmen wir einen Alkoholiker, der im Rausch mit einer Frau verkehrt, dann flieht und Mutter und Kind vergisst. Materiell gesehen hat er eine unendlich kleine Zelle hinterlassen, von der Zeit her einen flüchtigen Augenblick genossen; aber das genügt, um einen Kriminellen oder einen Epileptiker in die Welt zu setzen, an dem die Erziehung wenig oder gar nichts vermag. Es klingt sicher paradox, aber *die Erziehung ist in Wirklichkeit allmächtig*, wenn sie sich für jene Wesen einsetzt, die noch gar nicht gezeugt sind, und *wenn sie sich zum souveränen Gebieter über das biologische Werden der menschlichen Spezies macht.*

Wir können uns nichts Geistigeres, nichts Moralischeres und nichts Edleres vornehmen als diese Betrachtung der Wesen, die noch nicht geboren sind und um derentwillen wir uns dem schweren Weg der Standhaftigkeit, der eigenen Vervollkommnung und der Tugend unterziehen wollen.

Wir dürfen von der moralisch-sexuellen Erziehung viel erhoffen; aber wie soll man sie realisieren? Das ist eine sehr weit gefasste Frage, die nicht leicht zu beantworten ist. Ich habe mir vorgenommen, sie in der Form von Parabeln zu behandeln. Ich wähle einige Bilder von berühmten Frauen aus, die uns einige eindrucksvolle Äußerungen hinterlassen haben, welche diese wichtige Frage einfach aber grundlegend resümiert haben, insbesondere auch im Hinblick auf die Rolle der Mutter in der Erziehung.

Mme. de Hêricourt, eine Frauenrechtlerin der alten Schule, stellt in ihrem Buch „La femme affranchie"[7] ein Credo auf, das alle Frauen beachten sollten.

Darin sagt sie den Frauen folgendes: „Ihr ermahnt das Kind: Lüg nicht, denn das schickt sich nicht für jemanden, der etwas auf seine Ehre hält. – Stiehl nicht, oder würde es dir gefallen, wenn man dir deine Sachen wegnähme? Das ist eine Unehrenhaftigkeit. – Benachteilige nicht schwächere Menschen, sei nicht unhöflich zu ihnen, denn das ist eine Gemeinheit! – Lobenswerte Prinzipien! Aber wenn das Kind dann erwachsen geworden ist, sagt die Mutter: Ein junger Mensch muss sich ausleben dürfen. Und das heißt dann, ein Ehebrecher sein, verführen und das Freudenhaus aufsuchen. Ist das noch dieselbe Mutter, die zu ihrem Kind sagte: Lüg nicht! und die ihm nun als ausgewachsenem Mann zugesteht, eine Frau zu betrügen? Es ist dieselbe, die das Kind lehrte, ja kein Spielzeug zu stehlen, und die später nichts dagegen hat, wenn ihr Sohn das Leben und die Ehre einer Frau raubt. Es ist dieselbe, die ihm beibrachte, die Schwachen nicht zu benachteiligen, und die ihm heute gestattet, dass er zu jenen gehört, die einen von der Gesellschaft erniedrigten Menschen noch tiefer hinab stossen. Aber seht ihr nicht – so fügt Mme. Hêricourt hinzu –, dass ihr weder mit der Frau noch mit dem Mann solidarisch seid, weil ihr ihm erlaubt, in die Gosse hinabzusteigen? Ihr seid allein solidarisch in der Erniedrigung, die die ganze Menschheit verkehrt"!

Diese Mutter, die sich so stark widersprach, ist eine Sklavin. Sexuelle Versklavung ist nicht nur das, was wir gewöhnlich darunter verstehen; sie ist auch nicht auf die gefallene Frau beschränkt, die wir retten wollen. Immer wenn eine schreckliche Form der Sklaverei in die Zivilisation einbricht, leidet die ganze Menschheit darunter und wird ebenfalls versklavt. So ist heutzutage auch jene Mutter eine Sklavin, die ihrem Sohn nicht mehr folgen kann, obwohl sie für sein körperliches Gedeihen so große Mühe aufgewandt und für sein sittliches Leben mit der ganzen Leidenschaft ihres Herzens gesorgt hat. Sie ist eine Sklavin, wenn sich ihr Sohn von ihr losgerissen hat, um vielleicht in den Tod zu gehen oder sich physisch zu ruinieren und moralisch zu verkommen, während sie als Mutter zu nichts anderem fähig ist, als ihm stumm und untätig zuzusehen. Sie mag zu ihrer Entschuldigung anführen, dass Würde und Reinheit einer Mutter es nicht erlauben, dem Sohn auf diesem Weg zu folgen. „Aber", so sagt

---

7 Jenny P. de Hêricourt: La femme affranchie. Réponse à M. M. Michelet, Proudhon, E. de Giradin, A. Comte et aux autres novateurs modernes, Bruxelles 1860, 2 Bände. (Anmerkung der Übersetzerin.)

Mme. Hêricourt, „fühlt ihr nicht, dass nur eine solche Frau würdig und rein sein kann, die einen Sohn zu erziehen weiß, der seiner Mutter nie etwas Schändliches zu bekennen hätte? Die Mutter kann zu ihrer Entschuldigung weder Würde noch Standhaftigkeit vorbringen, denn in diesem Fall handelt es sich vielmehr um die Vernichtung der Mutter"!

Es gibt in der Antike herrliche Vorbilder der wahren Mutter: für uns ist Veturia[8] eine wahre Mutter, jene starke Frau, die Stadtmauern und feindliche Grenzen überschreitet, um ihrem mächtigen Sohn entgegenzutreten. Sie geht dem Heerführer entgegen, um ihn zu fragen, ob er wirklich ein Vaterlandsverräter sein wolle. Und der große siegreiche Feldherr opfert angesichts der mütterlichen Ermahnung das gegebene Wort und sein Leben.

In der heutigen Zeit sollte die echte Mutter so aussehen: Sie sollte die Schranken des Vorurteils und die Grenzen der Sklaverei überwinden und soviel Würde haben, um ihren Sohn aufhalten zu können und ihm zu entgegnen: „Sohn, du wirst mir nicht zum Verräter an der Menschheit!" Aber um das zu erreichen, muss sich die Mutter ändern. Die Mutter von heute kann nicht mehr als jene allmächtige und erhabene Frau auftreten, die einfach nur Hüterin oder – wie man so schön sagt – Erzieherin des Kindes ist. Wer erzieht, muss sich soweit wie möglich dem Zögling angleichen. Die Mutter heute aber beschränkt sich auf ihre Erziehungsaufgabe am Kind, und sie wird dabei künstlich selbst zu einem Kind, das nichts vom Leben und seinen Kämpfen weiß, und sie denkt dann auch so begrenzt wie ein Kind. Aber wenn diese Frau ihrem Kind, auch wenn es erwachsen ist, folgen und Mutter des Mannes sein will, muss sie selbst männlich werden und wie er in der sozialen Umwelt kämpfen. Sie muss zu jener Weisheit gelangen, die aus persönlicher Erfahrung, und sei sie auch schmerzlich, hervorgeht, denn nur diese Erfahrung lässt sie wirklich zur Beschützerin ihres Kindes und zur Retterin und treuen Freundin des erwachsenen Menschen werden.

Ich greife ein anderes Beispiel aus den Schriften einer berühmten Frau heraus; sie schreibt unter dem Namen Nelly[9] und wird als eine

---

8 Römische Sagengestalt (bei Shakespeare: Volumnia). Mutter des römischen Feldherrn Coriolan (5. Jhdt. v. Chr.), der wegen seiner extrem aristokratischen Haltung aus Rom verbannt wurde. Als er das Heer der Volsker gegen seine Vaterstadt führte, ging ihm Veturia zusammen mit anderen Römerinnen entgegen und erreichte durch ihre Bitten, dass er von der Eroberung Roms abließ. (Anmerkung der Übersetzerin)

9 Mme. H.de G. Nelly (Pseudonym): Les conséquences d'une éducation première, Paris 1840. (Anmerkung der Übersetzerin.)

der bedeutendsten Erzieherinnen Belgiens angesehen. Sie hat eine kleine Geschichte für Kinder verfasst, welche die Aufgaben der mütterlichen Erziehung klar herausstellt, auch hinsichtlich der sexuellen Aufklärung des Kindes.

Ein kleiner Sohn fragt die Mutter: „Mama, woher kommen die kleinen Kinder?" Die Mutter antwortet: „Die bringt der Storch. – Er holt sie aus einem Brunnen." Und darüber erzählt sie dann eine Geschichte.

Dann geht das Kind zur Schule, und der Lehrer erzählt eine rührende Geschichte von einem brennenden Storchennest. Da die Storchenmutter ihre Jungen nicht retten kann, verbrennt sie mit ihnen. Das Kind erhebt Einspruch: „Wie ist das möglich! Wenn der Storch kleine Kinder trägt, warum kann er da nicht auch seine eigenen Jungen fort tragen?" – Allgemeine Heiterkeit. Das Kind aber ruft: „Aber ja, es ist wahr, meine Mutter hat es mir gesagt!"

Jetzt beginnt jäh der blinde Glaube an die Mutter zu schwanken, und als das Kind nach Hause kommt, fragt es: „Warum hast du mich belogen? Alle Kinder haben mich deshalb ausgelacht!" Die Mutter könnte nun diese Gelegenheit wahrnehmen und das Geheimnis lüften, aber sie will nicht und sagt: „Lass mich damit in Ruhe!"

Das Kind aber geht ganz neugierig in die Schule, seine Kameraden klären es dort zu genau auf und sagen ihm eigentlich viel mehr, als für ein Kind gut und notwendig ist; seine Mutter aber sieht es in einem anderen Licht, denn sie hat es irregeführt und betrogen. Es entsteht dann gewissermaßen eine Barriere zwischen diesen beiden Menschen, die doch eigentlich dafür geschaffen waren, einander zu helfen.

Ein anderes Kind fragt seine Mutter dasselbe. Diese hat sich vorher mit ihrem Mann abgesprochen und erklärt ihm: „Mein Kind, genau wie die süßen Früchte auf den Bäumen reif werden, so wächst das Kind im Körper der Mutter." – „Ja, aber wie kommt es da heraus?" – „Wenn das Kind so reif ist, dass es auch außerhalb des mütterlichen Körpers leben kann, öffnet sich die Mutter, und das Kind kann heraus." – Da meint das Kind: „Aber die Mutter wird dabei wohl große Schmerzen haben." – „Ja, mein Kleiner, sie hat große Schmerzen; aber wenn sie ihr Baby dann sieht, fühlt sie eine solche Freude und Zärtlichkeit, dass sie alle Schmerzen, die sie durchmachen musste, schnell vergisst."

Das Kind bleibt betroffen; und am Abend, als es zu Bett geht, erinnert es sich und sagt zur Mutter: „Lass dich küssen und trösten", und wenn es die Mutter bisher nur liebte, empfindet es nun auch Verehrung für sie. Es wird sich seiner Mutter immer anvertrauen, weil sie ihm die Wahrheit gesagt hat und es so nicht auf die Aufklärung durch andere angewiesen war, und so verschwand wie durch ein Wunder die Gefahr einer Verführung durch die Umwelt.

Nun, diese eindrucksvolle Erzählung von Nelly könnte zu folgender Reflexion führen: Hat sich die Mutter ihrem Mann anvertraut? Hat sie sich mit ihm über eine so einfache Sache ausgesprochen?

In katholischen Ländern kennen die Kinder ein Gebet um Reinheit, das die Mutterschaft verherrlicht und das sie auf ihren kindlichen Lippen oft wiederholen: „Gebenedeit sei die Frucht Deines Leibes." Damit ist nicht nur das Geheimnis aufgetan, sondern es wird auch noch jeden Morgen und Abend wiederholt, wie eine zärtliche Poesie auf die Reinheit. Es ist also nicht die Tatsache an sich, die Probleme schafft; es besteht vielmehr so etwas wie ein stillschweigendes Verbot für die Frau, also auch für die Mutter, sich mit der Frage der Sexualität zu beschäftigen. Und aus dieser falschen Auffassung von Reinheit entsteht die moralische Knechtschaft. Um verstehen zu können, wie diese falsche Scham benutzt werden kann, muss man über etwas Grundsätzliches nachdenken und sich etwas klar machen. Wollte man diese Frage in ihrem ganzen Umfang entfalten, wären viel Zeit und viele Worte nötig; ich muss mich darauf beschränken, sie nur zu streifen.

Es handelt sich um eine Erscheinung aus der Psychologie der Gesellschaft und auch des menschlichen Individuums, ein Phänomen, um dessentwillen sich das Individuum, im frühen Alter und am Anfang des sozialen Fortschritts, mehr bei den kleinen als bei den großen Dingen aufhält, mehr bei den materiellen als bei den geistigen; daraus entsteht eine fatale Verwirrung von Mittel und Zweck. Es handelt sich um eine fatale Verwirrung oder, wenn wir es so nennen wollen, um eine fatale Sünde; eine Ur-Sünde, durch die der Mensch jeden Blick für das Große verliert. Am Begriff der menschlichen Spezies kann man diesen Gedanken gut verdeutlichen: Die Schöpfung der lebendigen Wesen, das immerwährende Leben in seiner wunderbaren Vielfalt, das ist das Große, das ist der Zweck; – die Empfängnis, die Eizelle, dieses winzige Stäubchen, dieses Nichts – das ist das Mittel.

Wer das Ziel aus den Augen verliert und sich an das Mittel klammert, erniedrigt sich selbst. Diese Ursünde ist eigentlich eine Sünde der wissenschaftlichen Auslegung: es ist keine speziell sexuelle Sünde; sie kann sich auf jeden Bereich beziehen, besonders auf die Ernährung und sehr analog eben auch auf das sexuelle Leben.

Auch in der Ernährung hat der Mensch in der Vergangenheit das Mittel, den Gaumengenuss, mit dem Zweck, der Erhaltung des Individuums verwechselt. Ein richtiger Begriff der Ernährung ist sehr wichtig; das Leben besteht darin, dass die Natur ununterbrochen vergeht und sich wieder erneuert. Und man könnte fragen: wenn die Materie immerzu vergeht, was ist dann der Mensch, was sind dann die lebenden Geschöpfe? – Diese Materie, die trotz ihrer Vergänglichkeit ewig ist, ewig wie das Leben, so dass die Natur einem Kuss zweier Ewigkeiten zu gleichen scheint, der sich in jeder Sekunde erneuert: das ist die Materie des Lebens.

Wie erhaben, wie großartig und wie poetisch ist das doch! Und der Mensch vermischt das mit dem Vergnügen am Geschmack, wenn er isst, er vermischt die Nahrung des Lebens mit der des Bösen, und dann tritt das ein, was für unsere Zeit so charakteristisch ist: Einerseits die Schlemmerei, d. h. sich zügellos in diese Gaumengenüsse stürzen, und andererseits die Asketen in der Wüste, die durch ihre Enthaltsamkeit den Schlemmern als Mahnung dienen wollen. Und dabei durfte man über Ernährung nicht reden, denn das galt als ein vulgäres und verächtliches Thema. Vor allem die Dichter behandelten gehobene Themen; vom Essen durften sie nicht sprechen, wenn sie sich auf einem höheren geistigen Niveau halten wollten.

Wenn eine junge Frau stets attraktiv aussehen wollte, hatte sie zu vergessen, dass sie ein Geschöpf war, das auch essen musste. Es hatte den Anschein, als ob sich die Menschen des erhabenen Aktes der Ernährung schämten; und sie hatten allerdings Grund, sich dessen zu schämen! Sie schämten sich jener Ursünde, jener Vermischung des Mittels mit dem Zweck, und sie zeigten auch ihre Scham darüber.

Als es aber der Wissenschaft gelang, die Frage innerhalb ihrer tatsächlich angemessenen Grenzen zu erörtern, verwandelte sich die Umwelt vollständig. Heute müssen alle Menschen so viel essen, dass sie sich gesund erhalten. Keiner möchte sich mehr den Magen verderben. Man weiß wohl, dass das Bankett der Reichen sehr ausgesucht sein soll, die Speisen sind schmackhaft, aber sie sind begrenzt. Gleichzeitig vertritt man einen wichtigen Grundsatz: „Alle Menschen haben ohne Unterschied das Recht auf angemessene und ausreichende Ernährung", damit sie sich gesund erhalten können.

Heute betrachtet man Leute, die fasten, nicht mehr als besonders tugendhaft. Wer um des Fastens willen fastet, wird wie ein Succi[10] angesehen, den man im Kinematographen bewundern kann. Wer sich dem großen Opfer des Fastens unterzieht, um ein Beispiel gegen die Schlemmerei zu geben, kann nicht mehr als besonders tugendhaft

---

10 Giovanni Succi (1850-1918), italienischer Fastenkünstler, erregte mit seinen Fastenexperimenten 1886 in Italien großes Aufsehen. (Anmerkung der Übersetzerin.)

gelten, weil es die Schlemmerei, in dem früheren Ausmaß gar, kaum noch gibt. Heute kennen wir nur eine einzige Tugend: sich gesund und kräftig halten, um mit allen diesen Kräften, mit der ganzen Gesundheit, mit der ganzen seelischen Kraft und Intelligenz, die man dadurch erhält, an der Vervollkommnung der Menschheit mitzuarbeiten.

Fast dasselbe gilt für das sexuelle Leben. Im Hinblick darauf leben wir heute in einer Zeit der Ausschweifung, stehen wir mitten in der Ursünde: in der großen Vermischung von Mittel und Zweck. Beweise dafür sind die sozialen Irrtümer, die sich niederschlagen in Verführung, Prostitution, in Verantwortungslosigkeit gegenüber den Rechten der eigenen Spezies und in der Geringschätzung, die Mutterschaft und Leibesfrucht zuweilen erfahren.

In entsprechendem Umfang sollte nun etwas Ähnliches geschehen, wie es bei der Umformulierung des Begriffes der Ernährung erfolgt ist. Das heißt, es sollten alle Irrtümer verschwinden, und dann wäre jene unbewusste Jungfräulichkeit[11] nicht mehr bewundernswert, denn sie hat ja keinen anderen Wert, als in sich selbst zu existieren. Nicht mehr die Reinheit an sich wird dann die Tugend des Menschen ausmachen, sondern der Heroismus des einzelnen, der darum ringt, von seinen eigenen Lebensinteressen freizukommen und vor sich selbst rein zu sein, damit seine gesteigerte Persönlichkeit irgendeine große Mission an der gesamten Gesellschaft vollbringen kann.

Wir sollen unsere Kräfte und unsere Zeit wiedergewinnen; wir sollen sie wiedergewinnen in einer tugendhaften und reinen Freiheit, welche die gesamte Kultur auf eine höhere Stufe führt. Dann werden wir uns nicht mehr zu schämen brauchen. Heute schämen wir uns zu Recht; niemand könnte wohl sagen, unsere Scham sei nicht gerechtfertigt. Wir sollten darüber Scham empfinden, dass wir auf so brutale und schuldhafte Weise das Mittel mit dem Zweck verwechselt haben, denn es ist nicht die Sache an sich, deren man sich zu schämen hat.

Wenn jemand an einen Schöpfergott glaubt, könnte er dann wohl eine schwerere Lästerung gegen seinen Gott aussprechen als die, er habe Dinge geschaffen, deren bloße Erwähnung uns schon die Röte ins Gesicht treibt? Wir sollten vielmehr darüber Scham empfinden,

---

11 An dieser Stelle wird Montessoris ethische (und vom Positivismus geprägte) Grundauffassung deutlich, wonach eine Tugend nicht schon an sich einen sittlichen Wert darstellt (in diesem Falle die Jungfräulichkeit als vollkommene geschlechtliche Reinheit des Leibes und der Seele, in religiöser Deutung die ungeteilte Gotthingabe der Jungfrau), sondern als wesentliches Moment die gesellschaftlich-altruistische Bedeutung und Ausrichtung hinzukommen muss. (Anmerkung der Übersetzerin.)

dass wir dieses Werk der Schöpfung so geschändet haben, dass wir deswegen erröten müssen; – in diesem Falle ist Erröten sogar viel zu wenig.

Der neue Mensch soll mit allen Kräften seiner Seele darüber Scham empfinden, um die Welt von dieser Sünde zu reinigen. Dieser Gedanke soll die Grundsätze unserer sexual-moralischen Erziehung liefern. Das grundlegende und letzte Ziel soll es sein, die Aufmerksamkeit der neuen Menschen während ihrer formativen Phase vom Mittel abzulenken und sie ganz auf die Großartigkeit des Zieles zu konzentrieren, d. h. gleichzeitig die Individuen vor der Gefahr sittlichen Verfalls zu schützen und das Kind so sehr mit dem erhabenen Glanz jenes wunderbaren Ziels, das zur Schöpfung und zur Ewigkeit des Lebens führt, vertraut zu machen, dass es sich nie von etwas berührt und verletzt fühlt, was zum Leben gehört. Und wir wären verdorben und unsittlich, wenn wir nicht diesen Begriff hätten und wenn wir glaubten, dass sich die sexuelle Erziehung beim Kind und beim Jugendlichen darauf zu beschränken hätte, einige Normen zu vermitteln, die sich nur auf das Mittel zu diesem großen Zweck beziehen.

Bei einem so bedeutenden Werk sollen Mutter und Schule zusammenarbeiten; denn es liegt nicht nur im ehrwürdigen religiösen Interesse der Familie, sondern es ist auch von Interesse für den menschlichen, sozialen und sogar über den gesellschaftlichen Nutzen hinaus, denn es übergreift die Umwelt bis hin zur Vervollkommnung des kommenden Geschlechts.

Die Mutter könnte es als ihre heilige Aufgabe ansehen, neben all ihren anderen hingebungsvollen Pflichten in der Familie alles das zu erläutern, was man dem Kind in geeigneter und einfacher Weise erklären soll, und zwar als Mittel zu dem großen Zweck.

Um beispielsweise die Vorgänge der Mutterschaft zu erläutern, muss man nicht das Bild von Nelly gebrauchen. Es würde schon genügen, wenn das Kind seine schwangere Mutter sähe und diese sich so kleidete, dass sie ihren Zustand nicht ganz und gar verbirgt, sondern das Kind gewahr werden lässt.

Wie oft kommt es vor, dass ein kleines Kind gleichsam in köstlicher Verzückung vor der schwangeren Mutter stehen bleibt und versucht, mit seinen Händchen die Bewegungen des kleinen Lebewesens zu ertasten, das kleiner und schwächer als es selber ist und mit dem es bald das Kindsein und die Zärtlichkeiten der Mutter teilen wird. Es spürt dann in sich ein Gefühl des Beschützensollens gegenüber jenem kleinen Individuum aufkommen. Es gibt nichts, was mehr erzieherischen Wert hätte, als wenn diese Wahrheit so auf natürlichste und heiligste Weise enthüllt wird.

Hier könnte man eine Grenze für die Erziehung durch die Mutter setzen und es dann der Schule überlassen, die *großartige Vorstellung vom Ziel der Schöpfung* methodisch und mit Hilfe von wissenschaftlichen Studien zu vermitteln. Dabei muss man aber diese Aufgabe genau abstecken und sich klar über sie sein. Und das gehört in den Bereich der Schule, nicht etwa, weil es der Mutter verwehrt wäre, sondern weil wir, wenn wir von der Mutter sprechen, nicht nur an die Mutter der bürgerlichen Schichten denken dürfen, sondern an alle Mütter. Die Mütter aus dem Proletariat können nicht mehr und nicht weniger tun, als ihrem Kind das eigene Leben als Anschauungsmaterial darzubieten.

Es ginge nun eigentlich darum, ein neues Programm für die Schulen zu entwickeln. Es wäre aber vermessen, hier ein solches Programm exakt definieren zu wollen, genau wie es vermessen erschiene, all das voraussehen zu wollen, was im Hinblick auf das Ziel der Verbesserung und Reinhaltung des Lebens der menschlichen Spezies notwendig ist. In den großen sozialen Umwälzungen gibt es immer Ereignisse, aus denen wir lernen können. Und ebenso sollte es auch in unserem Fall solche lehrreichen Ereignisse geben. Nur auf diese Weise wird die Menschheit selbst das größte menschliche und soziale Problem lösen: *das Problem des Werdens und der Vervollkommnung der menschlichen Spezies.*

Unterdessen können wir ein Programm aufstellen, das uns als Führer dient auf unserem gemeinsamen langen Weg, den wir im Einzelnen nicht kennen, aber von dem wir wissen, wohin er führt: in eine weite Ferne, in ein großes Reich göttlichen Friedens.

Die Art und Weise, wie man den Kindern dieses großartige Problem beibringen kann, wurde mir durch meine liebe Freundin Olga Lodi[12] eingegeben. Sie hatte bemerkt, wie eines ihrer Kinder von sechs Jahren, das sehr intelligent war, ein außerordentliches Interesse für die Vorgänge der Befruchtung bei den Pflanzen zeigte.

Meine Freundin sagte mir: „Ich habe vor, ein Buch zu schreiben, das die Märchenbücher ersetzt, und darin sollen, in etwas phantastischer Weise, die großen Vorgänge in der Pflanzenwelt dargestellt werden."

---

12 Olga Ossani Lodi (1857-1933), prominente italienische Journalistin (Pseudonym: Febea), entstammte einer alten Patrioten- und Verschwörerfamilie, wurde 1884 ausgezeichnet für ihre großartige Hilfeleistung anläßlich der Choleraepidemie in Neapel, war mit Montessori lange Jahre eng befreundet. Von ihr stammt auch der Vorschlag, die erste Montessori-Einrichtung 1907 in Rom „Casa dei bambini" (deutsch: Kinderhaus) zu nennen. (Anmerkung der Übersetzerin.)

In der Tat, wenn das Kind das Wunderbare liebt, wird es auch das
Wunderbare in der Natur empfinden. Was ist denn das Märchen, das
durch den Zauberstab ein großes leuchtendes Schloss entstehen lässt,
im Vergleich zum Blütenstaub, diesem göttlich-goldenen Staub, der
auf den Flügeln des Windes fliegt und die Keime für Eichen und
Palmen enthält; das Samenkorn, das den Menschen ernährt; die
Blumen, wunderbar in Duft und Farbe überall auf der Erde?

An diesem Zauberstab des Universums, an diesem göttlichen Zauberstab sollte das Kind seine Phantasie entfalten und sich an der Betrachtung des Lebens in seiner Entwicklung ergötzen. Man soll die
Entwicklung der Pflanzen wie ein Märchen erzählen; ähnlich wie
zum Beispiel Maeterlinck[13] die Geschichte der Wasserpflanze darstellt, deren weibliche Blüte große weiße Blätter hat und leicht auf
der Wasserfläche schwimmt wie eine schlafende Schönheit, eingehüllt
in Schleier, ausgestreckt auf dem Wasser unter dem ewigen Kuss der
Sonne. Und das kleine Blümchen, das noch unter dem Wasser ist
und zur Höhe strebt, das durch Generationen hindurch gelernt hat,
die kleinen Luftbläschen zu sammeln und daraus eine große Blase zu
machen, die ihm dann helfen wird, sich zur Wasseroberfläche zu erheben, und dann wird es sich langsam erheben, bis es die schöne in
der Sonne liegende Frau küsst und danach stirbt. Doch es stirbt
nicht, denn mit diesem Kuss hat es die Ewigkeit erreicht. Während
die großen Bauwerke verfallen und die Erinnerung an herausragende
Gestalten mit der Zeit vergeht, ist jene Blume im Brunnen immer da,
mit ihrer in der Sonne ausgestreckten Frau und mit dem kleinen
Blümchen, das ewig nach der Höhe strebt.

Wenn die Kinder etwas größer sind, kann man zu dem Bereich der
Zoologie übergehen und zum Beispiel die Insekten betrachten, Lebe-
wesen, die uns so fern stehen, dass sie im Hinblick auf die sexuelle
Aufklärung unverdächtig sind. Es sind hier einige erstaunliche Unter-
suchungen angestellt worden. Hier muss es genügen, nur eine neueste
Arbeit über die Psychologie der Spinne zu erwähnen.

Diese Spinne schafft durch eigene Arbeit einen kleinen Sack, wo
sie die Eier deponiert; dann schließt sie sich selbst in diesen Sack ein
als unmittelbare Wächterin ihres Schatzes, d. h. ihrer Art, und sie

---

13 Maurice Materlinck (1862-1949), franz.-belgischer Schriftsteller; wichtiger Vertreter des literarischen Symbolismus; Nobelpreis 1911. Sein Werk (Gedichte,
Dramen, Bücher zur Lebensweisheit, poetisch-philosophische Naturbetrachtun-
gen) führt von der Angst vor den Drohungen unverstandener Lebensmächte zu
einer optimistisch-ehrfürchtigen Bewunderung der Schönheit des von einer höchsten Intelligenz geschaffenen und sinnvoll geordneten Kosmos. (Anmerkung der
Übersetzerin.)

bleibt dort drinnen, um den Sack zu verteidigen, wenn die Jungen selbst schon entschlüpft sind. Und was immer für ein Schaden von außen zugefügt werden mag, die Spinne ist sofort bereit, ihn zu beheben.

Nimmt man die Spinne aus diesem Sack heraus, legt sie weit davon entfernt weg und lässt sie dort zwanzig Tage, so versucht die Spinne in einem fort zu fliehen und sich heftig zu bewegen. Führt man sie in die Nähe des Sackes, stürzt sie sich sogleich darauf. Selbst ein so langer Zeitraum vermag nicht das Gefühl für die Mutterschaft zu verdrängen. Und wenn man die echte Mutter aus dem Sack nimmt und eine andere Spinne hineinsetzt, übernimmt diese die Rolle der Stiefmutter und fasst eine so große Zuneigung zu den Jungen, dass sie gegen jeden ankämpft, der sich nähert. Bringt man aber die eigentliche Mutter wieder zurück, flieht die andere Spinne ganz erschreckt, wie vorher bei einer drohenden Gefahr. Die wirkliche Mutter aber tritt ganz ruhig wieder in ihren kleinen Sack ein. Wenn man dann gewaltsam den Sack zerreißt, stirbt diese Mutter, wie vom Blitz getroffen, zusammen mit ihren Jungen.

Was hat es mit solch leidenschaftlicher Mutterliebe auf sich? Wo hat sie ihren Sitz? Die kleine Spinne hat kein Fleisch, kein Blut, kein Herz und kein Gehirn; sie besteht nur aus zwei Kubikmillimeter weicher schwärzlicher Substanz.

Die Mutterliebe wohnt nicht im Herzen der Mutter; die Mutterliebe ist etwas viel Größeres. Die Mutter verkörpert nur jenes Große, das man Mutterschaft nennt; und diese ist die Form, welcher sich das Leben bedient, um sich selbst zu schützen und zu bewahren; sie ist etwas Erhabenes weit jenseits der einzelnen Geschöpfe, das seinen Ursprung in der Ewigkeit selbst zu haben scheint. „Noch waren nicht die Abgründe, und ich war schon empfangen." (Buch der Weisheit, 8).

Man könnte die Kinder aber auch noch über die Theorie der Evolution belehren, deren ursprüngliche Auffassung vom Kampf und vom Sieg der Spezies sich heute gewandelt hat. Heute betrachtet man als die siegreicheren Lebewesen jene, die genügend Mittel zur Verteidigung haben, z. B. Pelz, starke Zähne, Panzer, Stacheln. Weil diese Lebewesen, bevor sie so stark wurden, nur eine kleine mikroskopische Zelle waren und dann ein zartes und schwaches Junges; in dieser Zeit hatten sie keine Waffen, und sie wären der Vernichtung preisgegeben gewesen, wenn sie nicht ihre Mutter verteidigt hätte.

Schließlich könnte man die Jugendlichen in Anthropologie unterweisen. Die Tatsache allein, dass wir durch die sexuellen Verfehlungen unglückliche Eltern ebenso unglücklicher Kinder werden könnten, genügt, um ein neues Verantwortungsbewusstsein gegenüber der eigenen Spezies zu vermitteln. Aber es ist auch von höchster erzieherischer Bedeutung, die Kinder die Entwicklung des Menschen betrachten zu lassen, und zwar allgemein betrachten lassen, d. h. als einen Wert in der intellektuellen Kultur, auf den alle Menschen das gleiche Anrecht haben.

5. Quasi ein Epilog

Die Bildung des Menschen bei der Neuordnung der Welt (1948)

Diesen Text übergab Maria Montessori am 26. März 1948 den Vertretern verschiedener Presseagenturen. Er hatte sicherlich den Zweck, das internationale Interesse an dem Achten Internationalen Montessori-Kongress, der nach mehreren zeitlichen Verschiebungen im August 1949 in San Remo stattfand, zu wecken. In einer Art Resümee versucht Maria Montessori ihr Lebenswerk zusammenzufassen und die Gegenwartsbedeutung ihrer Pädagogik angesichts der problematischen Nachkriegssituation herauszustellen. Der Text kann also mit gutem Grund am Ende unserer Textauswahl stehen und wie eine Art Epilog gelesen werden.. In seiner englischen Originalfassung wurde er unter dem Titel „Man's Formation in World Reconstruction" erstmals in The Montessori Magazine*, der vierteljährlich in Pilani (Indien) erscheinenden und von Beni Charan Mahendra herausgegebenen Zeitschrift der Indischen Montessori-Gesellschaft, veröffentlicht, und zwar in Band 2, Heft 4, vom Oktober 1948, S. 205-207). Übersetzung von Waltraud Harth-Peter.*

Ich habe mein Leben damit zugebracht, nach der Wahrheit zu suchen. Ich habe die menschliche Natur, sowohl im Osten als auch im Westen, in ihren Ursprüngen aufgesucht, und zwar durch das Studium der Kindheit. Und obwohl nun schon vierzig Jahre vergangen sind, seit ich mit meiner Arbeit begonnen habe, erscheint mir das Kind noch immer als eine unerschöpfliche Quelle von Offenbarungen und – lassen Sie mich das ruhig sagen – von Hoffnung. Ich habe gesehen, daß die Menschheit, soweit es das Kind betrifft, nur eine einzige ist. Alle Kinder, welcher Rasse sie auch angehören und in welchen familiären Verhältnissen sie auch aufwachsen mögen, beginnen im gleichen Alter zu sprechen. Sie laufen, sie machen ihren Zahnwechsel durch etc., und das alles in ganz bestimmten Perioden ihres Lebens. Auch in anderen Hinsichten, vor allem psychologisch betrachtet, sind sie sich genauso ähnlich. Kinder sind die Baumeister der Menschen, und sie bauen sie auf, indem sie aus ihrer Umgebung Sprache, Religion, Gebräuche und alle die Eigentümlichkeiten aufnehmen, die nicht nur für ihre Rasse oder für ihre Nation typisch sind, sondern sogar das spezifische Umfeld kennzeichnen, in dem sie sich entwickeln.

Die Kinder bauen mit dem, was sie vorfinden. Wenn das Baumaterial dürftig ist, wird auch der fertige Bau dürftig sein. Was das Zivilisationsniveau angeht, so befindet sich das Kind im Zustand des Früchtesammlers. Um sich selber aufzubauen, muß es mit dem vorliebnehmen, was es zufällig in seiner Umgebung antrifft. Das Kind ist der vergessene Bürger.

Sollten die Politiker und Erzieher einmal das ungeheure Kraftpotential erkennen, welches im Kinde zum Guten wie zum Bösen vorhanden ist, dann würden sie, das fühle ich, diesem absolute Priorität zusprechen. Alle Probleme der Menschheit hängen von den Menschen selber ab. Wenn der Mensch im Prozeß seines Selbstaufbaus vom geraden Weg abweicht, werden seine Probleme für immer unlösbar bleiben. Ein Kind ist weder Bolschewist noch Faschist oder Demokrat. Kinder werden, was die umgebenden Umstände sie werden lassen.

Heutzutage, wo trotz der bitteren Erfahrungen zweier Weltkriege die Zukunft so dunkel aussieht wie nie zuvor, halte ich es für unumgänglich notwendig, daß andere Gebiete erforscht werden als lediglich die Wirtschaft und die Ideologien. Ich spreche von der Erforschung des Menschen – nicht des Erwachsenen, bei dem jede Mühe verschwendet wäre und der, angesichts seiner wirtschaftlichen Ungesichertheit, in dem Dschungel widerstreitender Ideen herumirrt und sich bald auf diese, bald auf jene Seite schlägt. Der Mensch muß vom Beginn seines Lebens an kultiviert werden, solange die großen Kräfte der Natur noch am Werke sind. Nur zu diesem frühen Zeitpunkt kann man noch darauf hoffen, einen besseren Bauplan und ein besseres Verständnis der Menschen untereinander zuwege zu bringen.

Die Starrheit des Erwachsenen und die Festigkeit seiner Ideen werden schon dem Kinde geschuldet, auch wenn sich diese Einstellungen und Meinungen unbewusst herausbilden. Es gibt Gesellschaften, die sich um Frieden bemühen, andere, die ein besseres Zusammenleben zwischen Farbigen und der weißen Rasse fördern wollen; es gibt internationale Komitees, die eine für alle gültige Charta aufstellen wollen, aber das Ergebnis ist immer das gleiche. Wie viele Verträge auch geschlossen und wie viele Abkommen auch getroffen werden mögen, es brechen allenthalben Disharmonien auf und erschüttern die Welt mit ihren Katastrophen bis ins Mark. Ich bin mir bewußt, daß das wirtschaftliche Problem gelöst werden muss, sowohl in einem weltumspannenden Horizont als auch auf der Ebene der einzelnen Staaten. Ich kenne auch die Anstrengungen der UNESCO, weltweit eine demokratische Form der Erziehung durchzusetzen. Aber die ideologischen Differenzen bleiben – unterschiedliche Ideen, Traditionen und Gebräuche, die sich offensichtlich nicht ausrotten lassen. Ich will keineswegs sagen, man solle von diesen Bemühungen ablassen, aber ich denke, man sollte etwas anderes versuchen. Anstatt die Unterschiede beseitigen zu wollen, sollte man größere Aufmerksamkeit darauf verwenden, das Gemeinsame zu pflegen. Es ist das Kind in seiner unbewußten Entwicklungsphase, welches jene Persönlichkeiten aufbaut, die, wenn sie sich einmal verfestigt haben, nur noch sehr schwer verändert werden können. Wenn man endlich ein wissenschaftliches Studium des Menschen begänne, um sich jene konstruktiven Kräfte zunutze zu machen, dann könnte die Harmonie unter den Menschen gewiß leichter erreicht werden als mit jedem beliebigen anderen Mittel.

Wenn uns ein wissenschaftliches Studium des Kindes gelänge, dann würde es, dessen bin ich mir ganz sicher, möglich, eine Art von Menschheit aufzubauen, in der alle mißlichen Elemente weitestgehend fehlten. Ich beziehe mich dabei nicht nur auf kleine Kinder, sondern ich meine Kinder aller Altersstufen. In den einzelnen Altersphasen baut das Kind verschiedene Teile der menschlichen Persönlichkeit auf. Die Anthropologie hat uns gelehrt, daß in physiologischer Hinsicht in bestimmten Perioden einzelne Körperteile zu ihrer Vollendung gelangen. Wenn sie diese Vollkommenheit erreicht haben, bleiben sie für immer unveränderlich. Dasselbe gilt für die geistigen Phänomene. Genauso wie der Mangel an bestimmten lebenswichtigen Stoffen in der Nahrung einen schwächlichen Körper verursacht, führt das Fehlen lebenswichtiger geistiger Anregungen zu einer schwachen Persönlichkeit. Und genauso wie die schwächlichen Körper leicht das Opfer von Ansteckungen werden, geschieht es auch mit minderen Geistern.

Meine vierzigjährige Erfahrung mit Kindern aller Rassen, der verschiedensten Religionen und aus den unterschiedlichsten sozialen Milieus – von Königskindern bis zu den ärmsten Slumgeburten – hat mich gelehrt, dass das Kind bei seiner Entwicklung natürlichen Gesetzen folgt, die für alle Kinder die gleichen sind. Wenn dem Kind Bedingungen geboten werden, die seine psychischen Bedürfnisse auf jeder Altersstufe befriedigen, wird es alle edlen Eigenschaften des Menschen entwickeln. Selbst der Charakter sogenannter mißratener Kinder, sofern es sich nicht um pathologische Erscheinungen handelt, erfährt eine bemerkenswerte Veränderung, so dass kein Zweifel darüber bestehen kann, welchen großen Beitrag das Kind zur Heranbildung einer besseren Menschheit leisten kann.

Zu dieser Erneuerung der Menschheit aus den vitalen Kräften des Kindes heraus möchte ich Sie alle einladen. Ich spüre die Notwendigkeit, alle Anstrengungen zu sammeln und zu bündeln, um eine Wiederholung der jüngsten Katastrophen zu verhindern, eine Wiederholung, die noch viel schrecklicher wäre als das, was wir durchgemacht haben.

Giuseppe Flores d'Arcais
Einige Bemerkungen zum Montessorianismus

Giuseppe Flores d'Arcais (1908-2004) gehörte zu den bedeutendsten Pädagogen Italiens im 20. Jahrhundert. 1908 in Pontelagoscuro (Ferrara) geboren, promovierte er bereits mit 21 Jahren und habilitierte sich wenig später für das Fach Pädagogik. Nachdem der italienische Neoidealismus die Pädagogik (als Wissenschaft) ganz in Philosophie aufgelöst hatte, sah er seine Lebensaufgabe darin, die Pädagogik juxta propria principia neu zu begründen. In kritischer Abgrenzung von anderen pädagogischen Zeitströmungen seines Landes setzte er sich dabei wiederholt auch mit der Pädagogik Maria Montessoris auseinander. Der hier abgedruckte Aufsatz von 1995 – erstmals erschienen in Maria Montessori. Texte und Gegenwartsdiskussion, *hrsg. von Winfried Böhm, Bad Heilbrunn ⁵1995, S. 118-121 – fasst diese Auseinandersetzung auf engstem Raum zusammen und dient zugleich als ein seltenes Augenzeugendokument von Montessoris letztem großen öffentlichen Auftreten in ihrem Heimatland beim Achten Internationalen Montessori-Kongress 1949 in San Remo.*

Eine umfassende und abschließende Bewertung der Pädagogik Maria Montessoris erscheint auch heute noch schwierig, denn allzu weit klaffen ihr theoretisches Werk und die sogenannte Montessori-Praxis auseinander. Noch immer stößt man auf den merkwürdigen Sachverhalt, dass die einen zu Montessoris Schriften greifen, weil sie aus ihnen authentische und unvergängliche pädagogische Weistümer schöpfen möchten, während andere die Theorie Montessoris ganz und gar unbeachtet lassen und sich willig in den Dunstkreis ihres erzieherischen Charismas hineinziehen lassen. Wenn wir die bis in unsere Gegenwart hinein umstrittene Frage nach dem Verhältnis von Theorie und Praxis bei Montessori hier auf sich beruhen lassen[1], so

---

1 Ich möchte hier freilich nicht unerwähnt lassen, daß Maria Montessori in Deutschland immer noch als eine große Praktikerin gefeiert wird, während man in ihrem Heimatland Italien die Aufmerksamkeit viel stärker auf ihre pädagogische

erscheint es doch überaus aufschlussreich, einen Blick auf jenes eigenartige und für die Gefolgschaft Maria Montessoris sehr typische Phänomen des „Montessorianismus" zu werfen.

Mit Montessorianismus meine ich nicht nur die unzähligen Montessori-Gesellschaften, Montessori-Vereinigungen und Montessori-Vereine, die in den zurückliegenden Jahrzehnten auf der ganzen Welt entstanden und besonders in den letzten Jahren wie Pilze aus dem Boden geschossen sind, sondern vielmehr jene gefühlsgeladene Atmosphäre und jene aufwallende Emotionalität, mit der sich Montessori-ErzieherInnen und -LehrerInnen an ihre berufliche Alltagsarbeit begeben und die vor allem spürbar wird, wenn sich mehrere MontessorianerInnen zusammenfinden und sich von dem inspirierenden Geist ihrer vermeintlich anbetungs-, wenigstens aber verehrungswürdigen „Dottoressa" (Doktorin) bzw. „Signora" (Herrin) entflammen lassen. Ich habe solche Begegnungen von MontessorianerInnen erlebt, die mir wie ein neues Pfingsten vorkamen, bei dem freilich nicht der Heilige Geist, wohl aber der Geist der „Dottoressa" in Gestalt von Feuerzungen hernieder kam und die pädagogischen Herzen in helle Glut und eiferndes Engagement versetzte. Diese Erscheinung des „Montessorianismus" kommt mir deshalb so einmalig und unvergleichlich vor, weil man sie bei keiner anderen pädagogischen Theorie oder Methode beobachten kann, und sie ist auch deshalb so bemerkenswert, weil mit ihr eine sonst kaum in der gleichen Weise ausgeprägte *unkritische Einstellung* einhergeht. Man kann sich die Lupe gar nicht groß genug ausdenken, mit der es einem gelingen könnte, in der Masse der MontessorianerInnen auch nur eine Person ausfindig zu machen, die der Pädagogik Maria Montessoris auch kritisch gegenüberzutreten bereit wäre. Stattdessen begegnet man ganzen Scharen von Anhängern und Anhängerinnen, die am liebsten in einer Art geistiger Symbiose mit ihrer „Signora" aufgehen möchten.

Schon der unmittelbare Widerhall und Anklang, den ihr erstes Buch *„Il metodo della pedagogia scientifica"* von 1909 rund um die Erde gefunden hat, ist mehr als verwunderlich. In diesem Buch hatte Maria Montessori vor allem jene pädagogischen Überlegungen gesammelt, die sie in ihrem „pädagogischen Vorbereitungsjahrzehnt", also zwischen ihrer Promotion in Medizin im Jahre 1896 und der Eröffnung ihres ersten Kinderhauses im Jahre 1907, angestellt und in zahlreichen Vorträgen und Aufsätzen bereits veröffentlicht hatte.

Theorie legt; das wohl auch deshalb, weil man ihre Biographie hierzulande genauer kennt als in Deutschland und von daher weiß, daß Maria Montessori niemals kontinuierlich als Erzieherin oder als Lehrerin tätig war; ihr vorherrschendes Interesse war stets ein wissenschaftliches, kein praktisches.

Auch der Titel des Buches, der eine Methode der wissenschaftlichen
Pädagogik ankündigte, erschien wenig geeignet, die massenhafte
Aufmerksamkeit der ErzieherInnen und LehrerInnen zu gewinnen.
Das gewaltige Echo des Buches ist wohl nur damit zu erklären, dass es
Maria Montessori geschickt verstand, ihr Buch so zu gestalten und
anzupreisen, als würden dort die aus ihrer unmittelbaren erzieheri-
schen Erfahrung gewonnenen (und nicht schon lange vorher in ihrem
Kopf entstandenen) pädagogischen Einsichten ausgebreitet und die
ErzieherInnen und LehrerInnen zu einem gemeinsamen Kampf für
das Wohl des Kindes – was immer der/die einzelne darunter verstehen mochte – aufgerufen. Der Montessorianismus begann jedenfalls
schon mit diesem Buch.

Die Werbung, mit der Maria Montessori ihr erstes Buch (und bald
auch ihre weiteren Bücher) unter die Leute brachte, und die Propa-
ganda, mit der sie ihre Erziehungsmethode als ein Allheilmittel für die
gesellschaftlichen und politischen Gebrechen der Zeit „verkaufte", hat
meines Erachtens die ausgeklügelten Werbe- und Verkaufsstrategien
um weit mehr als fünfzig Jahre vorweggenommen, die uns heute
durch die Massenmedien allgemein vertraut geworden sind. Hinzu
kam das feinnervige Netz von Montessori-Ausbildungskursen, das die
„Dottoressa" in wenigen Jahren über die ganze Welt auszuspannen
vermochte, Ausbildungskurse, für die sie sehr häufig hoch renom-
mierte Wissenschaftler, Künstler und Politiker zu interessieren und
einzusetzen wusste. Auch der bloße Name „Kinderhaus" – er stammt
übrigens nicht von Maria Montessori, sondern wurde ihr von ihrer
Freundin Olga Lodi nahe gelegt – übt eine so starke emotionale Anziehungskraft aus, dass man dabei viel weniger an nüchterne profes-
sionelle Erziehungsarbeit als viel mehr an hingebungsvolle Liebe zum
Kind denkt. Insgesamt scheint die Montessori-Pädagogik weniger
nach distanzierter und sachlicher Prüfung zu rufen, sondern mehr eine
Art Glaubensbekenntnis abzuverlangen, und die MontessorianerInnen
leben daher nicht in erster Linie von einer wissenschaftlichen Kritik
oder einer empirischen Prüfung dieser Pädagogik, sondern sie erhoffen
sich zuvörderst begeisterte Zustimmung und engagierte Gefolgschaft.

Die Beziehung zwischen Montessori und dem Montessorianismus
ist gerade für einen Italiener sehr aufschlussreich, denn immer wieder
ist in unserem Lande der Streit über die Italianität oder Nichtitalia-
nität der Montessori-Pädagogik entbrannt. Das war schon 1898 auf
dem Ersten Nationalen Pädagogischen Kongress in Turin der Fall, als
man der wissenschaftlich konstruierten Pädagogik der Ärztin und
Anthropologin Maria Montessori die der italienischen Lebensart weit
besser entsprechende und wirklich aus der täglichen Erfahrung er-

wachsene Erziehungsmethode der beiden Kindergärtnerinnen Rosa und Carolina Agazzi gegenüberstellte. Auf die Frage nach der Italianität der Montessori-Pädagogik kam man aber vor allem nach 1926 zurück, nachdem die führenden Vertreter des Faschismus, an ihrer Spitze der „Duce" Benito Mussolini selbst, die Montessori-Methode zu einer wahrhaft italienischen erklärt und sich angeboten hatten, alles für ihre Verbreitung zu tun und mit ihrer Hilfe am Ende die internationale Vorherrschaft auf dem Gebiet der Schule für Italien zu erkämpfen. Maria Montessori jedenfalls begrüßte die Bereitschaft Mussolinis, die Ehrenpräsidentschaft der Montessori-Gesellschaft zu übernehmen, und im Januar-Heft 1931 der Monatszeitschrift dieser Gesellschaft dankte sie dem „Duce", dass er „mit genialer Voraussicht" und mit „dem Geist aufrichtiger Liebe" die Montessori-Pädagogik zum Wohle der Kinder fördere und verbreite. Es drängt sich die Vermutung auf, dass Montessori diese Anbiederung an den Faschismus aus keinem anderen Grunde (es sei denn aus ihrem übergroßen Geltungsbedürfnis) heraus getan hat denn als eine Konzession an den Montessorianismus.

Wer so wie ich das Glück hatte, Maria Montessori persönlich zu begegnen, der wird genau verstehen, warum mir das Phänomen des Montessorianismus so wichtig und aussagekräftig erscheint. Ich erinnere mich noch lebhaft der mit unbeschreiblichem Aufwand zelebrierten Rückkehr Maria Montessoris nach Italien nach dem Zweiten Weltkrieg. Beim 8. Internationalen Montessori-Kongreß 1949 in San Remo – das sehr anspruchsvolle Thema des Kongresses lautete: „Der Beitrag der Erziehung beim Wiederaufbau der Welt" – hielt Maria Montessori selbst vier Vorträge. Nicht so sehr der Inhalt dieser Vorträge war beeindruckend – Montessori wiederholte ihre alten Gedanken, die sie schon fünfzig Jahre vorher verbreitet hatte –, wohl aber die Atmosphäre, die sie erzeugten. Mit glänzenden Augen hingen die zu Hunderten erschienenen MontessorianerInnen an den fahlen Lippen ihrer in Würde ergrauten Meisterin, und in ehrfürchtigem Schweigen sogen sie jedes einzelne Wort in sich auf. In den Pausen hielt das Schweigen an, und die Luft war schwanger von einem quasi-religiösen Erweckungserlebnis. In der Tat ging von dem Kongress in San Remo weniger eine pädagogische Neuorientierung als eine flutartige Neubelebung des Montessorianismus im In- und noch mehr im Ausland aus.

Wegen ihrer stark egozentrischen Vorträge wurde Maria Montessori nach dem Kongress von San Remo mehrfach der pädagogischen Selbstüberheblichkeit geziehen. Das focht jedoch die Montessori-Anhänger nicht im geringsten an. Im Gegenteil fuhren sie fort, die

Gründerin ihrer „Bewegung" zu einer unangreifbaren pädagogischen Heldin zu stilisieren und zu einer so untrüglichen Quelle pädagogischer Weisheit zu verklären, dass man für die Gültigkeit ihrer Pädagogik und für die Triftigkeit ihrer Methode in Zukunft keines einzigen wissenschaftlichen Beweises mehr bedürfe; an ihre Stelle sollten vielmehr das Beispiel der „Meisterin" und das Bekenntnis der gläubigen Anhänger treten. Während es in der wissenschaftlichen Auseinandersetzung auf die Überzeugungskraft der Argumente und auf die Stimmigkeit der Standpunkte ankommt, genügen für den Montessorianismus die Gemeinsamkeit der Glaubensbekundung und der Zusammenhalt der Eingeschworenen. Wenn aber das Wir an die Stelle des Ich tritt, dann verliert die kritische Distanz und die nüchterne Prüfung an Gewicht, und sie wird überwuchert von einer gefährlichen, weil sich gegen alle Fragen von außen abschottenden Selbstgefälligkeit. Es ist just diese Selbstgefälligkeit, die man Montessori – vor allem im Kreise der anderen „Reformpädagogen" – zeit ihres Lebens vorgeworfen hat, welche den Montessorianismus damals wie heute kennzeichnet.

Wenn die Montessori-Pädagogik sich nicht in die engen Zirkel esoterischer Anhängerschaft zurückziehen will, dann muss sie sich der erziehungswissenschaftlichen Auseinandersetzung und Überprüfung stellen. Wenn die Montessorianer und Montessorianerinnen sich nicht in den Geruch guruähnlicher Nachfolge bringen wollen, dann dürfen sie sich nicht nur von dem Beispiel der Montessori-Pädagogik emotional bewegen und lebhaft begeistern lassen, sondern müssen sie sich die Prinzipien dieser Pädagogik kritisch, d.h. sorgfältig unterscheidend, und selbständig, d.h. ihren eigenen Verstand gebrauchend, aneignen.

C
LITERATURHINWEISE

Literaturhinweise

1. Werkausgaben:

- *Il Metodo della Pedagogia Scientifica applicato all'educazione infantile nelle Case dei Bambini,* Cittá di Castello 1909, weitere Auflagen 1913, 1926, 1935, ab 4. Aufl. Milano 1950 u.d.T. *La scoperta del bambino*; Kritische Ausg. unter dem ursprünglichen Titel, Roma 2000; dte. Übers. u.d.T. *Selbsttätige Erziehung im frühen Kindesalter,* Stuttgart 1913; dte. Neuausg. u.d.T. *Die Entdeckung des Kindes,* Freiburg i.Br. 1969 u.ö.
- *Antropologia Pedagogica,* Milano o.J. (1910); engl. Übers. 1913, span. Übers. 1921; eine deutsche Übersetzung dieses grundlegenden Werkes steht immer noch aus.
- *Dr. Montessori's Own Handbook,* New York/London 1914; ital. Ausg. u.d.T. *Manuale di Pedagogia Scientifica,* Napoli 1921; dte. Übers. u.d.T. *Mein Handbuch,* Stuttgart 1922, 2. Aufl. 1928. Neuausg. u.d.T. *Praxishandbuch der Montessori-Methode,* Freiburg i.Br. 2010.
- *L'autoeducazione nelle scuole elementari,* Roma 1916 u.ö.; teilweise dte. Übers. u.d.T. *Montessori-Erziehung für Schulkinder. I. Betätigungsdrang und Erziehung,* Stuttgart 1926; dte. Neuausg. u.d.T. *Schule des Kindes. Montessori-Erziehung in der Grundschule,* Freiburg i.Br. 1976 u.ö.
- *I bambini viventi nella chiesa,* Napoli 1922; dt. u.d.T. *Kinder, die in der Kirche leben,* Freiburg i.Br. 1964.
- *Das Kind in der Familie,* Wien 1923, 2. Aufl. 1929; ital. Ausg. *Il bambino in famiglia,* Todi 1936.
- *Grundlagen meiner Pädagogik,* in: Hb. der Erziehungswissenschaften, hg. v. F. X. Eggersdorfer, München 1934, III. Teil, Bd. 1, S.265-285.
- *L'enfant,* Paris 1936; ital. Ausg. *Il segreto dell'infanzia,* Bellinzona 1938; dte. Ausgabe u.d.T. *Kinder sind anders,* Stuttgart 1952, [14]2009. (auch als TB).
- *Education for a New World,* Adyar (India) 1946; ital. Ausg. *Educazione per un mondo nuovo,* Milano 1970; dte. Ausg. u.d.T. *Erziehung für eine neue Welt,* Freiburg i.Br. 1998.

- *De l'enfant à l'adolescent,* Bruges 1948; ital. Ausg. *Dall'infanzia all'adolescenza,* Milano 1970; dte. Ausg. u.d.T. *Von der Kindheit zur Jugend,* Freiburg i.Br. 1966 u.ö.
- *To Educate The Human Potential,* Adyar (India) 1948; ital. Ausg. *Come educare il potenziale umano,* Milano 1970.
- *What You Should Know About Your Child,* Adyar (India) 1948.
- *The Absorbent Mind,* Adyar 1949; ital. Ausg. u.d.T. *La mente del bambino. Mente assorbente,* Milano 1952; dt. u.d.T. *Das kreative Kind. Der absorbierende Geist,* Freiburg i.Br. 1972, [17]2009.
- *Educazione e pace,* Milano 1949; dte. Ausg. u.d.T. *Frieden und Erziehung,* Freiburg i.Br. 1973.
- *Formazione dell'uomo,* Milano 1949; dte. Ausg. u.d.T. *Über die Bildung des Menschen,* Freiburg i.Br. 1966.

2. Aufsatzsammlungen

- *Grundlagen meiner Pädagogik und weitere Aufsätze zur Anthropologie und Didaktik,* hg. v. B. Michael, Heidelberg 1965, [10]2010
- *Grundgedanken der Montessori-Pädagogik,* hg. v. P. Oswald u. G. Schulz-Benesch, Freiburg i.Br. 1967 u.ö. Neuausg. von H. Ludwig, Freiburg i.Br. 2008.
- *Maria Montessori. Texte und Diskussion,* hg. v. W. Böhm, Bad Heilbrunn 1971 u.ö.; 5. Aufl. u.d.T. *Maria Montessori. Texte und Gegenwartsdiskussion,* Bad Heilbrunn 1996.
- *Gott und das Kind,* hg. v. G. Schulz-Benesch, Freiburg i.Br. 1995 u.ö.
- *The California Lectures of Maria Montessori 1915,* ed. R.G. Buckenmeyer, Oxford 1997.
- *Il metodo del bambino e la formazione dell'uomo.* Scritti e documenti inediti e rari, a cura di Augusto Scocchera, Roma 2002.

3. Bibliographien

- Böhm, W. (Hg.): *Maria-Montessori-Bibliographie 1896-1996. Internationale Bibliographie der Schriften und der Forschungsliteratur,* Bad Heilbrunn 1999.

– Tornar, C. (a cura): *Montessori. Bibliografia Internazionale 1896-2000,* Edizione Opera Nazionale Montessori, Roma 2001 (auch auf CD-ROM).

4. Biographien

– Catarsi, E.: *La giovane Montessori,* Ferrara 1995.
– Heiland, H.: *Maria Montessori mit Selbstzeugnissen und Bilddokumenten,* Reinbek 1991.
– Kramer, R.: *Maria Montessori. A Biography,* New York 1976; dt. u.d.T. *Maria Montessori. Leben und Werk einer großen Frau,* München 1977 u.ö. (auch als TB).
– Schwegman, M.: *Maria Montessori 1870-1952. Kind van haar tijd, Vrouw van de wereld,* Amsterdam 1999; dte. Ausgabe *Maria Montessori 1870-1952. Kind ihrer Zeit, Frau von Welt,* Darmstadt 2000.
– Scocchera, A.: *Maria Montessori. Una storia per il nostro tempo,* Roma 1997.

5. Monographien und wichtige Beiträge zu Sammelwerken

– Böhm, W.: *Maria Montessori. Hintergrund und Prinzipien ihres pädagogischen Denkens,* Bad Heilbrunn 1969, 2. Aufl. 1991.
– Böhm, W.: *Die Montessori-Philosophie und ihre erziehungspraktische Relevanz,* in: Röhrs, H. (Hg.): *Die Schulen der Reformpädagogik – heute,* Düsseldorf 1986, S. 129-142.
– Böhm, W.: *Maria Montessori,* in: Houssaye, J. (Hg.): *Quinze Pédagogues. Leur influence aujourd'hui,* Paris 1994, pp. 149-166.
– Böhm, W. : *Maria Montessori,* in: *Klassiker der Pädagogik,* hg. V. H.-E. Tenorth, Band 2, München 2003, S. 74-88.
– Böhm, W. Fuchs, B.: *Erziehung nach Montessori,* Bad Heilbrunn (Klinkhardt) 2004.
– Fuchs, B./Harth-Peter, W. (Hg.): *Montessori-Pädagogik und die Erziehungsprobleme der Gegenwart,* Würzburg 1989.
– Fuchs, B.: *Maria Montessori. Ein pädagogisches Porträt,* Weinheim 2002.
– Harth-Peter, W. (Hg.): *„Kinder sind anders". Maria Montessoris Bild vom Kinde auf dem Prüfstand,* Würzburg 1996.

- Hofer, C.: *Die pädagogische Anthropologie Maria Montessoris oder die Erziehung zum neuen Menschen,* Würzburg 2001.
- Holtstiege, H.: *Modell Montessori,* Freiburg i.Br. 1977 u.ö.
- Leenders, H.: *Der Fall Montessori. Die Geschichte einer reformpädagogischen Erziehungskonzeption im italienischen Faschismus,* Bad Heilbrunn 2001.
- Ludwig, H. (Hg.): *Montessori-Pädagogik in der Diskussion,* Freiburg i.Br. 1999.
- Schulz-Benesch, G.: *Der Streit um Montessori,* Freiburg i.Br. 1961
- Schulz-Benesch, G. (Hg.): *Montessori,* Darmstadt 1980.
- Waldschmidt, J.: *Maria Montessori. Leben und Werk,* München 2001, [2]2006.